AF661695

"सफलता एक पहेली है और इसका जवाब मिलता है स्किप प्रिचर्ड के कारोबार संबंधी मुहावरों में। हमारे अधिकांश लीडर्स और उद्यमियों द्वारा की जाने वालीं नौ ग़लतियों की पड़ताल करके स्किप हमारी अभिलाषा, हमारी कृतज्ञता और हमारे विश्वास को उपलब्धि के शक्तिशाली औज़ारों में बदलने में मदद करते हैं।"

– **माइकल हयात,** *लिविंग फ़ॉरवर्ड* के
यूएसए टुडे बेस्टसेलिंग लेखक

"सफलता के आधारभूत तथ्यों से ही स्किप प्रिचर्ड की प्रेरणास्पद साहसिक किताब द बुक ऑफ़ मिस्टेक्स के मूल सिद्धांत निर्मित हुए हैं। इसे पढ़ना मत भूलिएगा!"

– **केन ब्लैंचार्ड,** द *न्यू वन मिनट मैनेजर* और
वन मिनट मेंटरिंग के सह-लेखक

"इस दिलचस्प कहानी में स्किप प्रिचर्ड आपको उन ग़लतियों का एक रोडमैप देते हैं, जिनसे आप अपनी स्वयं की ज़िंदगी की यात्रा के दौरान बचे रह सकते हैं। आपको इन पन्नों में जिज्ञासा, समानुभूति और कार्य-कलापों के ज़रिये सफलता के बारे में सोचने का एक नया तरीक़ा मिलता है।"

– **टिम सैंडर्स,** *लव इज़ द किलर ऐप: हाऊ टू विन*
बिज़नेस इन्फ़्लुएंस फ़्रेन्ड्स के लेखक

"ज्ञान और सलाह से भरपूर एक प्रेरणास्पद किताब। 'द बुक ऑफ़ मिस्टेक्स' उन लोगों को ज़रूर पढ़नी चाहिए, जो अतीत से आगे निकलकर एक सकारात्मक भविष्य का निर्माण करना चाहते हैं!"

– **जॉन गॉर्डन,** द *एनर्जी बस* और
द *कारपेंटर के बेस्टसेलिंग* लेखक

"स्किप प्रिचर्ड अपनी इस कहानी में बहुत सारा ज्ञान समेटे हुए हैं। अलग-अलग किरदारों के ज़रिये सफलता की शाश्वत सच्चाइयों को जानने के लिए इसे पढ़ें और फिर इस संदेश को दूसरों के साथ साझा करें। यह किताब वास्तव में सभी उम्र के पाठकों के लिए है।"

– **मार्क सैनबोर्न,** सैनबोर्न ऐंड एसोसिएट्स इंक.
के प्रेसिडेंट, द *फ़्रेड फ़ैक्टर* के लेखक

''व्यवसाय की वास्तविक दुनिया में क़दम रखने वाले उस प्रत्येक स्नातक के लिए इसकी एक प्रति अवश्य ख़रीदें, जो आपसे रूबरू होते हैं। वे आपके प्रति आभारी रहेंगे!''

– बॉब बर्ग, द *गो–गिवर* के सह–लेखक

''यह हमें याद दिलाती है कि हालाँकि सफलता के सुराग़ तो हमारे चारों ओर बिखरे पड़े हैं, मगर उनमें प्रवेश करने के लिए चाबियाँ तो आख़िरकार उस व्यक्ति के पास ही हैं, जिसे हम रोज़ दर्पण में देखते हैं।''

– डैन मिलर, *48 डेज़ टू द वर्क यू लव* किताब के *न्यू यॉर्क टाइम्स* बेस्टसेलिंग लेखक

'' 'द अल्केमिस्ट' की याद दिलाती यह किताब हमारे जीवन की मार्ग-निर्देशिका है। सभी उम्र के लोगों द्वारा इसे अनिवार्य रूप से पढ़ा जाना चाहिए, ख़ासकर उन लोगों द्वारा जो ख़ुद को लॉन्च करने की तैयारी कर रहे हैं।''

– ली वुड्रफ़, *पर्फ़ेक्टली इम्पर्फ़ेक्ट, इन एन इंस्टेंट* और *दोज़ वी लव मोस्ट* के *न्यू यॉर्क टाइम्स* बेस्टसेलिंग लेखक

''यह कोई साधारण कहानी नहीं है। इन पन्नों में आपके जीवन का कायाकल्प करने की ताक़त मौजूद है।''

– एंडी एंड्रयूज, *हाउ डू यू किल 11 मिलियन पीपल?, द नोटिसर* और *द ट्रैवलर्स गिफ़्ट* के *न्यू यॉर्क टाइम्स* बेस्टसेलिंग लेखक

''यदि वित्तीय सफलताओं और व्यक्तिगत ख़ुशी का मतलब 'लैंड ऑफ़ ओज़' की 'एमराल्ड सिटी' है, तो इस अद्भुत किताब में स्किप प्रिचर्ड ने वहाँ तक पहुँचने के लिए एक पर्फ़ेक्ट 'यलो ब्रिक रोड' तैयार की है। इसे पढ़ें और अपना जीवन बदलें।''

– रॉबर्ट गूलरिक, *ए रिलायबल वाइफ़, हेडिंग आउट टू वंडरफ़ुल* और *द ऐंड ऑफ़ द वर्ल्ड एज़ वी नो इट* के *न्यू यॉर्क टाइम्स* बेस्टसेलिंग लेखक

''स्किप प्रिचर्ड की नई किताब हमें याद दिलाती है कि जीवन और नेतृत्व को लेकर हम जो विकल्प चुनते हैं, उनमें कितनी ताक़त होती है।''

– डग कॉनेंट, कॉनेंटलीडरशिप के संस्थापक और कैंपबेल सूप कंपनी के पूर्व प्रेसिडेंट एवं सीईओ

‘‘‘द बुक ऑफ़ मिस्टेक्स’ ऐसी किताब है, जो न केवल आपकी रातों की नींद उड़ा देगी, बल्कि यह ऐसी नसीहतों से भरी हुई है, जिनके बारे में आप सोचेंगे कि काश, आपको ये सभी बातें बीस साल पहले पता चल गई होतीं। ये सफलता के वे सिद्धांत भी हैं, जो आप अपने बच्चों, कर्मचारियों या सहकर्मियों को प्रदान करने की उम्मीद रखते हैं।’’

– केन अब्राहम, *न्यू यॉर्क टाइम्स* बेस्टसेलिंग लेखक

‘‘ग़लतियाँ करने के महत्त्व को बताने और इन ग़लतियों से सीखकर आगे बढ़ने के लिए यह एक दिलचस्प मंच है।’’

– टोनी हसीह, *डिलीवरिंग हैपीनेस* के *न्यू यॉर्क टाइम्स के* बेस्टसेलिंग लेखक

‘‘स्किप प्रिचर्ड इतनी ख़ूबी के साथ कहानी सुनाते हैं कि पूरी किताब में आपकी दिलचस्पी और इसके साथ आपका जुड़ाव बना रहता है। मैं उन लीडर्स के लिए यह किताब पढ़ने की अनुशंसा करता हूँ, जो अपनी क़ाबिलियत की आख़िरी हदों तक पहुँचने की ख़्वाहिश रखते हैं।’’

– डेविड एमआर कवी, *ट्रैप टेल्स: आउटस्मार्टिंग द 7 हिडन ऑब्सटैकल्स टू सक्सेस* के सह-लेखक

‘‘द बुक ऑफ़ मिस्टेक्स एक ऐसी किताब है, जो आपको रिकॉर्ड समय में सीधे अपने लक्ष्यों को प्राप्त करने की राह पर ले जाएगी।’’

– जॉन बाल्डोनी, *इंक.* टॉप *50* लीडरशिप एक्सपर्ट, एग्ज़ीक्यूटिव कोच और *मोक्सी: द सीक्रेट टू बोल्ड ऐंड गट्सी लीडरशिप* के लेखक

‘‘व्यक्तित्व-विकास की पारपंरिक किताबों की शैली में नया बदलाव करके स्किप ने 9 रहस्यों को इतने दिलचस्प और विचारोत्तेजक तरीक़े से प्रस्तुत किया है कि आप उन्हें हाइलाइट तथा अंडरलाइन करके और पन्नों को मोड़कर रखेंगे, ताकि वे बार-बार आपकी नज़रों में आ सकें।’’

– मार्क टिम, एग्ज़ीक्यूटिव वाइस प्रेसिडेंट, जिग्लर इंक.

‘‘द बुक ऑफ़ मिस्टेक्स एक त्वरित क्लासिक और सफलताएँ तथा उपलब्धियाँ अर्जित करने की एक मार्गदर्शिका है। अपने आने वाले कल को बदलने के लिए इसे आज ही पढ़ें।’’

– केविन क्रूज़, लीडएक्स, के संस्थापक एवं सीईओ, *न्यू यॉर्क टाइम्स* बेस्टसेलिंग लेखक

“स्किप प्रिचर्ड की नई किताब द बुक ऑफ़ मिस्टेक्स सिर्फ़ एक कृति भर नहीं है। यह वह किताब है, जो बहुत फ़र्क़ पैदा कर देगी! यदि आने वाले वर्ष में आपको कोई एक किताब पढ़नी है, तो इसे पढ़ें!”

– डॉन हटसन, *न्यू यॉर्क टाइम्स बेस्टसेलिंग द वन मिनट आंत्रप्रेन्योर* के सह-लेखक

“स्किप प्रिचर्ड की द *बुक ऑफ़ मिस्टेक्स* एक शानदार कहानी है और इसे उन लोगों को ज़रूर पढ़नी चाहिए, जो बेहतर लीडर बन कर सार्थक जीवन जीना चाहते हैं। यदि आपको प्रेरणा की किसी ख़ुराक की ज़रूरत है, तो इसकी पूर्ति इस किताब से हो जाएगी!”

– स्टीफन एमआर कवी, *द स्पीड ऑफ़ ट्रस्ट के न्यू यॉर्क टाइम्स और वॉल स्ट्रीट जर्नल के* बेस्टसेलिंग लेखक और *स्मार्ट ट्रस्ट* के सह-लेखक

“इस अद्भुत और दिलचस्प किताब में स्किप प्रिचर्ड सफलता के नौ शाश्वत सिद्धांतों के बारे में सिखाते हैं। द बुक ऑफ़ मिस्टेक्स आपको अपने लक्ष्यों को प्राप्त करने और पूर्णता से भरपूर जीवन जीने के लिए प्रेरित करेगी।”

– मार्शल गोल्डस्मिथ, *न्यू यॉर्क टाइम्स बेस्टसेलर ट्रिगर्स* और *व्हाट गॉट यू हियर विल नॉट गेट यू देयर* के लेखक

“सलाह-मशविरे वाली कोई किताब भी इतनी साहित्यिक दक्षता के साथ लिखी जा सकती है, मैं इस बात से प्रभावित हूँ। मैं किसी अन्य ऐसे लेखक के बारे में सोचने की कोशिश कर रही हूँ, जिसने अपने विचारों को इतने शानदार और यादगार तरीक़े से किसी किताब में समेटा हो। इस मामले में प्रिचर्ड का कोई मुक़ाबला नहीं है।”

– मित्ज़ी पेरड्यू, लेखिका, पेशेवर सार्वजनिक वक्ता और महिला उद्यमी

“एक शानदार तरीक़े से तैयार की गई कहानी में जीवन से जुड़ी नसीहतों को एक साथ इस तरह से बुना गया है, जो हमें याद दिलाती हैं कि हमारी ज़िंदगी और हमारे व्यवसाय में वास्तव में क्या मायने रखता है। यह ऐसी किताब है, जिसमें व्यक्त विचारों को आत्मसात कर उन्हें दूसरों के साथ साझा किया जा सकता है। इसे आज ही ख़रीदें!”

– मार्क ईटन, प्रेरक वक्ता और द *फ़ोर कमिटमेंट्स ऑफ़ ए विनिंग टीम* के लेखक

द
बुक
ऑफ़
मिस्टेक्स

द बुक ऑफ़ मिस्टेक्स

सफल भविष्य के 9 रहस्य

स्किप प्रिचर्ड

अनुवाद : जयजीत अकलेचा

MANJUL

मंजुल पब्लिशिंग हाउस

MANJUL

मंजुल पब्लिशिंग हाउस

कॉरपोरेट एवं संपादकीय कार्यालय

• द्वितीय तल, उषा प्रीत कॉम्प्लेक्स, 42 मालवीय नगर, भोपाल-462 003

विक्रय एवं विपणन कार्यालय

• सी-16, सेक्टर 3, नोएडा, उत्तर प्रदेश, 201301

वेबसाइट : www.manjulindia.com

वितरण केन्द्र

अहमदाबाद, बेंगलुरू, कोच्चि, कोलकाता, चेन्नई,
हैदराबाद, मुम्बई, नई दिल्ली, पुणे

स्किप प्रिचर्ड द्वारा लिखित मूल अंग्रेजी पुस्तक
द *बुक ऑफ़ मिस्टेक्स* का हिन्दी अनुवाद

The Book of Mistakes by Skip Prichard – Hindi Edition

कॉपीराइट © 2018, स्किप प्रिचर्ड
सर्वाधिकार सुरक्षित

अंग्रेजी में हार्डकवर व ईबुक पहली बार सेंटर स्ट्रीट
द्वारा फ़रवरी 2018 में प्रकाशित

प्रथम ट्रेड पेपरबैक संस्करण : जनवरी 2019

यह संस्करण सेंटर स्ट्रीट (हैशेट बुक ग्रुप, इन्कॉपौरेटिड, यूएसए का प्रभाग)
के सहयोग से प्रकाशित सर्वाधिकार सुरक्षित

हिन्दी संस्करण कॉपीराइट © 2025, मंजुल पब्लिशिंग हाउस प्रा. लि.
सर्वाधिकार सुरक्षित

यह हिन्दी संस्करण 2025 में पहली बार प्रकाशित

ISBN 978-93-5543-390-9

अनुवाद : जयजीत अकलेचा

मुद्रण व जिल्दसाज़ी : रेप्रो इंडिया लिमिटेड

यह पुस्तक इस शर्त पर विक्रय की जा रही है कि प्रकाशक की लिखित पूर्वानुमति के बिना इसे या इसके किसी भी हिस्से को न तो पुन: प्रकाशित किया जा सकता है और न ही किसी भी अन्य तरीक़े से, किसी भी रूप में इसका व्यावसायिक उपयोग किया जा सकता है। यदि कोई व्यक्ति ऐसा करता है तो उसके विरुद्ध कानूनी कार्रवाई की जाएगी।

अनुक्रम

भूमिका *ix*

प्रस्तावना *1*

डेविड 5

शुरुआत 15

अरिया 27

- *पहली ग़लती* *35*
- *दूसरी ग़लती* *47*
- *तीसरी ग़लती* *69*
- *चौथी ग़लती* *81*

पहला नियम 93

- *पाँचवीं ग़लती* *101*
- *छठी ग़लती* *115*

दूसरा नियम 127

- *सातवीं ग़लती* *135*
- *आठवीं गलती* *147*
- *नौवीं ग़लती* *167*

तीसरा नियम 183

उपसंहार *187*

सफल भविष्य बनाने के 9 रहस्य *193*

आभार *195*

लेखक के बारे में *197*

भूमिका

मेरा बचपन बड़े सामान्य तरीक़े से बीता था। मुझे लगता है कि हममें से ज़्यादातर लोग ऐसा ही सोचते हैं, लेकिन हमें इसका एहसास तब तक नहीं होता, जब तक कि हम बड़े नहीं हो जाते। मगर मुझे इसका आभास तभी हो गया था, जब मैं बहुत छोटा था। हम छह भाई-बहन थे- मेरे अलावा एक भाई और चार बहनें। मेरे माता-पिता का मक़सद दुनिया को एक बेहतर जगह बनाना था और इस मिशन के लिए वे किसी विकासशील देश की ओर प्रस्थान करने की योजना बना रहे थे, लेकिन फिर उन्होंने मिशन पर जाने के बजाय मिशन को ही अपने पास ले आने का निश्चय किया। किसी भी ज़रूरतमंद के लिए हमारा घर सदैव खुला रहता था।

ज़रूरतमंद लोगों को हमारा पता कैसे मिल जाता था, यह मेरे लिए हमेशा एक रहस्य ही रहा, लेकिन वे आते थे। सभी तरह के लोग आते थे और इससे हमारा घर एक 'लघु संयुक्त राष्ट्र' बन गया था। आप किस नस्ल या धर्म के हैं या आपकी पृष्ठभूमि क्या है, इससे कोई फ़र्क़ नहीं पड़ता था। हमारा घर हर किसी का स्वागत करने के लिए तैयार रहता था। कुछ लोग कुछ दिनों के लिए ठहरते थे। उनके भोजन-पानी और सोने के लिए जगह की व्यवस्था की जाती थी, फिर वे ज़िंदगी के अगले सफ़र के लिए निकल जाते थे। कुछ ऐसे भी थे, जो वर्षों हमारे घर में रहे। तमाम अधिकारों और ज़िम्मेदारियों के साथ वे हमारे परिवार के सदस्य जैसे बन गए।

पीछे मुड़कर देखें, तो इन तमाम लोगों में केवल एक बात समान थी और वह यह कि वे किसी न किसी प्रकार की तकलीफ़ में थे: कोई नशीले पदार्थ की लत से परेशान था, किसी के साथ कुछ बुरा घटित हुआ था, कोई बेरोज़गारी की समस्या से जूझ रहा था, तो कोई शारीरिक विकलांगता

या मानसिक बीमारी से ग्रस्त था। ये तो बस चंद उदाहरण हैं। समस्याओं की कोई कमी नहीं थी। हमारे यहाँ आने वाले ऐसे लोगों की काउंसिलिंग या परामर्श करने का तरीक़ा भले ही बहुत पेशेवराना नहीं था, लेकिन इसमें कभी कोई कमी नहीं रखी जाती थी। मेरी माँ के साथ बातचीत करने से उनके मन को काफ़ी दिलासा मिलती। इस पूरी क़वायद को मैं क़रीब से देखता भी था, तो कई बार उसमें शामिल भी होता था। इससे मुझे लोगों के बारे में और उनके नज़रिये को लेकर बहुत कुछ सीखने और समझने को मिला।

पहेली

इन वर्षों के दौरान मैंने उस चीज़ का अध्ययन करना शुरू किया, जिसे मैं एक रहस्य, एक पहेली या दर्शनशास्त्र से लेकर मनोविज्ञान तक फैले निहितार्थों वाला एक सवाल समझता था। और सवाल यह था कि समान चुनौतियों या परेशानियों से जूझने वाले दो लोगों का अंजाम नाटकीय रूप से आख़िर इतना भिन्न क्यों रहता है? एक व्यक्ति को तो शिक्षा और अच्छी नौकरी मिल जाती है, जबकि ठीक वैसा ही दूसरा व्यक्ति व्यसन के घातक पंजे में क्यों जकड़ जाता है?

मुझे बेहद अप्रत्याशित लोगों से कुछ बेहद प्रभावी सबक़ सीखने को मिले। आप नशे के आदी किसी बेरोज़गार व्यक्ति से सफलता को लेकर कुछ पूछने के बारे में नहीं सोचेंगे, लेकिन यह एक असाधारण अवसर हो सकता है। जब मैं सोलह या सत्रह साल का था, तब एक बेघर शख़्स ने मुझे अपनी उन ग़लतियों के बारे में बताया था, जिनकी वजह से उसकी ज़िंदगी नरक बन गई थी। उसके साथ की गई वह बातचीत और अपना वह संकल्प कि मैं वही ग़लतियाँ नहीं दोहराऊँगा, जो उसने की थीं, आज भी मेरी स्मृतियों में ताज़ा है।

पूछें... खोजें... दस्तक दें...

समय बीतने के साथ मैंने सफलता, नेतृत्व और व्यक्तित्व विकास के बारे में वह सब कुछ पढ़ा, जो मैं पढ़ सकता था। मैंने उस चीज़ का अध्ययन

किया, जिसे कई लोग 'सफलता के राज़' कहते हैं। मैंने पाया कि ये राज़ उस हर व्यक्ति के लिए मुहैया हैं, जो उन्हें खोजना चाहता है। आपने बाइबिल का वह ज्ञान शायद सुना होगा, "पूछो या माँगो, तो तुम्हें मिलेगा; ढूँढो, तो तुम पाओगे, दस्तक दो तो (सब कुछ) खुल जाएगा।" कारोबारी दार्शनिक जिम रॉन ने मुझे सिखाया था कि यह ज्ञान केवल उन लोगों के लिए ही उपलब्ध है, जो पूछते, खोजते और दस्तक देते हैं। हर काम के लिए मशक़्क़त की दरकार होती है। ऐसे में जब मुझे जिम की शिक्षाओं के बारे में पता चला, तो मैंने एक प्रश्नकर्ता, एक खोजकर्ता और एक दस्तककर्ता बनने का संकल्प लिया।

सफलता की तलाश में मुझे एहसास हुआ कि सच्ची कामयाबी का अर्थ भौतिक संपत्ति या ख़ूब सारा पैसा अर्जित करना क़तई नहीं है, हालाँकि ये अक्सर सफलता के साथ बाय-प्रोडक्ट के रूप में मिलते ही हैं। मैंने सीखा है कि उस प्रत्येक शख़्स के पास अपना एक ज्ञान है, जिनसे हम रोज़मर्रा की ज़िंदगी में रूबरू होते हैं। अगर आप इस बात का इंतज़ार कर रहे हैं कि कोई बहुत अमीर, ताक़तवर और बेहद सफल व्यक्ति आपका मार्गदर्शन करेगा, तो मान लीजिए कि आप प्लेटफ़ॉर्म पर खड़े होकर उस ट्रेन का इंतज़ार कर रहे हैं, जो कभी नहीं आती है। सबक़ तो हमारे आस-पास ही बिखरे पड़े हैं। जिन लोगों से हम मिलते हैं, जो किताबें हम पढ़ते हैं, जो अनुभव हम लेते हैं, उन सभी में हमारे लिए कुछ न कुछ सबक़ होते हैं।

लेकिन सफलता के ये सबक़ होते हैं छिपे हुए। ये केवल इच्छुक और खोजी मानसिकता वाले लोगों के सामने ही प्रकट होते हैं। मैं अक्सर ये सवाल पूछता हूँ:

- आपकी सबसे बड़ी ग़लती क्या थी?
- क्या आप इसे फिर दोहराएँगे?
- किस चीज़ ने आपको सफल बनाया?
- आपने इसे कैसे किया?
- ग़लत क्या हो गया?

मैंने सीखा है कि हम उन बेहद आम लोगों से भी असाधारण सबक़ हासिल कर सकते हैं, जिनसे हमारा सामना हमारी रोज़ाना की ज़िंदगी में होता है।

मैं अपने ख़ुद के कॅरियर में भी आगे बढ़ा, सीईओ बना। आज मैं अनेक पैमानों पर स्वयं को सफल कह सकता हूँ, लेकिन मैंने लोगों से मिलना और उनसे बातचीत करना बंद नहीं किया है। मैं उनसे सवाल पूछता हूँ और उनसे ज्ञान अर्जित करने की कोशिश करता हूँ। मैं अपनी नौकरी और अपनी यात्राओं की वजह से कई दिलचस्प लोगों से मिल सका। मैं इसे अपना सौभाग्य मानता हूँ कि मुझे कई कारोबारी लीडर्स, प्रसिद्ध पत्रकारों, रॉक स्टार्स, नेताओं, बेस्टसेलिंग लेखकों, दुनिया के महानतम खिलाड़ियों और भाँति-भाँति की मशहूर हस्तियों के साथ मिलने और उनका साक्षात्कार करने का अवसर मिला। उनसे रूबरू होकर मैं इस निष्कर्ष पर पहुँचा कि उनमें से अधिकांश लोग इसलिए कामयाब हुए, क्योंकि उन्होंने अपनी कठिनाइयों और शंकाओं पर क़ाबू पाते हुए सफल होने का संकल्प विकसित किया।

यह किताब एक युवक व एक युवती की रहस्यमयी जीवन यात्रा की काल्पनिक कहानी है। इस यात्रा के दौरान वे उन नौ ग़लतियों से अनेक सबक़ सीखते हैं, जिनमें आमतौर पर कई लोग उलझ जाते हैं। अगर हम इन नौ ग़लतियों से बच सकें, तो हममें से अधिकांश लोग अपनी ज़िंदगी को बेहतर दिशा की तरफ़ मोड़ सकते हैं। आप इस समय जिस भी मक़ाम पर खड़े हों, चाहे अपने कॅरियर की शुरुआत कर रहे हों या ज़िंदगी में बहुत आगे बढ़ चुके हों, आपके पास एक उद्देश्य तो होगा ही। और उस उद्देश्य को आप आज भी हासिल कर सकते हैं, फिर इस बात से कोई फ़र्क़ नहीं पड़ता है कि आपकी उम्र क्या है या आप किस स्थिति में हैं।

अपने सपनों को पूरा करने के लिए आपका एक प्रश्नकर्ता, एक खोजकर्ता और एक दस्तककर्ता बनना अनिवार्य है। यहीं से वह जादू शुरू होता है। और यहीं पर सफलता की पहेली का जवाब भी मिलता है।

तो आइए, पूछें, खोजें और दस्तक दें। सफलता का द्वार आपके सामने ही तो है।

प्रस्तावना

इंग्लैंड, 1425

वह आगे बढ़ा। रास्ता सँकरा और अंधकारमय था। जैसे ही उसने ऊपर चढ़ने के लिए सीढ़ियों पर क़दम रखे, उसके फेफड़े फूलने लगे। उसके हर क़दम की आवाज़ पत्थर की दीवारों से टकराकर गूँज रही थी, तो उसने अपनी चढ़ाई की गति धीमी कर दी, ताकि किसी को भी उसकी मौजूदगी का भान न हो सके और कोई जाग न जाए।

उसके मन-मस्तिष्क में सुबह की प्रार्थना के मंत्र घूमने लगे थे। इससे पैरों और कंधों में हो रहे दर्द से उसका ध्यान बँट गया। उसने चमड़े का झोला एक हाथ से दूसरे हाथ में कर लिया। अब वह लकड़ी के दरवाज़े के सामने खड़ा था। वहाँ रोशनी इतनी कम थी कि वह बड़ी मुश्किल से नज़र आ रहा था। उसने धीरे से दरवाज़े को धक्का दिया। चर्रर... की आवाज़ के साथ वह खुल गया।

अंदर घुसते ही वह बड़ी तेज़ी से कैथेड्रल के नेव (चर्च के बीच में स्थित बैठक व्यवस्था वाला क्षेत्र) की तरफ़ लपका और फिर से वहाँ से उत्तरी ट्रांससेप्ट में पहुँचा (चर्च की इमारत से दो भुजाओं की तरह दो हिस्से निकले होते हैं। एक हिस्सा उत्तरी तो दूसरा हिस्सा दक्षिणी ट्रांससेप्ट कहलाता है)। वह इस इमारत से इतना वाक़िफ़ था कि इसके एक हिस्से से दूसरे हिस्से तक आँख पर पट्टी बाँधकर भी आसानी से इधर से उधर आ-जा सकता था। उसने एक जगह पर अपना झोला नीचे रख दिया और दीवार पर ऐसे पत्थर को टटोलने लगा, जो थोड़ा हिलता-डुलता हो। वह यह बात

अच्छे से जानता था कि इस काम में कितना जोखिम हो सकता है, इसके बावजूद उसने पत्थर को उसके स्थान से हटाने की क़वायद शुरू कर दी।

वह जिस मिशन पर था, वह 'प्राइअर' (मिशन प्रमुख) द्वारा निर्देशित था। यह मिशन उतना ही रहस्यमयी था, जितना रहस्यमयी स्वयं प्राइअर था, लेकिन उसने कोई सवाल नहीं किया। उसका काम तो आदेशों का पूरी शिद्दत के साथ पालन करना भर था। बीते कुछ साल उसने सुदूर दक्षिण के एक रेगिस्तानी इलाक़े से प्राप्त ज्ञान की एक प्राचीन किताब की बहुत सावधानी के साथ दस प्रतियों में नक़ल उतारने में बिताए थे। यह वह इलाक़ा था, जहाँ मानव निर्मित पत्थरों के पहाड़ आकाश को छूते हैं। उस किताब में क्या लिखा हुआ था, यह पढ़ने की किसी को भी इजाज़त नहीं थी। उसे उस किताब की एक-एक पांडुलिपि लेकर पत्थरों की दीवार में छिपाना था। आख़िर, यह क्यों किया जा रहा था, इसके बारे में भी उसे कुछ मालूम नहीं था। उसे यह काम हर रात तब तक करना था, जब तक कि सभी दस की दस पांडुलिपियाँ इसी तरह से छिपा नहीं दी जातीं। इनमें से नौ पांडुलिपियाँ नौ शिक्षकों के लिए, जबकि दसवीं प्रति उनके नए संरक्षक के लिए थी, लेकिन उसे महसूस हुआ कि जिस रात को वह पांडुलिपि छिपाकर जाता, अगली रात को वह वहाँ से ग़ायब मिलती। प्राइअर एक ही वक़्त और एक ही जगह पर सभी पांडुलिपियों को रखने का जोखिम नहीं उठाना चाहता था और यह बात वह भी अच्छे से जानता था। लिहाज़ा, वह अपने लिए बनाई गई योजना का सटीकता के साथ पालन करता रहा।

आज की रात आख़िरी रात थी।

उसने पांडुलिपि को दीवार के भीतर ठेलकर पत्थर को फिर से वैसे ही जमा दिया, जैसा वह था।

तभी उसे कुछ खटका-सा हुआ। वह इन दीवारों को अच्छे से जानता था। किसी दुष्ट की मौजूदगी ने वहाँ की शांति के भंग होने की आशंका पैदा कर दी। वह इस दुष्ट की मौजूदगी को महसूस तो कर सकता था, मगर उसे देख नहीं पा रहा था।

उसके पीछे से एक तेज़ आवाज़ गूँजी। यह प्रेस्बिटरी से आई थी।

उसने अपनी साँसें थाम लीं। दर्द को अंदर ही अंदर सहन करते हुए वह हाथों व घुटनों के बल रेंगकर छिपने का जतन करने लगा। उससे कहा

गया था कि कोई किताब चुराने की कोशिश कर सकता है, लेकिन सच में, उसने इस चेतावनी पर बिलकुल भी ध्यान नहीं दिया था। आख़िर, जब वह इन पांडुलिपियों पर काम कर रहा था, तब किसी ने भी उसे कभी परेशान नहीं किया था।

उस किताब ने उन सभी के लिए सफलताओं की संभावनाएँ बढ़ा दी थीं, जिन्होंने इसमें वर्णित ज्ञान का उपयोग किया था। उनके लिए सामान्य मानवीय त्रुटियों से बचते हुए अपनी योजनाओं पर तेज़ी से अमल करना संभव हो सका। वह व्यक्तिगत स्तर पर तो उपयोगी थी ही, प्रतिबद्ध लोगों के समूह के लिए भी काम की साबित हुई। और इसलिए कोई भी नहीं चाहता कि वह किताब ग़लत हाथों में पड़ जाए।

पंक्ति-दर-पंक्ति वह आगे बढ़ते हुए वेस्ट्री (चर्च से जुड़ा वह कक्ष, जहाँ पादरी वग़ैरह धार्मिक गतिविधियों से पहले तैयार होते हैं) के प्रवेश द्वार तक पहुँच गया। उसने धीरज बनाए रखा।

और फिर वह वक़्त आ गया। तड़के के तीन बजने को थे और उसके भाई-बंधु जल्दी ही नॉक्टर्नस (दिन की सबसे पहली धार्मिक गतिविधि, जो ब्रह्म मुहूर्त में की जाती है) के लिए निकलने वाले थे।

वह बड़ी शांति के साथ उनका इंतज़ार कर रहा था कि जैसे ही वे आएँ, धीरे से उसे उनकी लाइन में घुस जाना था, जैसा कि उसे निर्देशित किया गया था।

उसके अज्ञात शत्रु को भी मालूम था कि क्या हो रहा है और उसने चिल्लाकर कहा, ''मुझे पता है कि तुम यहाँ हो! इसे मुझे दे दो। तुम्हें इसकी कोई ज़रूरत नहीं है। तुम इसके बदले में जो भी माँगोगे, मैं ख़ुशी-ख़ुशी देने को तैयार हूँ!''

वह भिक्षु मन ही मन हँसा। *मुझे धन-दौलत की क्या ज़रूरत है?* यह सोचते हुए उसे मोह-माया से रहित जीवन जीने की अपनी प्रतिज्ञा याद आ गई।

चोर अब भिक्षु के सामने था, इतना क़रीब कि भिक्षु उसकी साँसों की दुर्गंध को, उसके शरीर से निकलने वाली बदबू को साफ़ महसूस कर सकता था। उसके हाथों ने भिक्षु की गर्दन दबोच ली, इतनी मज़बूती से कि वह साँस भी बड़ी मुश्किल से ले पा रहा था। उसने अंगुलियाँ भिक्षु के बदन

पर ऐसे गड़ा दीं, मानो उसे चीर देंगी। उसने ज़ोर देकर कहा, ''अगर जान बचानी है, तो यह मुझे दे दें।''

मगर अगले ही पल वह आदमी ज़मीन पर गिर पड़ा। भिक्षु की जान में जान आई और उसने यह पता लगाने के लिए ऊपर की ओर नज़रें फिराईं कि आख़िर उसे बचाया किसने। अँधेरे में उसे महसूस हुआ कि उसके हमलावर की देह किसी ने अपने मज़बूत कंधों पर उठा ली है और फिर वहाँ से चला गया। उसे बस दरवाज़े की आवाज़ भर सुनाई दी।

क्या हुआ, यह वह अच्छे से जानता था।

संरक्षक हरदम मौजूद रहकर किताब की भी रक्षा कर रहा था, तो भिक्षु की भी।

हालाँकि भिक्षु का दिल अब भी धक-धक कर रहा था, लेकिन वह यह जानकर मुस्करा दिया कि किताब सुरक्षित है।

वह सोच रहा था कि आख़िर कब तक यह एक रहस्य बनी रहेगी? कब पूरा संसार इसके ज्ञान के लिए तैयार हो सकेगा? *क्या कभी कोई ऐसा दिन आएगा, जब बुरी ताक़तें इतनी कम हो जाएँगी कि यह आसानी से सभी के लिए उपलब्ध हो सकेगी?*

उसी समय उसके भाई-बंधु भी आ गए। उसने उन लोगों की लाइन में अपनी जगह बना ली।

जैसा कि उसे निर्देशित किया गया था, बीती रात को उसने मूल पांडुलिपि जला डाली थी। प्राचीन भाषा को तो वैसे भी काफ़ी अरसा पहले ही भुला दिया गया था। केवल कुछ ही लोग बचे थे, जो उसका सटीक अनुवाद कर सकते थे, फिर भी उसने निर्देशों का अक्षरश: पालन किया था।

अब वह राहत की साँस ले सकता था। किताब सुरक्षित रूप से मोनेस्ट्री से बाहर हो चुकी थी। इसके रहस्य आने वाली पीढ़ियों के लिए संरक्षित कर दिए गए थे।

डेविड

वर्तमान काल

अलार्म ठीक 5:30 को बज उठा। वह गुरुवार का दिन था। सप्ताहांत क़रीब ही था, लेकिन हफ़्ते भर में जो काम होने थे, वे अब तक आधे भी नहीं हुए थे। काम को लेकर चिंताएँ उसके दिमाग़ में नश्तर की तरह चुभ रही थीं, मानो उसे टोंच-टोंचकर जगाया जा रहा हो, भले ही वह उन्हें दूर धकेलने की कोशिश कर रहा था।

करवट बदलते हुए डेविड ने स्नूज़ का बटन दबाया और दस मिनट और नींद का मज़ा लेने की कोशिश की, पर अलार्म की वही कर्कश आवाज़ उसके बेडरूम में फिर गूँजी, तो मन मारकर उसे बिस्तर से बाहर आना पड़ा। वह डगमगाते क़दमों से बाथरूम में गया। जैसे ही उसकी नज़र आईने पर पड़ी, वह चौंक गया। उसने दोबारा ग़ौर से आईने में देखा।

नींद में उसके बाईं ओर के बाल इतने नाटकीय तरीक़े से मुड़ गए थे कि उन्हें देखकर वह मुस्करा दिया, हालाँकि अब वह किशोर नहीं रह गया था, लेकिन उन बालों में उसे अपनी किशोरावस्था की झलक नज़र आ रही थी। उसकी भूरी आँखों में अचरज के साथ मनोविलास के भाव थे। कई लोग उसे ख़ूबसूरत कहते थे, लेकिन वह जानता था कि निकट भविष्य में तो उसके बड़े परदे पर आने की कोई संभावना नहीं है।

उसने शॉवर को सबसे गर्म सेटिंग पर कर दिया, ताकि पानी जल्दी से नहाने लायक़ हो जाए, हालाँकि उसे मालूम था कि बाबा आदम के ज़माने वाले उसके इस अपार्टमेंट में ऐसा होना कदापि संभव नहीं था, फिर भी

क़रीब 15 मिनट में वह नहाने-धोने के काम से फ़ारिग़ होकर रसोईघर में था और ई-मेल स्क्रॉल करते हुए अपने लिए कॉफ़ी बना रहा था।

अब चिंताएँ उसे जल्दी घेर लेती हैं। ऐसा कब से शुरू हुआ? डेविड को याद है कि दो साल पहले कॉलेज से स्नातक की पढ़ाई पूरी करने के बाद जब उसने अपनी मौजूदा नौकरी करनी शुरू की थी, उस समय वह कितना बेफ़िक्र हुआ करता था, हालाँकि नौकरी में कोई ख़ास उत्साह नहीं था, मगर इसमें उसे बुराई भी नज़र नहीं आती थी। शुरुआत में उसने न अति-आत्मविश्वास दिखाया और न ही उदासीनता। उसने यही सोचा कि जो होगा, देखा जाएगा।

पिछले साल किसी मक़ाम पर आकर चीज़ें अचानक बदल गई थीं, और जो कुछ भी हुआ था, वह बेहतर तो क़तई नहीं था। उसकी तनख़्वाह समय पर नहीं मिल रही थी। उसकी टेबल पर बक़ाया बिलों के अंबार लग रहे थे। उसके पास दो क्रेडिट कार्ड थे, जो वैसे तो सुविधा के लिए होते हैं, लेकिन यहाँ दुविधा बनते जा रहे थे। उसका उधार बढ़ता जा रहा था। यह भी कितनी अजीब बात है, उसने सोचा। जब उसने नौकरी की पेशकश को स्वीकार कर उसके लीज़ पत्र पर दस्तख़त किए थे, तो उस समय उसे रत्ती भर भी अंदाज़ा नहीं था कि इसमें किसी तरह की कोई दिक़्क़त होगी। उसने अपना बजट बनाने पर उतना ध्यान नहीं दिया, जितना देना चाहिए था, बल्कि सच तो यह था कि उसने इस पर बिलकुल भी समय ख़र्च नहीं किया था। उसने यह भी नहीं सोचा था कि ये कितना उपयोगी हो सकता है। उसकी आय का कितना हिस्सा करों के रूप में जाएगा, इसका भी उसने ग़लत अनुमान लगा लिया था।

उसकी नौकरी की शुरुआत तो बढ़िया हुई थी। उसका बॉस उसे पसंद करता था। उसने उसे अपनी छत्रछाया में ले रखा था। वह उसके साथ वरिष्ठ अधिकारी के बजाय बड़े भाई या मार्गदर्शक की तरह बर्ताव करता था। इससे उसे लगने लगा कि उसकी नौकरी सुरक्षित है, उसके साथ कभी कुछ भी बुरा नहीं होगा, लेकिन यह हक़ीक़त नहीं थी। तीन माह बाद ही उसका बॉस दूसरी कंपनी में चला गया। इससे डेविड को किसी नए बॉस को रिपोर्ट करना पड़ा, जिसकी उसमें कोई व्यक्तिगत रुचि नहीं थी। न ही वह उसके चुटकुलों पर हँसता था।

वैसे नए बॉस के साथ भी तब तक सब कुछ ठीक था, जब तक कि उससे एक गड़बड़ नहीं हो गई, हालाँकि उसकी अपनी नज़र में यह कोई बड़ी गड़बड़ी नहीं थी, लेकिन उसके बॉस ने तो ऐसा बर्ताव किया, मानो यह उसके जॉब रिकॉर्ड पर कभी न मिटने वाला दाग़ हो। उसे भरोसा नहीं हो रहा था कि यह इतना बड़ा मुद्दा कैसे बन सकता है। आख़िर, वह अपने एक ग्राहक को कॉल बैक करना ही तो भूला था। और इससे कंपनी कोई ख़तरे में आ गई हो, ऐसा भी हरगिज़ नहीं था।

दो हफ़्ते पहले आख़िरकार उसे पूरे मामले के पीछे की हक़ीक़त के बारे में पता चला। उसने सोचा तक नहीं था कि एक छोटे-से दफ़्तर में भी ऐसी राजनीति हो सकती है या कोई आदमी इतना कपटी हो सकता है। उसे यह साफ़ हो गया था कि किसी ने उसके ख़िलाफ़ साज़िश की थी। वह किसी असल ग्राहक का फ़ोन नहीं था, बल्कि उसकी आड़ में कुछ और ही खेल चल रहा था। उस पर वे आरोप भी चस्पा कर दिए गए थे, जिनसे उसका दूर-दूर तक कोई नाता नहीं था। उनमें से ज़्यादातर उन अफ़वाहों से निकले थे, जो बॉस के दिमाग़ की उपज प्रतीत हो रही थीं।

ऐसा तो नहीं होना चाहिए था। उसके दिमाग़ में अपने उस दोस्त का ख़याल आया, जो उससे कुछ साल पहले ही स्नातक हुआ था। फटाफट प्रमोशन। ढेर सारा पैसा। उसका नाम अक्सर ख़बरों में भी आता रहता था। शुरू में तो डेविड अपने दोस्त की प्रगति को देखकर दिल से ख़ुश होता था, लेकिन जब उसे अपनी ख़ुद की नौकरी में जबरन पसीना बहाना पड़ता और रोज़ के ख़र्चों को भी पूरा करने के लिए संघर्ष करना पड़ता, तो दोस्त की सफलताओं को पचाना मुश्किल हो गया। मगर दोस्त के प्रति ऐसे भाव रखने से उसे आत्मग्लानि भी होती।

अपने ई-मेल को स्क्रॉल करते-करते अचानक उसकी नज़र बॉस के एक अप्रत्याशित, लेकिन छोटे-से मैसेज पर गई। आख़िर इसका मतलब क्या है, यह समझने के लिए उसने उसे कई बार पढ़ा।

तुम मुझसे आज 11 बजे दफ़्तर में मिलो।

बस इतना ही। और कुछ भी जानकारी उसमें नहीं थी।

यह पढ़ते ही उसकी धड़कनें तेज़ हो गईं। उसने गहरी और लंबी साँस ली। आँखें अनायास बंद हो गईं। वह कनपटी को मसलने लगा।

उसने ई-मेल के संदेशों पर फिर से नज़र डालीं। एक और संदेश दिखाई दिया। यह उसकी माँ का मैसेज था, जिसने उसे प्रफुल्लित कर दिया। उसने अपना फ़ोन रखा और कॉफ़ी की चुस्कियाँ लेने लगा।

डेविड के माता-पिता को इस बात का कोई अंदाज़ा नहीं था कि उनके बेटे की ज़िंदगी में क्या चल रहा है। उन्हें तो अपने कॉलेज स्नातक बेटे पर गर्व था, जो उनके मुताबिक़ एक अच्छी-भली कंपनी में किसी अच्छे पद पर कार्यरत था। वे अपने दोस्तों व परिचितों के बीच बेटे की उपलब्धियों पर शेखी भी बघारा करते। मगर ये बातें डेविड को परेशान कर देतीं। उसने उन्हें यह नहीं बताया था कि उसका वह शुभचिंतक बॉस चला गया है और नया बॉस किस तरह माइक्रोस्कोप लेकर उसके पीछे पड़ा रहता है या यह भी कि वह अपनी ज़िंदगी में कितना संघर्ष कर रहा है। उसने उनसे कभी यह भी नहीं कहा कि वह जो नौकरी कर रहा है, वह कितनी बेमतलब की है। रोज़ाना वही एक जैसा काम, एक ई-मेल के बाद दूसरा ई-मेल। यह इतना थकाऊ काम था कि बस आँसू निकलने ही बाक़ी थे। इन तमाम ई-मेल संदेशों का जवाब उसे एक दिन में ही देना होता था। इनका जवाब देते-देते वह पक जाता था। कई बार वह ऐसे कल्पनालोक में पहुँच जाता, जहाँ उसकी ज़िंदगी धूसर रंग के नीरस क्यूबिकल कक्ष की गुलाम नहीं थी।

उसने अपना तनाव, ख़र्चों को लेकर संघर्ष या अपनी चिंताएँ कभी किसी के साथ साझा नहीं की थीं। वह सोचता कि आख़िर उसे अपने माँ-बाप की चिंताओं में इज़ाफ़ा क्यों करना चाहिए? डैड पहले से ही इस बात को लेकर परेशान थे कि स्टॉक मार्केट में गिरावट का असर कैसे उनकी सेवानिवृत्ति की बचत पर पड़ने वाला था। मॉम सेहत से जुड़ी समस्याओं से जूझ रही थीं। ऐसे में उन्हें अपनी उलझनों के बारे में बताना समझदारी की बात तो क़तई नहीं थी। वे तो उससे केवल इस ख़ुशख़बरी की आस लगाए बैठे थे कि उसे 'कोई' मिल गई है और वह शादी करने जा रहा है। और फिर पोते-पोती। उसने अपनी डेटिंग को लेकर पूछे सवाल को भी टाल दिया था और एक तरह से असमंजस बनाए रखा था, ताकि उसकी माँ यह उम्मीद ना पाल लें कि उसके कुँवारेपन के दिन जल्द ही लदने वाले हैं।

"तो क्या मुझे नौकरी से निकाल दिया जाएगा? उस ग़लती के लिए, जिससे मेरा कोई लेना-देना ही नहीं है?" सुबह के सन्नाटे को चीरते हुए उसके मुँह से ये शब्द अनायास बाहर निकल आए। इसका जवाब हीटिंग सिस्टम ने अपने शोर से दिया, जो उसी क्षण तेज़ आवाज़ के साथ अपने आप चालू हो गया था।

यह भी हो सकता है कि यह मीटिंग उसकी नौकरी को लेकर ही न हो। हो सकता है यह उसे सौंपी जाने वाली किसी नई ज़िम्मेदारी को लेकर हो या फिर कोई बिलकुल अलग बात भी हो सकती है। हो सकता है उसका बॉस उस पर लगाए गए झूठे आरोपों पर खेद जताने के लिए उससे मिलना चाहता हो।

उसने अपना ध्यान कहीं और बँटाने की ग़रज़ से स्थानीय ख़बरों को खँगालने का सोचा। शहर की एक प्रमुख कारोबारी हस्ती अपने परोपकारी कार्यों के लिए सुर्ख़ियों में थीं। समाज को वापस लौटाने के उनके संकल्प को लेकर जज़्बे से भरी कहानी दी गई थी। फिर उसने शहर में पहली बार दिखाए जाने वाले नए नाटक और हॉकी के एक स्टार खिलाड़ी द्वारा एक टीम को छोड़कर दूसरी टीम के साथ जुड़ने की ख़बरें पढ़ीं। आने वाले बड़े सीजन की संभावनाओं को लेकर एक कोच का साक्षात्कार भी दिया गया था।

लेकिन ख़बरों से उसके मन को ज़्यादा तसल्ली नहीं मिली। डेविड ने गहरी साँस छोड़ी, इस उम्मीद में कि उसका पूरा तनाव उसकी इसी साँस के साथ बाहर निकल जाए। उसने अपना कप सिंक में रखा, कंप्यूटर बैग उठाया और पैदल ही दफ़्तर के लिए निकल पड़ा। दिमाग़ पर तनाव हावी था। चलते-चलते वह सोच रहा था कि आख़िर ज़िंदगी इतनी जटिल कैसे हो सकती है।

यह शरद ऋतु का एक असामान्य सर्द दिन था। हवाएँ पेड़ों से पत्तों को तोड़कर उन्हें चकरी की तरह घुमाते हुए ऊपर की ओर ले जा रही थीं। पत्ते हवा में ही लहराते और इठलाते हुए धीरे से लॉन में उतरकर इधर-उधर बिखर जाते। वह किनारे पर स्थित एक चर्च, जिसकी खिड़कियों पर रंगीन-सजावटी शीशे लगे हुए थे और जिसका दरवाज़ा भारी-भरकम लकड़ी से बना हुआ था, के सामने से गुज़रा तो उसकी नज़र एक शख़्स पर पड़ी। वह

दीवार के सहारे बड़े अनमने भाव से झुककर खड़ा था। कार्डबोर्ड पर बना संकेत भी कुछ वाक्यों में जीवन की एक कहानी कह देता है। डेविड ने भी एक पल के लिए सोच लिया कि वह बेघर हो सकता है। उसका दिमाग़ नकारात्मक संभावनाओं की अधिकतम हद तक पीछा करने लगा था। उसे लगा कि अब उसकी नौकरी चली जाएगी और फिर वह घर से बेदख़ल होकर सड़क पर आ जाएगा। उसने तेज़ी से अपना सिर झटका, मानो वह आ रहे ऐसे विचारों को भी अपने दिमाग़ से बाहर झटक देना चाहता हो। फ़िलहाल तो उसके सामने ऐसी कोई स्थिति नहीं थी, फिर वह अपने मॉम-डैड के घर तो जा ही सकता था। उसका तनाव उसकी सोच पर भारी पड़ने लगा था और उसी के परिणामस्वरूप ये विचार उसके दिलो-दिमाग़ में आ रहे थे।

कुछ और भी उसे कचोट रहा था; किशोरावस्था की वे उम्मीदें, वे स्वप्निल विचार कि वह कार्पोरेट जगत की सीढ़ियों पर तेज़ी से आगे बढ़ा जा रहा है, ख़ूब पैसे कमा रहा है, पार्टियाँ कर रहा है, पत्नी और बच्चों के साथ ज़िंदगी के मज़े ले रहा है। अच्छे विचार भी थोड़ी देर के लिए ही आते हैं और एक झलक दिखलाकर ग़ायब हो जाते हैं।

आख़िर इन स्वप्निल विचारों की जगह किसी तरह ज़िंदगी कट जाने वाले विचार ने कब पैठ बना ली? नौकरी से बर्ख़ास्त कर दिए जाने और फिर बेघर होने का डर जैसे तर्कहीन विचार ने कैसे और कब जगह ले ली?

सामने वाली सड़क पर काफ़ी भीड़-भाड़ थी, तो इसके मद्देनज़र उसने बग़ीचे से गुज़रने वाला एक शॉर्टकट पकड़ लिया। उसका हर काम उसकी आदत का गुलाम था। बाक़ी लोग क्या करते हैं, इसकी वह कोई परवाह नहीं करता था। उसके इर्द-गिर्द क्या चल रहा है, इस पर ध्यान न देते हुए उसने अपनी रफ़्तार बढ़ा दी, ताकि वह जल्दी से जल्दी दफ़्तर पहुँचकर अपना काम शुरू कर सके। काम मतलब वही काग़ज़ों के साथ मशक़्क़त और ढेर सारे ई-मेल्स का जवाब।

विचारों की उधेड़बुन में खोया डेविड अचानक एक युवती से टकराते-टकराते बचा। वह युवती हवा के झोंके में उसके हाथ से उड़ गए धूसर-पीले रंग के काग़ज़ के पन्नों को बटोरने की कोशिश कर रही थी। वह जानती थी कि वह हवा के साथ यह जंग नहीं जीत सकती, फिर भी खिलखिला

रही थी। इसमें उसे मज़ा आ रहा था, गोया कि उसी ने जानबूझकर वे पन्ने उड़ाए हो। डेविड ने हवा में उड़ते काग़ज़ के कड़ों को तेज़ी से और बड़ी आसानी से बटोरना शुरू कर दिया। यह देख वह युवती ठिठक गई। उसने उसके इस कौशल की तारीफ़ करते हुए कहा, ''शुक्रिया। मैं ऐसा कभी नहीं कर पाती।''

डेविड ने सिर हिलाया और थोड़ा झुकते हुए कहा, ''मुझे ख़ुशी हुई।'' उसने वे पन्ने उसे लौटा दिए और एक विनम्र मुस्कान के साथ आगे बढ़ गया।

कुछ ही मिनटों में वह उस भवन के सामने था, जहाँ उसका दफ़्तर है। उसने घड़ी देखी, तो उसे महसूस हुआ कि वह वक़्त से जल्दी पहुँच गया है। थोड़ा नहीं, बहुत जल्दी। इधर-उधर थोड़ा समय बिताने की ग़रज़ से वह पास की ही एक दुकान में चला गया। उसने मेनू पर नज़र डाली और फिर एक फ्रूट फ़्लेवर वाली दमदार काली चाय ऑर्डर कर किनारे स्थित एक टेबल पर बैठ गया, जहाँ वह काम पर जाने से पहले सुकून के दो पल बिता सके।

पेट पूजा के लिए वहाँ सुबह-सुबह आने वाले लोगों की अफ़रा-तफ़री का शोरगुल बढ़ गया था। उसने भी अपना इरादा पक्का कर लिया। वह रेस्तराँ से सीधे अपने दफ़्तर भवन के चक्करदार दरवाज़े पर पहुँचा। जैसे ही वह लॉबी में दाख़िल हुआ, उसे बदलाव की आहट महसूस हुई। दफ़्तर के भीतर भी उसे कुछ अलग-सा एहसास हुआ, मानो वह किसी नाटक में पोशाक पहनकर कोई छोटा-सा किरदार निभा रहा हो। कुछ कर्मचारियों के साथ हाय-हेलो हुई और वह अपनी डेस्क की ओर बढ़ चला।

कुछ ही घंटों बाद बॉस से मिलने का वक़्त आ गया। डेविड धीरे-धीरे गलियारे में आगे की ओर बढ़ा। उसकी हथेलियों से पसीना चूने लगा था। चेहरा लाल हो गया था। उसने बॉस के कैबिन का दरवाज़ा खोला। चेहरे पर एक फीकी मुस्कान ओढ़ ली थी, ताकि वह ख़ुद को आत्मविश्वास से लैस दिखा सके।

उसकी वह मीटिंग दो मिनट में ही समाप्त हो गई।

उसे नौकरी से तो नहीं निकाला गया, लेकिन मौखिक चेतावनी ज़रूर दी गई थी। अब ग़लती के लिए कोई गुंजाइश नहीं बची थी।

डेविड ने अपने बॉस के साथ कोई बहसबासी नहीं करके उसे अचरज में डाल दिया था। यहाँ तक कि वह ख़ुद भी अपनी वह आवाज़ सुनकर आश्चर्यचकित था, जिसमें उसने बदलने का वादा किया था। कैबिन से बाहर निकलते ही वह सीधे बाथरूम में गया और चेहरे पर पानी के छींटे मारकर अपने तनाव को दूर करने का प्रयास किया। वह सोच रहा था कि क्या उसका बर्ताव उतना ही दयनीय था, जितना कि वह ख़ुद में महसूस कर रहा था। इस समय जबकि उसके पास बचत के नाम पर एक धेला भी नहीं था, वह अपनी यह नौकरी गँवाने का जोखिम मोल नहीं ले सकता था। उसके परिजन, उसके दोस्त, हर किसी को तो यही लगता था कि वह कोई बहुत बड़ा काम कर रहा है।

ऐसे में अगर उसे नौकरी से निकाल दिया जाता, तो यह हर किसी के लिए एक झटके से कम नहीं होता। वह हमेशा आत्मविश्वास से लबरेज़ रहा। हाईस्कूल में वह दो खेलों में माहिर था। कॉलेज में भी अच्छा खिलाड़ी रहा। उसके ग्रेड्स भी बेहतर आते। उसे दो शानदार इंटर्नशिप भी मिली थी। हर कोई उसे पसंद करता था और सब यही सोचते थे कि कॅरियर में वह काफ़ी नाम करेगा।

वह विफल नहीं हो सकता था। वह विफल नहीं होगा।

डेविड को इतना तो इल्म था कि कुछ तो बदलना होगा, लेकिन उसे यह नहीं मालूम था कि आख़िर शुरुआत कहाँ से करें।

शाम को वापस लौटते समय वह उसी बग़ीचे से गुज़रा। तभी उसे एक सरसराहट-सी सुनाई दी। उसने आवाज़ की तरफ़ नज़रें घुमाईं तो एक पत्थर के नीचे काग़ज़ का एक पुर्ज़ा नज़र आया। धूसर-पीले रंग का। उसे याद आ गया कि अरे हाँ, सुबह यहीं पर इसी रंग के काग़ज़ के पन्ने तो उसने बटोरकर उस युवती को दिए थे। उसने काग़ज़ का वह पन्ना उठा लिया। आस-पास देखा कि कहीं वह युवती नज़र आ जाए, फिर उसने यह सोचकर उसे अपने जैकेट की जेब में डाल दिया कि कल जब वह इसी राह से गुज़रेगा, तो हो सकता है युवती उसे यहीं कहीं मिल जाए। उस छोटी-सी मुलाक़ात, उस युवती की अन्य लोगों के दिल को छू लेने वाली मुस्कान और उसकी आँखों की चमक को याद करते ही सहसा डेविड के चेहरे पर एक मुस्कान तैर गई।

घर पर उसने काग़ज़ को निकालकर जैकेट को खूँटी पर टाँग दिया। काग़ज़ के मुड़े हुए हिस्से पर एक नोट लिखा हुआ था :

> नार्थ कैफ़े, प्रात: 10:00 बजे। शुक्रवार, 14 सितंबर।

उसने काग़ज़ को पूरा खोला, तो उस पर लिखा हुआ था :

> तुम सफल तभी हो पाओगे, जब ये नौ ग़लतियाँ नहीं करोगे। अधिकांश लोगों को इसका एहसास होते-होते बहुत देर हो चुकी होती है। तुम ऐसा न होने दो। मुझसे खिड़की के बग़ल वाले आख़िरी बूथ पर आकर मिलो। उन्हें पता चल जाएगा कि तुम आ रहे हो।

इस पर उसी शख़्स के नाम के साथ दस्तख़त थे, जो अपने परोपकारी कार्यों की वजह से सुबह के अख़बार में सुर्खियों में था।

डेविड ने सोचा, *यह उसी युवती का होगा। और उसका मोहक चेहरा, वही बिंदास हँसी उसके मन-मस्तिष्क में ताज़ी हो गई। हो सकता है वह कल मुझे वहीं-कहीं दिख जाए। मैं उससे कहूँगा कि मुझे वह काग़ज़ मिल गया है। देखते हैं, फिर क्या होता है। मुझे इतना ही तो करना है।*

फिर उसका ध्यान उसी परोपकारी कारोबारी की तरफ़ चला गया। उसके बारे में डेविड ने सुन रखा था कि उसने कई लोगों का भला किया है। वह उसकी सफलताओं, उसके कार्यों, उसके संपर्कों के बारे में सोचने लगा। डेविड ने सोचा कि वह मेरी राह भी प्रशस्त कर सकता है। *हो सकता है मैं उसके लिए या उसके नेटवर्क के लिए किसी नए पद पर कार्य कर सकूँ। मुझे उससे ज़रूर मिलना चाहिए।*

वह अपने बिस्तर पर लेटे-लेटे छत की ओर ताकता रहा और उसे सड़क का शोर सुनाई देता रहा। दिनभर में जो कुछ हुआ था, वह उनके बारे में बार-बार विचार करता रहा। बॉस के साथ मीटिंग में जो बातचीत हुई थी, उसे वह मन ही मन दोहराता रहा। जब उसने इसके बारे में और अधिक सोचा तो उसे याद आया कि वह कैसे आत्मविश्वास से भरा हुआ था। क्या उसे और अधिक बेहतर महसूस कराने के लिए ख़ुद उसके दिमाग़

ने ही उस मीटिंग की दशा और दिशा को बड़ी बारीकी के साथ बदल दिया था!

उसने एक प्रार्थना बुदबुदाई, जो एक याचना या एक तमन्ना से ज़्यादा थी कि यह सब कुछ बदल जाएगा। उसकी चाहत केवल इतनी भर नहीं थी कि उसके दफ़्तर में सभी चीज़ें पटरी पर आ जाएँ और वह अपना सारा बक़ाया चुकता कर सकें। वह अपना खोया हुआ आत्मविश्वास फिर से पाना चाहता था। वह चाहता था कि उसके सपने उसके पास वापस लौट आएँ!

''काश, मुझे पहले ही पता चल जाए कि मैं कब चूकने वाला हूँ या बड़ी ग़लती करने वाला हूँ या फिर मैं उन ग़लतियों को पूरी तरह से मिटा सकूँ।''

और सहसा, उसने हवा में ज़ोरदार मुक्का लहराया।

वह मुस्कराया और गहरी नींद के आगोश में चला गया। काफ़ी अरसे के बाद उसे इतनी अच्छी नींद आई थी।

शुरुआत

डेविड यह सोचकर नार्थ कैफ़े जल्दी पहुँच गया कि वह उस युवती से मिलकर उसे सारी स्थिति स्पष्ट कर सके और अगर हालात कुछ ज़्यादा ही अजीब-से हो जाए तो वह अपनी राह निकल लेगा और युवती अपनी राह। मगर युवती नहीं मिली, तो वह खिड़की के बग़ल वाले आख़िरी बूथ में आकर बैठ गया।

उसने अपनी घड़ी देखी। दो मिनट भी गुज़रे नहीं होंगे कि उसने फिर से घड़ी पर नज़र डाली। वह आख़िरी बूथ में बैठा था और बैठे-बैठे अपने पैरों से ज़मीन को इस तरह थपथपा रहा था, मानो उनमें बैटरियाँ लगी हों। वेटर पूरी ईमानदारी के साथ उसे कॉफ़ी परोस रहा था। कोई लगातार पोंछे लगा रहा था और सुबह की साफ़-सफ़ाई में व्यस्त था, हालाँकि वह उसकी नज़रों के सामने नहीं था।

ठीक चार मिनट और एक कप कॉफ़ी गटकने के बाद उसने एक बुजुर्ग व्यक्ति को आते हुए देखा। बुजुर्ग ने पहले उस छोटे-से कमरे पर नज़र डाली और फिर डेविड की ओर देखा। रसोईघर से आ रहे बर्तनों के शोर और पास ही लग रहे पोंछे की खटपट के बावजूद डेविड बुजुर्ग द्वारा बजाई जा रही सीटी की मद्धम-सी आवाज़ को सुन सकता था, जो अब उसकी ओर ही चला आ रहा था।

डेविड ने फिर अपनी घड़ी देखी। उसका मेज़बान बिलकुल सही वक़्त पर था, जैसी कि अपेक्षा थी, पर समाज का यह मज़बूत स्तंभ वैसा नहीं था, जिसकी उसने उम्मीद लगा रखी थी।

डेविड जानता था कि यह शख़्स अपनी पीढ़ी के सफलतम लोगों में शुमार है। वह अकूत धन-दौलत का मालिक है। उसने काफ़ी अरसा पहले अपने वे कई कारोबार बेच डाले थे, जो शुरू तो स्थानीय स्तर पर किए गए थे, मगर उनका विस्तार बड़ी तेज़ी से दुनियाभर में हो गया था। डेविड ने अपने मन के पटल पर इस शख़्स की जो तसवीर बनाई थी, उसके अनुसार तो वह शानदार कपड़े, चमचमाते जूते, साफ़-सुथरी इस्तरी की हुई पतलून पहनने वाला ऐसा व्यक्ति होना चाहिए था, जिसके स्पोर्ट कोट की जेब से रूमाल झाँक रहा हो।

मगर इसके बजाय उस बूढ़े आदमी ने एक घिसी-पिटी जींस, पुरानी जूतियाँ और साधारण-सी शर्ट पहन रखी थी। दाढ़ी के बाल बड़े हुए थे। बस, केवल एक जिस चीज़ से उसकी रईसी झलक रही थी, वह थी उसकी घड़ी। जब बूढ़ा उसके सामने बैठा, तो डेविड केवल उड़ती नज़रों से ही उसकी घड़ी को देख पाया था और इस वजह से यह अंदाज़ा लगाना मुश्किल था कि वह किस कंपनी की है या उसका मॉडल कौन-सा है।

बूढ़ा आदमी मुस्कराया और तीक्ष्ण नज़रों से मेज़ के दूसरी तरफ़ बैठे डेविड की ओर देखा। ऐसा लग रहा था कि उसकी नज़रें गहराई तक जाकर कुछ टटोल रही हैं, डेविड के बारे में राय बनाने के लिए नहीं, बल्कि उसका आकलन करने के लिए, मानो वह इस बात को लेकर अच्छी तरह से आश्वस्त हो जाना चाहता हो कि उसकी मुलाक़ात एक सही व्यक्ति से हो रही है। वह वो हर चीज़ जान लेना चाहता है, जो जान सकता है। डेविड को ऐसी उम्मीद नहीं थी। वह सकपका गया और उसने सीट पर दाएँ-बाएँ होते हुए अपनी नज़रें कहीं ओर फेर लीं। मगर कुछ तो ऐसा ज़रूर था, जो शायद पैसों से भी अधिक दिलचस्प था।

''मुझे तुमसे मिलकर बहुत ख़ुशी हो रही है। मुझे इस बात की भी प्रसन्नता है कि आज की सुबह तुम यहाँ हो। मैं जानता था कि तुम ज़रूर आओगे,'' एक शुभ्र और खरी मुस्कान के साथ शुरुआत बूढ़े ने की।

डेविड बूढ़े आदमी की तीखी नज़रों से ख़ुद को घिरा हुआ महसूस कर रहा था। बग़ीचे वाली उस ख़ूबसूरत युवती के अब भी कोई अता-पता नहीं था युवती से मिलने की वजह को स्पष्ट करने के लिए उसने जो कुछ दो-चार वाक्य रट रखे थे, उनका भी कोई मतलब नहीं रह गया था।

बूढ़ा आदमी अब अपनी कुर्सी पर आराम से बैठ गया था। उसने मेज़ के पार अपनी पूरी दृष्टि डालते हुए वही बात फिर दोहराई, ''हाँ, मुझे मालूम था कि तुम आओगे।''

''ओह, माफ़ करना! मुझे लगता है कि आपको शायद ग़लत-फ़हमी हुई है। देखिए, मैं...मैं...मैं..., तो केवल किसी एक ऐसे इंसान की मदद करने की कोशिश भर कर रहा हूँ, जिसके कुछ काग़ज़ात वग़ैरह गिर गए हैं... मैं... मैं...।'' वह अपनी पूरी बात कह ही नहीं पाया। उसे समझ में नहीं आ रहा था कि आख़िर वह कहे, तो कहे क्या। उसका चित्त स्थिर नहीं लग रहा था।

''लड़के, हर चीज़ के पीछे एक वजह होती है। और मुझे ख़ुशी है कि तुम्हें वह आमंत्रण मिल गया और आज तुम यहाँ हो। वह तुम्हारे लिए ही था।''

''आमंत्रण? मेरे लिए? मुझे तो वह यूँ ही मिल गया था, और बड़ी उत्सुकता भी हुई, नौ ग़लतियों वाली बात को पढ़कर!''

''हाँ, लेकिन हो सकता है शायद तुम्हें अभी वह समझ में नहीं आए। अभी जल्दबाज़ी मत करो। उसका भी वक़्त आएगा।''

तभी वेटर उनकी टेबल पर आया। बूढ़ा आदमी उसे देखकर मुस्कराया और उसने बड़ी गर्मजोशी के साथ उससे हाथ मिलाए। ऐसा लग रहा था मानो दोनों क़रीबी दोस्त हों।

''आप तो वही लेंगे न?'', वेटर ने पूछा और फिर बूढ़े आदमी के कप को भरते हुए काउंटर के पीछे खड़े किसी शख़्स की तरफ़ गर्दन हिलाकर इशारा भी किया।

''अब तुम तो मुझे अच्छे से जानते ही हो'', बूढ़े ने वेटर से कहा, और फिर डेविड की ओर मुख़ातिब होकर बोला, ''और तुम क्या लेना पसंद करोगे?'' इतना कहकर वह अपने बग़ल में रखे झोले को खँगालने लगा।

मेनू में लिखे विवरण की तारीफ़ करते हुए डेविड ने कहा, ''मैं कॉन्टिनेंटल लूँगा।''

डेविड ने अपने सामने बैठे उस कामयाब शख़्स पर नज़र डाली। उसकी मौजूदगी वहाँ किसी तरह का कोई जादू नहीं रच रही थी। ऐसा लग रहा था

मानो ये सब उसके लिए सामान्य-सी बातें हों, उसकी सामान्य दिनचर्या का ही हिस्सा हों और उससे हमेशा इसी तरह के बर्ताव की अपेक्षाएँ की जाती हों। उसने तो सोचा था कि वह उस बूढ़े शख़्स के साथ कम से कम अच्छा नाश्ता करेगा और सबको इस मुलाक़ात के बारे में बता सकेगा। उसके परिजन सब कुछ जानना चाहेंगे, पर वह इसी उधेड़बुन में था कि आख़िर अब वह उन्हें बताएगा क्या। डेविड को महसूस हुआ कि संयोगवश हुई इस मुलाक़ात के ज़रिये उसे और भी बहुत कुछ जानने की आवश्यकता है। उसे जंजाल में फँसी अपनी ज़िंदगी को बाहर निकालने के लिए एक रास्ते की, कुछ सवालों के जवाबों की ज़रूरत थी। उसे दरकार थी एक दिशा की, एक ऐसे मार्गदर्शन की, जो उसे बोझ के दबाव से ऊपर उठा सके।

उस बूढ़े आदमी ने अपने झोले से लेदर की जिल्द वाली एक छोटी-सी किताब निकाल ली। वह बहुत पुरानी थी। इतनी ख़स्ता-हाल थी कि उसके सौ साल से भी पुराना होने पर डेविड को अचरज नहीं होता। बूढ़े आदमी ने उसे बड़े प्यार से सहलाया और अपने सीने से लगा लिया। उसे देख वह ऐसे मुस्कराया, मानो उसने अपने पोते को गोद में बैठा रखा हो और उस पर अपना दुलार बरसा रहा हो। उसने पढ़ने वाला चश्मा निकाला और पहला पन्ना पलट दिया।

''ओह, माफ़ करना। इसके बारे में बताने का जब भी मुझे मौक़ा मिलता है, तो मैं काफ़ी उत्साह में आ जाता हूँ। यह मेरे लिए बहुत ख़ास है, लेकिन पहले तुम अपने बारे में कुछ बताओ।''

डेविड आमतौर पर अजनबियों के सामने बहुत खुलता नहीं था। वह अपने परिचय में शुरुआत अमूमन अपनी कंपनी के नाम और ख़ुद के पदनाम से करता था, और कभी-कभार यह भी बता देता था कि उसने पढ़ाई-लिखाई किस कॉलेज से की, लेकिन किसी वजह से उसे लगा कि बूढ़े आदमी को यह सब बताने का कोई तुक नहीं है। लिहाज़ा, उसने शुरुआत कहीं और से की। उसने बूढ़े आदमी को बताया कि वह कहाँ बड़ा हुआ, कैसे बड़ा हुआ। उसने अपने भाई-बहनों, अपने माता-पिता, अपने सपनों, अपनी उम्मीदों के बारे में बात की। बूढ़े आदमी ने बड़े ध्यान से और ईमानदारी से उसकी सारी बातें सुनीं। बीच-बीच में कुछ सवाल भी पूछे। वह सचमुच में उसके बारे में और अधिक जानना चाहता था।

और फिर अचानक ही बूढ़े आदमी ने कुछ भाँपते हुए उसे बीच में टोक दिया, "मुझे एक बात पूछनी है। आख़िर, तुम किस बात से इतना डरते हो?"

यह सवाल किसी मुक्केबाज़ के अप्रत्याशित नॉकआउट पंच की तरह था। डेविड को लगा, जैसे उसका गला भर आया हो। उसने कुछ कहने की कोशिश की, लेकिन उसे महसूस हुआ कि रुँधे गले से वह बोल नहीं पाएगा। उसने थोड़ा पानी पिया और अपना मानसिक संतुलन फिर से हासिल करने का प्रयास किया। वह ख़ुद को बयाँ करने में यथासंभव ईमानदार रहने की कोशिश कर रहा था, मगर साथ ही चाहता था कि हर बात में उसकी एक सकारात्मक छवि भी उभरकर सामने आए। आख़िरकार, वह बूढ़े आदमी को प्रभावित करके उससे अच्छी मदद पाने की उम्मीद कर रहा था। वह भीतर ही भीतर उथल-पुथल से गुज़र रहा था, लेकिन यह उजागर भी करना नहीं चाहता था कि उसकी ज़िंदगी में वास्तव में क्या चल रहा है।

इस बीच, कई मिनट गुज़र गए, लेकिन उस बूढ़े आदमी ने चुप्पी साधे रखी और दोनों के बीच पसरी ख़ामोशी के साथ वह सहज बना रहा। उसे इस बात का एहसास था कि डेविड अपनी बात कहने के लिए उचित शब्द तलाशने की कोशिश कर रहा है।

अंतत: डेविड निढाल पड़ गया। उसे ऐसा लग रहा था, मानो अंपायर ने पहले ही आउट करार देकर उसकी हार का ऐलान कर दिया है। उसने खुलकर अपनी दास्ताँ बताने का फ़ैसला कर लिया। शुरुआत करना थोड़ा मुश्किल था, मगर एक बार ऐसा करने के बाद उसे महसूस हुआ कि वह अपने गहन विचारों को भी बड़ी आसानी के साथ बयाँ कर पा रहा था। जैसे पानी के प्रचंड प्रवाह को रोक पाने में असमर्थ बाँध फूट पड़ता है, वैसा ही डेविड के साथ हो रहा था। उसका बाँध भी आख़िरकार फूट गया; उसकी माँ की सेहत संबंधी परेशानियाँ, परिवार की उससे अपेक्षाएँ, उसका पक्षपाती बॉस और उसकी धमकियाँ, काम को लेकर उसका संघर्ष, उसके बक़ाया बिल्स, उनमें उसकी ओर घूरते लाल स्याही से अंकित अंक, अच्छा काम करने और अपने परिवार को निराश नहीं करने की उसकी ख़ुद से उम्मीदें।

अब हर बात उजागर थी। प्रत्येक ख़ुलासे के बाद डेविड को अपने ऊपर लदा बोझ उतरता हुआ महसूस हुआ। अब यह अच्छा हुआ या बुरा, वह अपनी बात कहने से ख़ुद को रोक नहीं सका।

बूढ़ा आदमी उसकी हर बात बड़ी तल्लीनता से सुन रहा था। बीच में उसने कुछ सवाल और पूछे। उनके जवाब से उसे किसी तरह का कोई अचरज नहीं हुआ। "शुक्रिया", बूढ़े आदमी ने कहा। "मुझे पता है तुम इस वक़्त किन हालात का सामना कर रहे हो। तुम अभी जिस रास्ते पर खड़े हो, मैं उससे पहले ही गुज़र चुका हूँ।" बूढ़ा आदमी आहिस्ता-आहिस्ता अपना सिर लगातार ऊपर-नीचे हिलाते रहा, जो संकेत था कि वह डेविड की कहानी में कितनी दिलचस्पी रख रहा था। उसकी खोजपरक आँखें महज़ सेकंड भर के लिए इधर-उधर हुई होंगी। "और सुनाओ।" और डेविड ने अपनी दास्ताँ जारी रखी।

डेविड को पता भी नहीं चला कि वेटर कब आकर उनकी मेज़ से प्लेट वग़ैरह साफ़ करके ले गया और बूढ़े ने भुगतान भी कर दिया। डेविड को तो बात करते-करते इस बात का भान भी नहीं था कि वह क्या खा या पी रहा है। उसका डर कम हो चला था और अब वह अपने भविष्य को लेकर कुछ गहन उम्मीदें साझा करने लगा था। वह अपनी निजी और पेशेवर ज़िंदगी में क्या पाना और क्या बनना चाहता है, इसका लक्ष्य उसके सामने स्पष्ट था, लेकिन उसे लगा कि इसके बहुत विस्तार में जाना इतना महत्त्वपूर्ण नहीं है। वास्तव में वह केवल इतना चाहता था कि उसकी अपनी ज़िंदगी पर स्वयं का नियंत्रण हो, उसके सारे लक्ष्य पूरे हो जाएँ और वह कुछ यक़ीनी फ़र्क़ पैदा कर सके।

बूढ़े आदमी ने कुर्सी पर पीछे की तरफ़ सरकते हुए एक गहरी श्वास ली और इस तरह से मुस्कराया कि पूरा कमरा ताज़गी से भर उठा। आँखों के किनारों पर एक हल्की-सी शिकन के साथ वह बोला, "क्या तुम्हें लगता है कि तुम तैयार हो?"

"हाँ जी, बिलकुल। शायद मुझे एक नोटपैड की ज़रूरत पड़ेगी।"

"उस तरह से तैयार नहीं। शुरुआत तब होती है, जब आपके पास उत्तरों से भी अधिक प्रश्न होते हैं। तैयारी तब होती है, जब आपकी इच्छाशक्ति ध्यान भटकाने वाली चीज़ों से भी अधिक ताक़तवर होती है।"

डेविड मुस्कराकर बोला, ''मुझे नहीं मालूम कि आप जो कह रहे हैं, उसमें कितना सार है, मगर आप तो मुझे देख रहे हैं। आपका मेरे बारे में क्या ख़याल है?''

बूढ़े आदमी ने और गंभीरता से कहा, ''मुझे लगता है कि तुम इन सीखों को सीखने के लिए एक आदर्श मन:स्थिति में हो। यदि तुम वाक़ई इस प्रक्रिया के लिए प्रतिबद्ध हो, तो मेरा मानना है कि यह तुम्हारी सोच और तुम्हारे जीवन का कायाकल्प कर देगी। ख़ैर, तुम्हारा क्या कहना है?''

डेविड अब इस पर क्या प्रतिक्रिया दे, उसे बिलकुल समझ में नहीं आ रहा था। ये सब क्या हो रहा है, यह भी उसकी समझ से परे था। उसका दिमाग़ दोबारा से सोचने लगा कि वह यहाँ क्या कर रहा है और आख़िर उसने अपनी ये सारी निजी जानकारियाँ साझा क्यों कर दीं!

''तो बताओ, हाँ या ना। मुझे उम्मीद है तुम हाँ ही कहोगे।''

''पर मैं किस चीज़ के लिए हाँ कहूँ?'', डेविड ने अपनी बायीं भौंहें थोड़ी तिरछी करते हुए पूछा।

''नौ ग़लतियों के अध्ययन के लिए'', बूढ़े आदमी ने लगभग चकराते हुए, थोड़ा-सा डपटते हुए कहा, मानो कहीं खो गए डेविड को वह जगा रहा हो। ''जो तुम करना चाहते हो, जैसा कि तुमने बताया, तो उसके लिए तुम्हें इन ग़लतियों के बारे में जानना होगा। अगर तुम अपनी मौजूदा स्थिति को बदलना चाहते हो तो इसके अलावा और कोई दूसरा तरीक़ा भी नहीं है।''

''मुझे आपके साथ बड़ा मज़ा आया है। आपने मेरी परेशानियाँ सुनीं, मेरी महत्त्वाकांक्षाओं के बारे में जाना, इसके लिए तारीफ़ करने को मेरे पास शब्द नहीं हैं, लेकिन मैं अब भी दुविधा में हूँ कि आख़िर आप मुझसे क्या चाहते हैं और क्यों चाहते हैं। मुझे लग रहा है कि मैं शायद बेमतलब की चीज़ में अपना दिमाग़ खपा रहा हूँ और यहाँ जो हो रहा है, वह सब सच नहीं है। लेकिन फिर भी मैं उत्सुक हूँ। हाँ, मैं उन नौ ग़लतियों के बारे में जानना चाहता हूँ। दरअसल, मुझे लगता है कि उन्हें जानना मेरी ज़रूरत भी है। क्या हैं वे ग़लतियाँ?''

बूढ़ा आदमी ज़ोर-ज़ोर से हँसने लगा। इतनी ज़ोर से कि कैफ़े का कोना-कोना गूँज उठा। यह हँसी एक जज़्बे से भरी हुई थी और उसमें

गांभीर्य भी था। उसके असर से डेविड भी हँसने लगा। माहौल ख़ुशगवार हो गया।

"हम क्यों हँस रहे हैं?", डेविड ने किसी तरह अपनी हँसी पर क़ाबू पाते हुए पूछा, पर बूढ़ा आदमी रुकने का नाम नहीं ले रहा था। इससे भावनाओं का एक ज्वार पैदा हो रहा था।

बूढ़े ने अपनी दाढ़ी खुजलाई और फिर किताब को सहलाते हुए कहा, "तुम्हें क्या लगता है, क्या मैं इसे तुम्हारे हवाले कर सकता हूँ? हाँ, मैं ऐसा कर तो सकता हूँ, लेकिन केवल इसमें अपने आप में कोई शक्ति नहीं है। मुझे नहीं लगता कि यह काम आएगी।" फिर वह किताब की तरफ़ देखने लगा और गहन विचारों में खो गया। "अजीब बात है कि लोग सैकड़ों सालों ने इस किताब को चुराने की कोशिश करते आए हैं। उन्हें लगता है कि उनके पास किताब होने भर से ही वे इसकी सारी शक्तियों से लबरेज़ हो जाएँगे, या कि सारे रहस्य इसके पन्नों में लिखे शब्दों में छिपे हैं, लेकिन ऐसा बिलकुल भी नहीं है। ऐसे कई लोग हैं, जो सृजन करने के बजाय आलोचना करने में माहिर होते हैं। जब भी कोई सकारात्मक काम होता है, नकारने वाले और उम्मीदों को कुचलने वाले लोग सपनों को चकनाचूर करने में जुट जाते हैं। और इसलिए हर पीढ़ी को विवेक (विज़्डम) की रक्षा करने और अपने सपनों को दिलों में सुरक्षित रखने का कोई न कोई रास्ता खोजना चाहिए।"

इतने में वही वेटर प्रकट हुआ, उसने सुपरिचित हल्की-सी मुस्कान दी और बूढ़े आदमी के कॉफ़ी के कप को पूरा भर दिया। बूढ़े ने कप की ओर देखा, जिसमें से कॉफ़ी किनारों से बाहर बह निकली थी।

"यह कप पूरा भरा हुआ है, इसी तरह तुम भी ऊपर से नीचे तक पूरे भरे हुए हो। इसलिए अपने भीतर कोई भी सबक़ तुम तभी उतार सकते हो, जब उसके लिए तुम्हारे अंदर जगह होगी। तुम्हें हर सबक़ को अपने भीतर उतारना होगा", बूढ़े शख़्स ने भाप से भरी जावा कॉफ़ी का बड़ा-सा घूँट निगलते हुए कहा। "तो हमें हर सबक़ को इस तरह से साझा करना होगा कि तुम जैसे लोग उसे समझ भी सकें।"

जब वे कुछ खा-पी रहे थे, उस दौरान ज़्यादातर बातें केवल डेविड ने की थीं, उसी ने अपनी ज़िंदगी के सपने साझे किए थे और बूढ़े ने अमूमन

चुप्पी साधे रखी थी, लेकिन अब बात करने की बारी बूढ़े आदमी की थी। ज्ञान (नॉलेज) ज़ोरदार आवाज़ के साथ बाहर निकलता है, लेकिन विवेक (विज़्डम) की मौन अभिव्यक्ति होती है। नए को तभी स्वीकार करना संभव है, जब हम पुराने को हटाकर उसके लिए जगह बनाते हैं। जब तक तुम निरर्थक चीज़ों को बाहर नहीं फेंकोगे, तब तक उन चीज़ों के लिए कोई जगह नहीं होगी, जो मायने रखती हैं।''

मन ही मन चिंतन करते हुए बूढ़े आदमी ने आहिस्ता से अपना सिर ऊपर-नीचे किया, गोया कि वह अपनी अंतरात्मा की किसी आवाज़ के साथ सहमति जता रहा हो। ''अगर तुम सीखने के लिए तैयार हो, तो हम तुम्हें वे सब बातें सिखाएँगे।''

''हम?''

''हाँ, हम। वे सारी बातें सिखाने के लिए मैं एकदम सही आदमी नहीं हूँ।''

तो हम कब से शुरू करें?'' डेविड ने पूछा। उसे एक वह आवाज़ सुनाई दी, जो बूढ़े आदमी से पूछ रही थी कि उसे शुरुआत कब से करनी है, लेकिन साथ ही भीतर से भी एक आवाज़ सुनाई दे रही थी, जो उससे कह रही थी कि क्या तुम पागल हो गए हो? जानते भी हो कि क्या करने जा रहे हो और फिर तुम लोगों से कहोगे क्या?

''अक्सर हमारे चेतन मन को पता भी नहीं चलता और हम एक राह पर निकल पड़ते हैं। हम तो शुरुआत कर चुके हैं'', यह कहते-कहते बूढ़े ने अपना कोट पहना और दरवाज़े की ओर बढ़ चला।

रुकिए, आपके पास तो मेरा नंबर भी नहीं है!'' हतप्रभ डेविड उस बूढ़े आदमी के पीछे भागा।

तुम्हें पता नहीं है कि तुम किस यात्रा पर जाने वाले हो। अब जबकि यह शुरू हो गई है, तो कोई भी इसे रोक नहीं सकता। दरअसल, तुम्हारे शिक्षक तुम्हें बिलकुल सही समय पर मिलेंगे, और वह भी बेहद अनपेक्षित और असामान्य जगहों पर। काश, मैं भी ऐसी किसी जगह पर मौजूद रहूँ। जल्दी ही तुम्हारी किसी से मुलाक़ात होगी!''

और बूढ़ा आदमी उस भीड़-भाड़ भरी व्यस्त सड़क पर ओझल हो गया। डेविड दरवाज़े पर ही भौंचक-सा खड़ा था। उसने अपनी जैकेट पहनी और सड़क पर हर तरफ़ नज़रें घुमाईं, मगर वह कहीं नज़र नहीं आया।

तभी डेविड को अपने हाथों में काग़ज़ का एक मुड़ा-तुड़ा टुकड़ा दिखाई दिया। यह बूढ़े आदमी ने उसे तब थमा दिया था, जब डेविड उसकी बातों में तल्लीन था। उसने काग़ज़ की लिखावट पर नज़र डाली और उसे पढ़ने के बाद अपनी जेब के हवाले कर दिया।

शुरुआत

शुरुआत तब होती है, जब आपके पास उत्तरों से भी अधिक प्रश्न होते हैं।

तैयारी तब होती है, जब आपकी इच्छाशक्ति ध्यान भटकाने वाली चीज़ों से अधिक मज़बूत होती है।

ज्ञान (नॉलेज) ज़ोरदार आवाज़ के साथ निकलता है, लेकिन विवेक (विज़्डम) की मौन अभिव्यक्ति होती है।

नए को तभी स्वीकार करना संभव है, जब हम पुराने को हटाकर उसके लिए जगह बनाते हैं।

जो चीज़ें मायने रखती हैं, उन्हें जगह देने के लिए अनावश्यक चीज़ों को बाहर फेंकना ज़रूरी है।

हमारे चेतन मन को अक्सर पता भी नहीं चलता और हम एक राह पर निकल पड़ते हैं।

अरिया

⌘⌘⌘

अमेरिकी उपनिवेश, 1771

उसके शरीर की हर माँसपेशी किसी अनहोनी की आशंका में कसमसाने लगी थी। उसे महसूस हुआ कि उसके माथे से पसीना निकलने लगा है और वह चेहरे के किनारे तक लुढ़क आया है। हवाओं में एक तरह का आवेश तैर रहा था। अंकल रेमंड के अध्ययन कक्ष में लकड़ी की एक सीढ़ी पर बैठी अरिया ने अपने हाथों में किसी तरह एक मोमबत्ती थाम रखी थी। घोड़ों के टापों की थाप जो उसकी ओर बढ़ी चली आ रही थी, घर के बाहर आकर थम गई थी। अब और वक़्त बाक़ी नहीं था।

जैसा कि उसे बताया गया था, वो बक्सा यहीं कहीं होना चाहिए था। लेकिन था उसकी पहुँच से काफ़ी दूर।

उसने कुछ किताबें एक तरफ़ सरकाकर वहाँ मोमबत्ती रख दी। अपने स्कर्ट को सँभालते हुए वह बड़ी सावधानी से अलमारी के किनारे को पकड़कर सीढ़ी के शीर्ष पायदान पर पहुँच गई। उसने अपने एक हाथ से अपना संतुलन बनाए रखा, जबकि दूसरा हाथ बड़े और काले रंग के बक्से को खींचने के लिए आगे बढ़ाया। इससे सीढ़ी डगमगा गई और वह रुक गई। पहले उसने अपने आप को स्थिर किया और फिर एक गहरी साँस ली।

उसने उस बक्से को बाहर खींच निकाला और उसे अजीब तरीक़े से अपनी काख के नीचे दबा लिया, ताकि वह एक हाथ से मोमबत्ती भी पकड़

सके। वह अब सीढ़ी से नीचे उतरकर कमरे के उस पार थी। वह जानती थी कि उसके अंकल आज की रात भी नहीं निकाल पाएँगे। और शायद यह उसकी भी आख़िरी रात हो सकती है।

उसने बक्से को अपनी छाती से लगा लिया। उसमें रखी सामग्री सुरक्षित थी। उसने थोड़ा-सा जोखिम उठाते हुए उसका ढक्कन खोला और उसके भीतर झाँका, तो उसमें पीले पड़े काग़ज़ नज़र आए। यह पांडुलिपि थी, वही पांडुलिपि, जो उसके साथ अप्रत्याशित रूप से खिलवाड़ कर रही थी, उसकी ज़िंदगी के सुकून को छीनकर उसे एक दुस्साहसी मिशन के अनजाने ख़तरे में डाल रही थी।

कर्तव्य बोध उसमें कूट-कूटकर भरा हुआ था। अगर पांडुलिपि ग़लत हाथों में पड़ गई, तो वह ख़ुद को कभी माफ़ नहीं कर पाएगी। उसके अंकल ने उसे आगाह किया था कि कुछ लोग इसे हासिल करने की कोशिश कर चुके थे। ये लोग ऐसे पहले नहीं थे, जिन्हें लगता था कि वे यह किताब पाकर ताक़तवर बन जाएँगे, मानो उसमें कोई चमत्कारी चीज़ छुपी हो। इन हालात में भी अरिया के होंठ यह सोचकर मुस्करा दिए कि उन लोगों को कितनी ग़लतफ़हमी थी, फिर भी इन पन्नों में ज्ञान या विवेकसम्मत जो बातें दी गई हैं, उनका ग़लत कार्यों के लिए दुरुपयोग हो सकता है और चुराने वाले लोग इसे विरासत की तरह सँभालकर रखने के बजाय इसके ज़रिये काफ़ी नुक़सान पहुँचा सकते हैं। उसके अंकल ने उसका अभिभावक बनने और उसे अपने बच्चे की तरह पालने से काफ़ी पहले से ही किताब के रहस्यों को सुरक्षित कर रखा था। वह उनकी आख़िरी साँस तक उन्हें प्रसन्न देखना चाहती थी। भले ही उसके सामने इस खेल के सारे पत्ते कभी खोले नहीं गए, लेकिन इसके बावजूद वह उसे सौंपे गए मिशन को पूरा करने के लिए दृढ़ प्रतिज्ञ थी।

अध्ययन कक्ष से बाहर निकलते हुए उसका दिल तेज़ी से धड़क रहा था। अगर उन लोगों ने पकड़ लिया, तो सब कुछ उसी समय ख़त्म हो जाना था।

अंकल के शब्द उसके साथ थे, जो उसे आगे बढ़ने के लिए प्रेरित कर रहे थे। वह जानती थी कि दाँव पर क्या लगा हुआ है।

उसे किसी चीज़ का खटका हुआ, तो वह अचानक रुक गई। उसने मोमबत्ती बुझा दी। बाहर तेज़ हवा में शटर खड़खड़ा रहे थे। और कोई आवाज़ नहीं थी, मगर यह शांति भी संदेह पैदा कर रही थी।

तो क्या वे घर के भीतर ही हैं?

एक हिरणी की भाँति वह बेहद सधे क़दमों से धीरे-धीरे हॉल से होते हुए पीछे की तरफ़ गई। खिड़कियों से चंद्रमा की पूरी आभा नज़र आ रही थी। अँगीठी अब भी गर्म थी और जलती-बुझती लौ के साथ सुनहरे अंगारे रह-रहकर सुलग रहे थे।

हाँ। वे घर में ही हैं। वह किसी आदमी या किसी चीज़ की मौजूदगी को महसूस कर सकती थी, वह भी बड़ी शिद्दत के साथ।

पहले धड़ाम और फिर दर्द से कराहने की आवाज़ ने उसके इस संदेह को पुख़्ता कर दिया। किसी दूसरे कमरे में कोई आदमी अँधेरे में कहीं फिसल गया था। पूरे इलाक़े में सबसे बड़ा घर अंकल रेमंड का ही था। इतने बड़े घर की वजह से ही वह किसी तरह ख़ुद को बचाते हुए हॉल में झाँक सकती थी। उसने दूर दरवाज़े की तरफ़ देखा, फिर जलती हुई अँगीठी को। उसे कोई नज़र नहीं आया।

अरिया ने दरवाज़े से लेकर घर के पिछले हिस्से तक का मुआयना किया। उसने कुछ राहत की साँस ली, मगर उसकी सारी इंद्रियाँ सतर्क थीं। जो ऊर्जा उसे आज महसूस हो रही थी, वह महीनों से नहीं हुई थी। उसने बक्से के भीतर रखे काग़ज़ों के पुलिंदे को बड़ी सावधानी से बाहर निकाला। इस बात की अच्छे-से तहक़ीक़ात करके कि सब दुरुस्त है, उसने उसे फिर से बक्से के हवाले कर दिया।

उसका अठारहवाँ जन्मदिन क़रीब ही था। वह सोचने लगी कि क्या वह उसे मना भी पाएगी। सप्ताह भर पहले ही उसने इस बात का गुणा-भाग लगाया था कि सदी बदलने तक वह कितने बरस की हो जाएगी, लेकिन अब ऐसा लग रहा था कि 1800 तक तो वह कभी पहुँच ही नहीं पाएगी। पांडुलिपि को उसने सीने से लगा रखा था और अगला जन्मदिन उसे कोसों दूर प्रतीत हो रहा था।

उसने चुपचाप खिड़की के बाहर झाँका। कुछ और लोग भी आ गए थे।

अरिया ने दिमाग़ में आ रहे विचारों को किनारे किया और पूरा ध्यान अपने काम पर लगाने का प्रयास किया। उसने अपने फ़ैसले पर विचार किया तो लगा कि काश, उसके पास किसी वैकल्पिक उपाय के बारे में सोचने के लिए कुछ वक़्त होता। अगर वह अपने काम में विफल हो गई, तब भी उसके अंकल को कुछ पता नहीं चलेगा। वह तो इसी ख़ुशफ़हमी में दुनिया से कूच कर जाएँगे कि उसने अपना काम कर दिया।

लेकिन नहीं। वह जानती है कि उसे किसी भी क़ीमत पर विफल नहीं होना है। लिहाज़ा, संशयों से पीछा छुड़ाते हुए वह अपने मिशन को अंजाम तक पहुँचाने के काम में जुट गई।

अँगीठी के पास घुटनों पर बैठकर अरिया ने एक कपड़े से अपनी बाईं भुजा को एक बार, दो बार, तीन बार कसकर लपेटा और गठान बाँध दी। उसने कमरे के चारों तरफ़ निगाह डाली। अकस्मात भीतर ही भीतर उसकी रुलाई फूट पड़ी। आँखें डबडबा आईं और आँसू गालों तक बह निकले। कुछ पलों के लिए नज़रें धुँधला गईं। उसकी ज़्यादातर अनमोल यादें इन्हीं दीवारों के भीतर समाई हुई थीं। उसने आँसू पोंछ लिए, मगर भावनाओं के ज्वार को मिटाना इतना आसान नहीं था। अतीत और भविष्य के बीच की रेखा उसे व्यथित कर रही थी। उसे मालूम था कि वह इस रेखा की दहलीज़ को बस पार करने ही वाली है। उसे एक सुरक्षित जीवन को छोड़कर उस ज़िंदगी की ओर क़दम बढ़ाने हैं, जिसके भविष्य के बारे में कुछ अता-पता नहीं है।

उसने अँगीठी के पास पड़ी झाड़ू उठाई, एक गहरी श्वास ली और फिर झाड़ू के आख़िरी सिरे को आग में झोंक दिया। आग तुरंत भड़क गई और हवा में ऊँची-ऊँची लपटें उठने लगीं, मानो वह अरिया की योजना पर अपने अनुमोदन की मोहर लगा रही हों। झाड़ू का आख़िरी सिरा जलने लगा। अरिया उसे लेकर पर्दों की तरफ़ दौड़ी और उनमें आग लगा दी। फिर वह अगले कमरे की ओर भागी और अंकल रेमंड की प्रिय कुर्सी की तरफ़ जलती झाड़ू उछाल दी, वही कुर्सी जिस पर उसके अंकल अक्सर उसे अपनी गोद में बैठाकर दुनिया-जहान की कहानियाँ सुनाया करते थे। उसे याद आया कि कैसे इस आरामदायक कुर्सी पर बैठकर अंकल अपने मेहमानों के साथ मज़े से गपशप किया करते थे। यहाँ तक कि घर के नौकर भी उन्हें सुनने के फेर में अपने सारे काम भूल ज़ाया करते थे।

अरिया ख़ुश थी कि इस समय नौकर यह सब देखने के लिए मौजूद नहीं थे कि वह क्या कर रही है। वे इसे कभी समझ नहीं पाते।

आग ने अब प्रचंड रूप ले लिया था। और इसी वक़्त उसे बाहर एक तेज़ आवाज़ सुनाई दी। कुछ ही देर में कई लोग घर के भीतर होंगे और उसे तलाश रहे होंगे। आग की तेज़ ज्वाला ने काली अँधेरी रात को भी रोशन कर दिया था।

उसने बक्सा उठाया और धीरे से गलियारे की ओर निकल पड़ी। किसी को अपने पीछे आता न देख वह रुक गई। तभी उसे कुछ सुनाई दिया। एक क्षण भी गँवाए बग़ैर वह तुरंत कमरे के दरवाज़े के नज़दीक लगे पर्दे के पीछे छुप गई। वह जानती थी कि अगर उसे ज़िंदा रहना है, तो यहाँ से जल्दी से जल्दी निकलना होगा। धूल और धुएँ के गुबार में वह अपनी खाँसी को रोकने की भरसक कोशिश कर रही थी। उसके यूँ अचानक कमरे में घुस जाने से वर्षों से जमी गर्द के कणों ने जगह छोड़ दी थी और वे हवा में तैरने लगे थे। वह कुछ भी नहीं देख पा रही थी और उसने ख़ुद को बिलकुल निष्प्राण-सा कर लिया था। वह साँस भी ले पा रही थी या नहीं, इसका उसे ख़ुद एहसास नहीं हो रहा था। वह तो बस घुसपैठियों की किसी तरह की हलचल को सुनने के लिए अपने कान लगाए हुए थी।

फिर उसे ऐसा महसूस हुआ कि उसने जो आवाज़ सुनी, वह स्वयं इस घर की आवाज़ थी। ऐसा प्रतीत हो रहा था कि घर अपने अस्तित्व पर आए संकट को देखकर कराह और सिसक रहा था। यह मानते हुए कि इस स्थिति के लिए वह ख़ुद ज़िम्मेदार है, अरिया आत्मग्लानि से भर उठी।

उसने जोखिम उठाकर पीछे की ओर झाँका, तो उसे एक आदमी दिखाई दिया, जो जल रही ज्वाला के नज़दीक लँगड़ाते हुए जा रहा था। यह जानते हुए कि उसके पास बहुत ज़्यादा वक़्त नहीं है, अरिया ने कुछ सेकंडों का इंतज़ार किया और फिर पर्दे से बाहर निकलकर विपरीत दिशा की ओर बढ़ चली। एक पल में ही वह दरवाज़े पर थी और अगले क़दम में वह घर के बाहर होती। तभी उसे लगा कि कोई उसकी बाँह पकड़कर उसे वापस खींच रहा है। दरवाज़े पर लगी एक कील में उसके कपड़े अटक गए थे। उसकी कल्पनाओं में फिर वही घर आ गया, जो उससे आख़िरी बार विनती कर रहा था कि उसने जो विनाश शुरू किया है, उसे वह रोक ले।

उसने कपड़े छुड़ा लिए और रात के अँधेरे में विलीन हो गई। रात्रि का वह गहन अंधकार उसकी रक्षा की ढाल बन गया था। ताज़ी और साफ़ हवा उसके फेफड़ों में भर गई। वह जिस घर में पली-बढ़ी थी, उसके आस-पास के चप्पे-चप्पे से भली-भाँति परिचित थी और इसलिए घनघोर अँधेरे में भी उसे आगे बढ़ने में कोई दिक़्क़त नहीं हुई। पहाड़ी की चोटी पर पहुँचकर वह एक बड़ी-सी चट्टान के पीछे पसर गई। यह वही जगह थी, जहाँ उसे सारे संसार से छुपकर बैठना और पढ़ना पसंद था।

आग और भड़क उठी थी और खिड़कियाँ भी धहकने लगी थीं। आग की उस रोशनी में उसे घर से बाहर की ओर भागते लोगों की परछाइयाँ नज़र आ रही थीं। अब वह मान सकती थी कि किसी को भी उसकी मौजूदगी के बारे में मालूम नहीं चला था और न ही कोई उसको तलाश रहा था। उसने गहरी श्वास ली और अपने भीतर के सारे तनाव को बाहर निकाल दिया।

आख़िर, कोई उसके बारे में पता क्यों नहीं लगा पाया, यह एक रहस्य था। शायद परमात्मा ने उसकी प्रार्थना सुन ली थी। वह वहाँ से जाने के लिए पीछे मुड़ी। तभी उसे एक धीमी-सी आवाज़ सुनाई दी, जो नीचे से ऊपर की ओर आई थी।

वो कैसी आवाज़ थी!

अरिया बीच में ही रुक गई और वापस घर की तरफ़ देखने लगी। उसे यक़ीन नहीं हो रहा था। उसका दिमाग़ इस बात को समझने के लिए जद्दोजहद कर रहा था कि आख़िर यह कैसे संभव है। वह इस रात को उसके घर में कैसे मौजूद हो सकता है!

यह संभव नहीं है, बिलकुल नहीं।

उसने अपनी भौंहें तिरछी कीं। उसकी आँखें मानने को तैयार नहीं थीं, लेकिन बार-बार तिरछी होतीं भृकुटियों ने अंततः उसके संदेह को पुष्ट कर दिया था। हाँ, वह वही तो था। अलेक्ज़ेंडर!

वह किसी एक ऐसे शख़्स से बात कर रहा था, जो उससे उम्र में काफ़ी बड़ा था। जिसके सफ़ेद बाल थे और चेहरा ऐसा था, जिसे जल्द भुलाया नहीं जा सकता था। चेहरे पर चेचक के पुराने दाग़ थे, गालों की हड्डियाँ धँसी हुई थीं और मुँह मानो कड़वाहट से भरा हुआ था। पूरी छवि में एक

तरह का चिढ़चिढ़ापन और गुस्सा हावी था। उस आदमी और अलेक्ज़ेंडर के बीच ज़मीन-आसमान का अंतर नज़र आ रहा था।

मगर अलेक्ज़ेंडर वहाँ कर क्या रहा था?

अरिया ने उसे काफ़ी दूर से देखा था। वह उसके घर से भी काफ़ी ऊँची जगह पर थी, ताकि किसी की उस पर नज़र न पड़ सके। उसने कुछ सुनने की कोशिश की, लेकिन इतनी ऊँचाई पर होने की वजह से उसे एक भी शब्द सुनाई नहीं पड़ा। उसकी आँखों ने अलेक्ज़ेंडर को देखा था, लेकिन मन की आँखें उसे उसके वांछित गंतव्य की तरफ़ ले आई थीं। उसमें उसे उसके अंकल की छवि नज़र आई, जो बिस्तर पर लेटे हुए हैं और उसके बारे में पूछ रहे हैं। *उसने मन ही मन उम्मीद जताई कि वह अब भी जीवित होंगे।* जब दोस्त रॉबर्ट के यहाँ अंकल की तबीयत ख़राब हो गई थी, तो उसने उन्हें घर लाने की कितनी ज़िद की थी, लेकिन उन लोगों ने उसकी एक न सुनी थी। उन्होंने तुरंत अंकल के लिए अलग से एक कमरा तैयार करके डॉक्टर को बुलवा लिया था। डॉक्टर का भी विचार था कि उन्हें अभी वहीं रहना चाहिए, लेकिन उनकी स्थिति दिन-प्रतिदिन बिगड़ती गई। हर गुज़रता दिन उनके ठीक होने की उम्मीद को क्षीण कर रहा था। उनके जितने भी जानने वाले लोग थे, वे सभी अंकल को बहुत चाहते थे और इसलिए तमाम शुभचिंतक उनसे मिलने की कोशिश करते रहे। वह तो रॉबर्ट की पत्नी माये ने उन लोगों को साफ़ मना कर दिया। वह कुछ ज़्यादा ही सुरक्षात्मक थी।

अरिया ने जब अलेक्ज़ेंडर को एक दिशा में और उसके साथ खड़े आदमी को दूसरी दिशा में जाते देखा, तो उसका ध्यान फिर से उनकी तरफ़ हो गया। घर के पिछले दरवाज़े पर आकर अलेक्ज़ेंडर रुक गया। वह अपने हाथों से किसी चीज़ को टटोलकर देख रहा था। अरिया ने अपनी फटी हुई आस्तीन देखी, तो समझ गई कि किस चीज़ ने उसका ध्यान खींचा होगा। उसे उस कील, जिसमें अरिया के कपड़े फँस गए थे, पर कुछ धागे दिखाई दिए होंगे, हालाँकि अरिया जानती थी कि वह इस समय जिस जगह पर थी, वहाँ तक अलेक्ज़ेंडर के लिए उसे देखना संभव नहीं था, फिर भी वह थोड़ा नीचे झुक गई। अलेक्ज़ेंडर ने घर के पीछे की तरफ़ नज़रें डालीं और फिर ऊपर की ओर। अरिया की साँसें वहीं की वहीं अटक गईं। तभी एक बड़ी-सी दरार से आई रोशनी ने घर के ऊपरी हिस्से को भी रोशन कर

दिया। आग की लपटों ने अब बाहरी दीवारों को भी चपेट में ले लिया था। ऐसा लग रहा था कि पूरा घर ही भीषण आग की लपटों में घिर चुका है। उसने फिर से अलेक्ज़ेंडर की ओर देखा, लेकिन तब तक वह घर के बग़ल से होते हुए ग़ायब हो चुका था।

यह महसूस करते हुए कि उसका एक हाथ उसके धड़कते दिल पर है, पहले तो उसने ख़ुद को स्थिर किया। उसने अपने दूसरे हाथ में बक्से को थामकर रखा हुआ था। उसे उम्मीद थी कि उन लोगों को यह मान लिया होगा कि वह बक्सा तो आग में जलकर नष्ट हो गया होगा, पर अलेक्ज़ेंडर उनके साथ क्या कर रहा था? क्या किताब को चुराने की उनकी साज़िश में वह भी शामिल था? इसके अलावा और क्या बात हो सकती थी?

निढाल हो चुकी अरिया को भोर की पहली किरण दिखाई दी और उसने अंतिम बार अपने प्यारे घर पर नज़र डाली। एक-एक करके यादें फिर उमड़ आईं। वह केवल छह साल की थी, जब एक हादसे में उसके माता-पिता की मृत्यु हो गई थी और फिर अंकल ने उसे अपनी छत्रछाया में ले लिया था। तब से वे दोनों कभी अलग नहीं हुए थे। यह घर ही एकमात्र वह चीज़ थी, जिसे वह सचमुच में जानती थी।

उसने इन विचारों को दिमाग़ से बाहर निकाल दिया। अब तो वर्तमान ही मायने रखता था। उसे अब यहाँ से चलना चाहिए।

उसने अपनी बाँहों पर बँधी पट्टी खोल दी, आँसू पोंछे और जंगल के घुमावदार रास्ते पर आगे बढ़ गई। उसे अंकल के पास पहुँचने में एक घंटा और लगने वाला था। उसने उनके ठीक होने के लिए मन ही मन प्रार्थना की और उम्मीद जताई कि वह उनसे फिर मिल सकेगी।

⌘⌘⌘

पहली ग़लती

कई दिन बीत गए, लेकिन उस बूढ़े आदमी की कोई खोज-ख़बर नहीं थी। डेविड अब जब भी काम के लिए निकलता, तो धीरे-धीरे चलता और बड़ी सतर्क नज़रों से इधर-उधर देखते जाता कि कहीं वह युवती नज़र आ जाए, जिसके हवा में उड़ते काग़ज़ों को बटोरने के फेर में ही यह सब शुरू हुआ था। वह इस उम्मीद में कैफ़े का चक्कर भी लगा आया था कि शायद वह बूढ़ा आदमी वहीं कहीं मिल जाए।

वह जब से बूढ़े आदमी से मिलकर आया था, तब से ही उसकी अपनी चिंताएँ गौण हो गई थीं। वह उन ग़लतियों को जानने के लिए आतुर हो उठा था। वह सोचता रहता कि आख़िर वे ग़लतियाँ क्या हैं, वे कहाँ से आई होंगी और उन्हें जानने से क्या फ़र्क़ पड़ेगा। उसने इन सब बातों को अपने दिमाग़ से बाहर निकालने की भी कोशिश की और अपना पूरा ध्यान अपनी नौकरी पर लगाने का प्रयास किया। उसके दिमाग़ में कहीं न कहीं यह बात भी घूम रही थी कि वह ऐसा क्या करें कि उसका बॉस उसे पसंद करने लगे या कम से कम उससे घृणा तो न करे।

उस बूढ़े आदमी के शब्द अब भी उसे जकड़े हुए थे और उसका दिमाग़ उन्हीं बातों में उलझा हुआ था।

"मुझे लगता है कि पहली ग़लती तो बेमतलब की बातों के लिए पागल होना है!" उसने यकायक ज़ोर से चिल्लाकर कहा, फिर हकबकाकर इधर-उधर देखा कि कहीं किसी ने उसे इस तरह चीख़ते हुए सुना तो नहीं। उसने मन ही मन बुदबुदाते हुए कहा, "या फिर इन ग़लतियों को जानने के लिए जुनूनी होना।"

एक दोपहर को भोजन के बाद डेविड अपने काम पर वापस लौट रहा था। लिफ़्ट बुलाने के लिए उसने बटन दबाया, तो उसकी नज़र अचानक से उसके दमकते दरवाज़े से आ रहे अपने प्रतिबिंब पर पड़ी। उसने देखा कि वह कुछ झुका हुआ सा था, फिर अपनी शारीरिक मुद्रा को लेकर उसे अपनी माँ की झिड़की याद आई, तो वह तनकर सीधा खड़ा हो गया। वह सोचने लगा, *मेरे कंधे इतने इसलिए झुक गए हैं, क्योंकि मेरी इस काम में कोई दिलचस्पी नहीं है। मैं किसी बड़ी कंपनी में काम करना नहीं चाहता था, जैसे डैड ने किया।* फिर उसे ऐसा आभास हुआ, जैसे उसके पिता उससे कुछ कह रहे हैं। वह उसे किसी बड़े संगठन में काम करने के रिटायरमेंट समेत तमाम फ़ायदे गिना रहे थे। उसने सोचा, *यह मुझे अपने लिए सही क्यों नहीं लगता?*

डेविड लिफ़्ट के भीतर दाख़िल हुआ और धक्का-मुक्की कर किसी तरह भीड़ में अपनी जगह बनाने के बाद वह अपनी नौकरी के बारे में सोचने लगा, हालाँकि अब भी वह इस नौकरी से कोई बहुत ज़्यादा उत्साहित नहीं था और ऐसा भी नहीं था कि सुबह बिस्तर से बाहर निकलते ही वह काम पर जाने के लिए लालायित हो उठता हो। मगर फिर भी आश्चर्यजनक रूप से उसे हर दिन अपना काम पहले से थोड़ा ज़्यादा रुचिकर लगने लगा था। स्थिति पहले से बेहतर और बर्दाश्त करने लायक़ हुई थी। यहाँ तक कि एक दिन उसके बॉस ने भी उसकी तारीफ़ की थी, या कम से कम डेविड ने तो यही समझा था। डेविड ने अपने दिमाग़ से उस टिप्पणी को बाहर निकाल दिया था कि उसमें 'भविष्य का लीडर' नज़र नहीं आता है। वह अब अपनी टीम के प्रति बेहद प्रतिबद्ध था और चाहता था कि उसकी टीम के साथी अपने लक्ष्य हासिल करें, हालाँकि इसके बावजूद नौकरी गँवाने की आशंका उसे परेशान कर रही थी। वह जानता था कि उसे दी गई चेतावनी अब भी उसकी कार्मिक फ़ाइल में नत्थी है, जिसे वह कभी भी ख़त्म नहीं होने वाली ऐसी खुजली की तरह महसूस कर रहा था, जिसे वह खुजला भी नहीं सकता था, लेकिन इसके बावजूद उसने कमर-तोड़ मेहनत की। उसमें बचपन से ही काम करने की ऐसी आदत थी, जिस पर कोई भी माता-पिता गर्व कर सकते थे।

लंच के बाद वह उस बैठक में था, जिसका उसे काफ़ी लंबे अरसे से इंतज़ार था। यह बैठक एक प्रोजेक्ट को लेकर थी, जिसमें उसे उस सहकर्मी

के साथ काम करना था, जिसे वह अपना दोस्त मानता था। वहाँ उन्होंने आपस में गहन विचार-विमर्श किया और व्हाइटबोर्ड को रंगीन आइडियाज़ से भर दिया। डेविड बड़ा उत्साहित महसूस कर रहा था। जब उसके दो सहकर्मी आपस में चर्चा कर रहे थे, तो उस समय उसने एक उड़ती नज़र खिड़की के बाहर डाली और उसे अपने दफ़्तर की इमारत से लगी सड़क के उस पार एक महिला दिखाई दी। वह शायद क़रीब सत्तर साल की होगी। उसने तरतीब से कपड़े पहन रखे थे और ऐसा लग रहा था कि वह एकटक डेविड को ही देखे जा रही थी। कुछ पलों के बाद जब डेविड ने दोबारा से खिड़की के बाहर झाँका, तो तब तक वह वहाँ से जा चुकी थी।

शाम को दफ़्तर से निकलते समय डेविड ने एक बार फिर उस स्थान पर नज़र डाली, जहाँ उसे वह महिला दिखाई दी थी। फिर उसने अपने दिमाग़ में महिला को लेकर आ रहे विचारों को बाहर धकेला और सड़क पार करके घर की ओर चल पड़ा। रोज़ की तरह उसने पुराने थिएटर को पार किया ही था कि तभी उसे वहाँ एक किनारे पर खड़ी वही महिला नज़र आई। वह उसकी ओर ही इशारा कर रही थी। डेविड सोच में पड़ गया कि आख़िर यह है कौन? क्या इसका उस बूढ़े आदमी से, उन ग़लतियों से कोई वास्ता है? और क्या इसके पास उसके तमाम सवालों के जवाब होंगे?

थोड़ी देर के लिए वह वहाँ यूँ ही खड़ी रही और फिर कुछ सीढ़ियाँ उतरकर ग़ायब हो गई। डेविड उसकी तरफ़ भागा। वहाँ जाकर देखा कि सड़क की सतह से नीचे की ओर एक दरवाज़ा था, जो थोड़ा-सा खुला हुआ था। उसमें से रोशनी और संगीत की स्वर लहरियाँ निकलकर शाम के गहराते धुंधलके में फैल रही थीं। डेविड सीढ़ियाँ उतरकर दरवाज़े तक पहुँचा और उसे हल्का-सा धक्का देते हुए मन ही मन कहा, *यक़ीन नहीं हो रहा कि मैं यह कर रहा हूँ।*

''कृपया, दरवाज़ा बंद कर लीजिए और तशरीफ़ रखिए'', गलियारे से एक आवाज़ गूँजी।

वह एक आरामदायक सोफ़े पर बैठ गया। दूर कोने में एक अँगीठी जल रही थी, जिसने कमरे को गुनगुनी रोशनी से भर दिया था। बाहरी हवा के साथ एकमेव हो रही गर्माहट को वह महसूस कर रहा था। उसके बग़ल

की दीवार पर एक शेल्फ़ थी और वह निर्लिप्त भाव से उसमें रखी किताबों के शीर्षक पढ़ने लगा, पर कोई भी किताब ऐसी नहीं थी, जिसके बारे में वह पहले से जानता हो।

मैं यहाँ क्या कर रहा हूँ? यह तो पागलपन है। डेविड सोचने लगा। कुछ हफ़्ते पहले वह शायद इस कमरे में होने की कल्पना भी नहीं कर सकता था। वह इन सीढ़ियों से नीचे कभी नहीं उतरता। वह इस जगह पर कभी नहीं बैठता, यहाँ तक कि सड़क पर खड़ी उस महिला की ओर भी उसका ध्यान नहीं जाता। उसकी जिज्ञासा बढ़ती चली गई थी। सवाल उसके दिमाग़ को लगातार मथ रहे थे। उसे बूढ़े आदमी के साथ किया अपना वार्तालाप याद आ रहा था।

उस महिला ने इतनी फुर्ती के साथ कमरे में प्रवेश किया कि उसकी उम्र कहीं पीछे छिटक गई थी। उसने अपने दाहिने हाथ में एक ट्रे थाम रखी थी, जिस पर चाय के प्याले रखे हुए थे और जिनमें से भाप निकल रही थी। डेविड अपनी ओर से कुछ मदद की पेशकश कर पाता, उससे पहले ही महिला ने ट्रे एक मेज़ पर रख दी। सामने रखी कुर्सी पर बैठने से पहले उसने डेविड की ओर प्याला बढ़ाते हुए पूछा कि वह चाय में क्या लेना पसंद करेगा- दूध, चीनी?

''पहले मैं अपना परिचय देती हूँ'', यह कहकर उसने बातचीत के सिलसिले को आगे बढ़ाया। वह इतनी आसानी से, इतनी सहजता से और इतनी शांति के साथ बातें कर रही थीं, मानो सब कुछ बिलकुल वैसा ही हो रहा हो, जैसी कि उसे उम्मीद थी, मानो सड़क पर चलते अजनबियों के साथ वार्तालाप करना उसके लिए रोज़मर्रा की बात हो। अभी हम जहाँ बैठे हैं, वह कभी इस इमारत के मूल मालिक का निजी आवास हुआ करता था। हमारे ऊपर, जैसा कि तुम शायद जानते होंगे, एक थिएटर है, जो शहर के प्राचीनतम थिएटरों में से एक है।''

''नहीं, मुझे नहीं मालूम। मुझे तो यह भी नहीं मालूम कि मैं यहाँ क्या कर रहा हूँ और यह सब कुछ है क्या! आप क्या एक अभिनेत्री हैं?''

वह खिलखिलाकर हँस पड़ी। डेविड की जिज्ञासा के पहले हिस्से को नज़रअंदाज़ करते हुए बोली, ''हाँ, कभी मैं अभिनेत्री हुआ करती थी। लेकिन बीते कई सालों से मैं नाटक लिख रही हूँ। मैंने कई तरह के नाटक

लिखे हैं, जिनमें से कुछ के बारे में तुमने सुन भी रखा होगा। कई नाटकों पर फ़िल्में भी बनाई गईं।''

डेविड को अब समझ में आ रहा था। वह एक नाट्य लेखिका थी। उसकी रचनात्मकता शहर के लिए एक विरासत की तरह थी। उसने उसके कई नाटक देख रखे थे, और कम से कम एक मूवी भी। डेविड के विचारों का आपस में घालमेल हो रहा था; *वह मशहूर शख़्सियत और प्रतिभा की मालकिन हैं और मैं उनके साथ इस तरह से वार्तालाप कर रहा हूँ, मानो यह मेरा रोज़ का काम हो। जो कुछ हो रहा है, उन तमाम बातों से इनका कहीं न कहीं वास्ता अवश्य है। पर अभी क्यों? और यहीं क्यों?*

नाट्य लेखिका चाय की चुस्कियाँ लेने लगी। उसने अपने दोनों हाथों से छोटे-से प्याले को इस तरह से कसकर थाम रखा था, गोया कि उसी में उसकी पूरी ज़िंदगी समाई हो। कुछ पलों तक दोनों बग़ैर कुछ कहे चाय पीते रहे। ख़ामोशी भरे माहौल में डेविड आमतौर पर बहुत सहज नहीं रह पाता था, मगर उस शांति में कुछ तो ख़ास था। उस नाट्य लेखिका के साथ वह अच्छा महसूस कर रहा था, उसकी मौजूदगी उसे तसल्ली दे रही थी और शंकाओं को दूर कर रही थी।

डेविड के दिमाग़ में हज़ारों सवाल उमड़-घुमड़ रहे थे और एक-दूसरे के साथ गड्ड-मड्ड हो रहे थे। उसे समझ में नहीं आ रहा था कि वह शुरुआत कहाँ से करे। उनके बीच पसरी चुप्पी को तोड़ने के लिए वह एक सवाल पूछने ही वाला था कि नाट्य लेखिका ने अधिकारपूर्ण लहजे में कहा, ''वक़्त आ गया है। चलो, शुरू करते हैं।''

और फिर बग़ैर कोई भूमिका बाँधे या उस बूढ़े आदमी अथवा बग़ीचे वाली युवती का उल्लेख किए बिना ही महिला ने कहा कि हम पहली ग़लती के बारे में बात करते हैं। ''यह वह ग़लती है, जो न केवल अधिकांश लोग करते हैं, बल्कि वे उसे छोड़कर आगे भी नहीं बढ़ पाते हैं। हर गुज़रते साल के साथ इसकी जकड़ और भी मज़बूत होती चली जाती है।''

फिर उसने एक गहरी साँस ली, अपना ब्लेज़र ठीक किया और डेविड की ओर देखने लगी। मैं काफ़ी लंबे अरसे तक यह ग़लती करती रही। इसके बारे में मुझे अब पता चला। ओह! काश पहले ही मैं जान पाती। किसी

ने मुझे बताने की कोशिश भी की थी, लेकिन मैंने उसकी एक न सुनी। हो सकता है, मैं शायद सुन न सकी। क्या पता!''

ऐसा लग रहा था कि वह कहीं अतीत के विचारों में खो गई थी और पुरानी यादें ताज़ी हो गई थीं। ''लेकिन तुम्हारे लिए कितना अच्छा मौक़ा है कि तुम इतनी कम उम्र में ही यह जान सकते हो।'' उसकी आवाज़ तेज़ हो चली थी और विषय के प्रति उसका जुनून साफ़ नज़र आने लगा था।

डेविड दम साधे बैठा था। पहली ग़लती के बारे में जानने के लिए वह उम्मीद से भी कहीं अधिक बेचैन हो उठा था।

उसने अपनी बात ज़ारी रखी, इस पहली ग़लती को करना आसान होता है। यह इतनी जल्दी में और इतनी बारीकी के साथ होती है कि ज़्यादातर लोग इस पर ध्यान ही नहीं दे पाते।'' इतना कहते ही उसके माथे पर शिकन की लकीरें तन गईं और फिर उसने एक छोटी-सी किताब निकाल ली।

उसे देखते ही डेविड की आँखों में चमक आ गई। यही किताब तो उसने कैफ़े में उस बूढ़े आदमी के पास देखी थी। उसे लगभग पक्का यक़ीन था कि हो न हो, यह वही किताब है। कम से कम नज़र तो वैसी ही आ रही थी। उसने अपनी कुर्सी से ही उसकी तरफ़ झाँककर देखने की कोशिश भी की, लेकिन उसमें कामयाब नहीं हो पाया।

''हाँ, तुम सही कह रहे थे। मैं एक अभिनेत्री थी और उन दिनों मेरे काफ़ी जलवे भी हुआ करते थे।''

''लेकिन जब मैं तीस साल की हुई, तब मुझे अपनी ज़िंदगी को लेकर कुछ एहसास हुआ। मेरे किरदार तो कोई और लिख रहा था और मैं बस उन्हें निभा रही थी। और यह लाज़िमी भी था। आख़िर, मैं अभिनय कर रही थी। नहीं क्या?''

उसे डेविड से किसी तरह के जवाब की उम्मीद नहीं थी। उसने बात जारी रखी, ''एक अभिनेत्री के लिए तो यह स्वाभाविक है, लेकिन अन्य अधिकांश लोगों के लिए नहीं, किंतु होता यह है कि अन्य तमाम लोग भी किरदार ही निभा रहे होते हैं। हम सब उसी भूमिका का निर्वाह कर रहे होते हैं, जो किसी अन्य ने हमारे लिए गढ़ी है और जिसे हम जानते तक नहीं है। यहाँ तक कि हम इस पर कभी ध्यान भी नहीं देते।''

उसे लगा कि वह थोड़ी तेज़ आवाज़ में बोल गई, तो वह मुस्कराई, ''आओ, ऊपर चलते हैं।''

और किसी प्रतिक्रिया का इंतज़ार किए बग़ैर वह चलने के लिए उठ खड़ी हुई।

डेविड ने भी चाय का प्याला नीचे रखा और उसके पीछे-पीछे चलने लगा। सीढ़ियों के निचले हिस्से में उसे फ्रेम में मढ़ीं कुछ तसवीरें नज़र आईं और सभी के नीचे नाट्य लेखिका का नाम लिखा हुआ था। उसने अपने बारे में जितना बताया नहीं था, वह उससे भी कहीं बड़ी अभिनेत्री थी।

सीढ़ियाँ चढ़कर वह ऊपर की ओर पहुँची और फिर बाईं तरफ़ मुड़ गई। डेविड ने ख़ुद को मंच के पिछले हिस्से में पाया। वह अपने भीतर की उस आवाज़ को दबाने की भरसक कोशिश कर रहा था, जो उसकी इस पूरी मुलाक़ात पर ही सवाल उठा रही थी। भीतर से उठ रहे सवालों को नज़रअंदाज़ करते हुए उसने अपने विचारों की दिशा को जानबूझकर बदल दिया और मंच पर जो कुछ हो रहा था, वह उसे देखने लगा। तेज़ आवाज़ से पूरा थिएटर गूँज रहा था। वहाँ किसी नाटक की ज़ोर-शोर से रिहर्सल हो रही थी। वे दोनों ऐसी जगह पर खड़े थे, जहाँ से उन्हें मंच स्पष्ट नज़र आ रहा था। कुछ मिनटों तक रिहर्सल देखने के पश्चात नाट्य लेखिका डेविड की ओर मुख़ातिब हुई और धीमी आवाज़ में बोलना शुरू कर दिया।

''वह मेरी ज़िंदगी का सबसे मुश्किल फ़ैसला था। मुझे कुछ न कुछ तय करना था। मैं दोनों काम एकसाथ नहीं कर सकती थी। इसलिए जब मुझे अपनी पहली ग़लती का एहसास हुआ, तो मैंने अभिनय को छोड़कर लिखने का काम शुरू कर दिया, लेकिन प्लीज़, इसका कुछ और मतलब मत निकालना। अभिनय में कुछ भी ग़लत नहीं है। यह एक शानदार पेशा है, लेकिन मैं जो कह रही हूँ, उसे ध्यान से सुनो।'' फिर वह सही शब्दों की तलाश में थोड़ी देर रुक गई। जब आप अभिनय करते हैं, तो ख़ुद को कहानी में ढाल रहे होते हैं, लेकिन जब आप लिखते हैं, तो अपनी कहानी आप स्वयं बना रहे होते हैं।''

उसने डेविड की आँखों में गहराई तक झाँककर देखा। उसकी ख़ुद की आँखें नम थीं।

''तो पहली ग़लती है किसी और के सपने पर काम करना।''

वहाँ लंबा सन्नाटा खींच गया था। नाटक की रिहर्सल करने वाले लोग हालाँकि इस वार्तालाप से अनभिज्ञ थे, मगर उस समय उन सबने भी चुप्पी साध ली थी। ''हममें से अधिकांश लोग किसी और के लिखे नाटक में भूमिका निभाते हैं। हम बहुत ही कर्तव्यनिष्ठा से अपनी पंक्तियाँ, अपनी अभिव्यक्तियाँ सीखते हैं, लेकिन किसी और के द्वारा कोरियोग्राफ़ किया गया प्रदर्शन हमारा सर्वश्रेष्ठ प्रदर्शन नहीं हो सकता।''

''ज़रा सोचो, तुम रोज़ाना काम पर जा रहे हो। किसी और के लिए काम कर रहे हो। वे जो चाहते हैं, तुम वही काम करते हो। और अगर तुम नहीं करते हो, तो तुम्हें नौकरी से निकाल दिया जाता है। बेशक, अगर तुम व्यवसाय करने के लिए नहीं बने हो, तो तुम्हें अपना धंधा शुरू करने की ज़रूरत नहीं है, लेकिन मुद्दे की बात यह है कि नौकरी करने का निर्णय तुम्हारा अपना होना चाहिए, न कि तुम बस यूँ ही नौकरी में लग गए, कड़ी मेहनत करने लगे और एक प्रकार से किसी और के नाटक में सहायक की भूमिका निभाने लगे।''

नाट्य लेखिका की बातों में भावनाओं का ज्वार और एक तरह का जुनून दोनों शामिल था, और ऐसा भी नहीं था कि डेविड उसकी वाक्पटुता से अवगत नहीं था। वह उसके शब्दों और उन शब्दों के प्रभाव को अपने भीतर कहीं गहराई तक महसूस कर सकता था। जब उसने नौकरी से निकाले जाने की बात कही, तो उसे अपने भीतर कुछ खलबली मचने जैसा एहसास हुआ। नाट्य लेखिका की टिप्पणियों ने सतह के नीचे खदबदा रहे उसके अंदरूनी भय को और आँच दिखा दी थी।

''आपका जो भी लक्ष्य है, वह अद्वितीय होता है। धरती पर कोई भी मनुष्य आपके जैसा नहीं हो सकता। आपका लक्ष्य ही आपको ऊर्जावान बनाता है। आपको अपनी ज़िंदगी इस तरह से बनानी होगी कि आपका लक्ष्य पूरा हो सके। लक्ष्य जितना स्पष्ट होगा, उसे उतनी ही शीघ्रता से हासिल करना संभव हो सकेगा। एक स्पष्ट लक्ष्य ही लोगों, विचारों और संसाधनों को अपनी ओर आकर्षित करता है।''

वह एक पल के लिए रुकी और डेविड की ओर देखने लगी, जो बड़े ध्यान से उसकी सारी बातें सुन रहा था। डेविड को अपनी बातों में इस तरह तल्लीन देखकर वह प्रसन्न थी।

कोई और आपको जाने-अनजाने अपनी योजना का हिस्सा बना ले, इसकी अनुमति कदापि नहीं दें। आप हिस्सा बनें अपनी स्वयं की योजना का। अपने भविष्य की कहानी आप ख़ुद लिखें। आप अपनी कहानी के नायक बनें, न कि किसी और की कहानी के मामूली से किरदार। यह सुनिश्चित करना बहुत मायने रखता है कि आप क्या बनना चाहते हैं, न कि केवल यह कि आप क्या करना चाहते हैं।''

इसी बीच, डेविड की नज़र नाट्य लेखिका के हाथों और किताब पर पड़ी। वह अपने हाथों में किताब को उस तरह से लिए हुए थी, मानो किसी छोटे बच्चे को गोद में उठा रखा हो। वह धीरे-धीरे उसके आवरण को सहला रही थी। मंच पर रिहर्सल शुरू होते ही वह उसकी ओर देखने लगी। डेविड ने भी वैसा ही किया। मंच के पिछले हिस्से में खड़े होकर किसी नाटक की रिहर्सल को देखना उसके लिए एक असाधारण आनंद की अनुभूति थी। ऐसे अवसर रंगमंच से इतर लोगों को शायद ही कभी मिलते हैं।

कुछ देर बाद उसने नाट्य लेखिका की ओर देखा, लेकिन तब तक वह वहाँ से जा चुकी थी। वह कब गई, उसे पता ही नहीं चला। उसने सोचा कि किसी काम से गई होगी और कुछ देर में आ जाएगी, लेकिन रिहर्सल ख़त्म हो गई और अब तक वह वापस नहीं लौटी थी। डेविड जिस तरफ़ से आया था, वह उसी रास्ते से वापस पीछे गया, सीढ़ियाँ उतरकर गलियारे में पहुँचा और वहाँ से उस कक्ष में, जहाँ उनकी बातचीत का सिलसिला शुरू हुआ था। अँगीठी की आग बुझ चुकी थी और नाट्य लेखिका का कहीं अता-पता नहीं था। उसने अपना जैकेट पहना और सीढ़ियाँ चढ़कर वापस उसी व्यस्त सड़क पर आ गया। वहाँ से वह घर जाने के लिए बग़ीचे की ओर चल पड़ा।

अजीब बात है, नाट्य लेखिका इस तरह से अचानक ग़ायब कैसे हो सकती है। वह यह सोचकर उलझन में था। भले ही वह वहाँ से चली गई थी, लेकिन उसके शब्द अब भी डेविड के दिलो-दिमाग़ में बज रहे थे। किसी और का सपना? उसे अपना एक दोस्त याद आया, जो अब अपने पारिवारिक व्यवसाय में काम कर रहा था, क्योंकि परिवार यही चाहता था। फिर उसने दूसरे दोस्त के बारे में सोचा, जो पढ़ाई के दौरान अपना एक विषय बदलना चाहता था, लेकिन उसकी माँ ऐसा नहीं चाहती थी और वह

माँ के ख़िलाफ़ जाने की इच्छाशक्ति नहीं जुटा सका। *आश्चर्य की बात है, अधिकांश लोग किसी और के सपने का अनुसरण करना शुरू कर देते हैं?* एक दुकान के पास से गुज़रते हुए डेविड की नज़र उसकी खिड़कियों के शीशे पर पड़ी। अपने चेहरे पर गंभीरता को देखकर वह सहसा मुस्करा दिया। उसने सोचा, *वाह! बूढ़े आदमी को यह जानकर ख़ुशी होगी कि मैं इसे एकदम गंभीरता से ले रहा हूँ।*

जब वह घर पहुँचा और अपनी जैकेट उतारी तो देखा कि उसकी जेब से काग़ज़ का एक टुकड़ा बाहर की ओर झाँक रहा था।

ग़लती #1:

किसी और के सपने पर काम करना

किसी और के गढ़े किरदार को न निभाएँ। अपनी ज़िंदगी के लक्ष्य को कैसे पूरा करना है, यह आपको तय करना है।

किसी अन्य द्वारा कोरियोग्राफ़ किया गया प्रदर्शन हमारा सर्वश्रेष्ठ प्रदर्शन नहीं हो सकता।

आपका लक्ष्य अनूठा है।

अपनी ज़िंदगी इस तरह से बनाओ कि आपका लक्ष्य पूरा हो सके।

एक स्पष्ट लक्ष्य ही लोगों, विचारों और संसाधनों को अपनी ओर आकर्षित करता है।

जाने-अनजाने किसी दूसरे की योजना का हिस्सा न बनें।

आप अपनी कहानी के नायक बनें, न कि किसी अन्य की कहानी के मामूली से किरदार।

यह सुनिश्चित करें कि आप क्या बनना चाहते हैं, न कि केवल यह कि आप क्या करना चाहते हैं।

दूसरी ग़लती

डेविड के दिमाग़ में कई तरह के विचार घूम रहे थे और उसका ध्यान अपनी ओर खींचने के लिए उनमें आपस में ही रस्साकशी चल रही थी। वह उस बूढ़े आदमी के बारे में, नाट्य लेखिका के बारे में, उसे मिलने वाले प्रोजेक्ट वर्क के बारे में सोचने लगा, अपने किसी दोस्त के बारे में, और न जाने किस-किस के बारे में विचार करता रहा। उसे लगा कि आज की रात तो यूँ ही सोचते-सोचते उनींदा बीतने वाली है, लेकिन जैसे ही वह कंबल के नीचे लेटा, गहरी नींद के आगोश में चला गया।

अगली सुबह कमरे के पर्दे से छनकर आती रोशनी से उसकी नींद खुली। वह बड़ा सुकून महसूस कर रहा था। हवा शांत थी और उस असाधारण नीरवता में उसे आनंद की अनुभूति हो रही थी। मौन को लेकर बूढ़े आदमी ने क्या कहा था? हाँ, मौन में ही विवेक (विज़्डम) अभिव्यक्त होता है। उस बात को सोचकर वह मुस्करा दिया और उसे पहली ग़लती याद आ गई।

क्या मैं किसी अन्य के सपने पर काम कर रहा हूँ? मेरा अपना सपना क्या है? मेरा अपना लक्ष्य क्या है?

वह अपनी नौकरी के बारे में सोचने लगा। आख़िर, वह उस नौकरी के जाने की चिंता में इतना क्यों घुल रहा था, जिसमें उसे कभी आनंद नहीं आया? और उसमें फिर से वैसा ही उत्साह कैसे जाग सकता है, जो कुछ साल पहले हुआ करता था?

उसके दिमाग़ में एक-एक करके सवाल इस तरह से उभरते रहे, मानो मस्तिष्क में कोई स्क्रीन लगी हो। वह हर सवाल के बारे में सोचने लगा।

फिर एक लंबी अंगड़ाई लेते हुए वह बिस्तर से उठ खड़ा हुआ, ब्रश किया और सुबह की सैर के लिए कपड़े पहन लिए। उसका मन उसके तन को रोके, उससे पहले ही वह दरवाज़े से बाहर हो चुका था।

शरद की बयार में पर्याप्त ठंडक थी। उसने सोचा कि चलो, एक धीमी दौड़ लगा ली जाए। इससे दिमाग़ में आ रहे विचार छँट जाएँगे, लेकिन आश्चर्यजनक रूप से उसका दिमाग़ उन बक़ाया बिलों की तरफ़ चला गया, जिनका उसके रसोईघर में ढेर लगा हुआ था। वह अपने बॉस के बारे में, अपने सहकर्मियों के बारे में, अपनी ज़िंदगी के बारे में विचार करने लगा। फिर न जाने क्यों, वह अपने पिता की अधेड़ावस्था काल की दुविधाओं के विषय में सोचने लगा। कैसे एक दिन अचानक से उनकी ज़िंदगी में एक 'स्पोर्ट्स कार' आती है, पर नए उत्साह की क्षणिक आभा दिखाकर ग़ायब हो जाती है। उन दोनों की इन हालात पर चर्चा भी हुई थी और पिता ने इस पर काफ़ी विस्तार से प्रकाश भी डाला था। उस समय जो सवाल उसके पिता के सामने थे, वही अब डेविड को मथ रहे थे, लेकिन वक़्त से कहीं पहले।

जब वह घर लौटा तो काफ़ी थक गया था, लेकिन दौड़ने की वजह से एंडोर्फिन नामक जो हॉर्मोन स्रावित होता है, उससे वह उत्साहित भी महसूस कर रहा था। अब ठंड से उसे दिक़्क़त नहीं हो रही थी और न ही उसकी वजह से दिमाग़ में उठने वाले बेचैन सवालों की गति मंथर हो गई थी।

वह उस बूढ़े आदमी को ढूँढ़ना चाहता था। वह उससे हर चीज़ जान लेना चाहता था। वह कल्पना करता कि उसके पास वही किताब है, वह अपने अँगूठे से उसके पन्ने पलटा रहा है और पढ़कर उसका सारा ज्ञान अर्जित कर रहा है।

डेविड ने स्नान किया, कपड़े पहने और अलमारी के दरवाज़े के पीछे लगे आदमक़द आईने में ख़ुद को देखा। उसने पहने हुए कपड़े उतार दिए और कुछ दूसरे कपड़े आज़माए, हालाँकि कपड़ों आदि को लेकर उसका कभी कोई विशेष आग्रह नहीं रहा, लेकिन आज की मुलाक़ात के लिए वह कुछ अधिक आकर्षक दिखना चाहता था। वह बैंक से क़र्ज़ माँगने जा रहा था। बैंक के बारे में सोचते ही उसका शरीर सिहर उठा और उसे अपनी बदहाल आर्थिक दशा के वे भयावह दिन याद आ गए। अंतत: अपने पहनावे से संतुष्ट होकर वह बेडरूम से बाहर निकला।

सूर्य की किरणों ने उसके छोटे-से बैठकख़ाने को गर्माहट भरी सुनहरी आभा से रोशन कर दिया था। उसने अपना वह फ़ोल्डर और लेदर बैग उठा लिया, जो नए कर्मचारियों को दिए जाने वाले वेलकम गिफ़्ट के रूप में उसे मिला था। वह बैंक के लिए रवाना हो गया।

उसने फ़ुटपाथ पकड़ लिया। इस दौरान उसने राह में आने वाले कई अजनबियों को पार किया, जो सभी जल्दी में थे और किसी न किसी मक़सद से कहीं आ-जा रहे थे। उसने एक युवा माँ को देखा, जिसकी गोद में एक बच्चा था, जबकि दूसरे हाथ से वह उसकी चार पहिया गाड़ी को धकेल रही थी। हाथ में चमचमाती छड़ी लिए और हैट पहने एक वृद्ध सज्जन भी उसके पास से गुज़रे।

डेविड उस ब्लॉक तक पहुँच गया, जिसके पास ही वह कैफ़े स्थित था, जिसमें बूढ़े आदमी के साथ उसकी पहली बार मुलाक़ात हुई थी। उसने ख़ुद से कहा कि उसे ढूँढने के लिए वह खिड़की से झाँकेगा नहीं। आज वैसे भी वह बूढ़े आदमी को तलाशने नहीं आया था, हालाँकि उसकी हक़ीक़त को जानने के लिए वह इतना आतुर था कि उसे भी नहीं मालूम था कि ऐसा करने से वह स्वयं को कितना रोक पाएगा। जब वह कैफ़े पहुँचा, तो उसने वही किया। मगर बाहर सूरज की रोशनी इतनी तेज़ थी कि उसकी वजह से उसे भीतर कुछ भी नज़र नहीं आया। ठीक है, अच्छा ही रहा।

डेविड वहाँ से आगे बढ़ गया। सड़क के अगले किनारे पर उसे बैंक की इमारत सामने ही नज़र आ रही थी। घबराने की कोई असल वजह थी भी नहीं। आख़िर वह उसका बैंक था। ठीक है, बक़ाया बिलों का ढेर लगा हुआ था, लेकिन उसकी आर्थिक दशा इतनी भी ख़राब नहीं थी। उसने सोचा कि उसे ये सब बातें भूलकर अपना वह काम करना चाहिए, जिसके लिए वह यहाँ आया है।

वह बैंक के दरवाज़े की ओर ताकता रहा, शायद कुछ ज़्यादा ही। इतने में साफ़-सुथरे कपड़े पहने अधेड़ उम्र की एक महिला ने दरवाज़ा खोला। उसने पेशेवराना अंदाज़ में और बड़ी विनम्रता के साथ उसे भीतर आमंत्रित किया। डेविड को महसूस हुआ कि इमारत को देर तक टकटकी लगाकर देखते रहना, अपने कपड़ों के बारे में बहुत ज़्यादा सोचना और बैग के साथ बेचैनी में इधर-उधर डोलना, यह सब कितना हास्यास्पद था।

''भीतर थोड़ी गर्माहट है। और अगर आपको यह कलाकृति अच्छी लग रही है, तो आप बेहिचक इसे और क़रीब से देख सकते हैं।''

बैंक की लॉबी में प्रवेश करते हुए डेविड ने यह सुना तो एक क्षण के लिए वह चकरा गया। वह दुविधा में था कि आख़िर वह महिला ऐसा क्यों कह रही है? वह पहले ही आगे जा चुकी थी और ऊपर की तरफ़ देखते हुए कलाकृति को लेकर हाव-भाव ज़ाहिर कर रही थी। डेविड को माजरा समझते देर नहीं लगी। दरअसल, महिला को यह ग़लतफ़हमी हो गई थी कि डेविड को वह विशालकाय पेंटिंग इतनी अच्छी लगी थी कि वह बैंक के दरवाज़े पर खड़े होकर उसी को निहार रहा था।

''क्या ऐसा नहीं लगता कि इसमें कुछ तो ख़ास है? इसे देखकर मेरा मन तो कभी नहीं भरता'', महिला बोली।

डेविड ने अपनी नज़रें ऊपर की तरफ़ फेरीं और तब उसने उस पेंटिंग को वास्तव में क़रीब से देखा। वह कला का कोई विशेषज्ञ तो नहीं था, लेकिन स्कूल में कला का इतिहास उसका एक विषय ज़रूर रहा था। खेल के बारे में तो उससे कितनी भी बातें करवा लो, वह कर सकता था, लेकिन कला! फिर भी इस विषय में भी गोलमाल तरीक़े से ही सही, उसमें बातचीत को आगे बढ़ाने का पर्याप्त कौशल था।

''बिलकुल! मैं बाहर से ही इसे देखकर मंत्रमुग्ध हो गया था। सूरज की रोशनी में इसके रंग कितने बेहतरीन तरीक़े से उभरकर सामने आ रहे हैं। मैंने ऐसा पहले कभी नहीं देखा।'' डेविड ने यह बोल तो दिया, लेकिन फिर मन ही मन सोचने लगा कि क्या पेंटिंग पर सुबह-सुबह सूरज की रोशनी का एक कतरा भी पहुँचा होगा!

सौभाग्य से महिला ने उसकी इस टिप्पणी पर कोई तर्क-वितर्क नहीं किया या कोई प्रतिक्रिया नहीं दी। इसके बजाय डेविड से मुख़ातिब होते हुए वह बोली, ''वह शहर की सर्वश्रेष्ठ कलाकार है और उसने हमारी ज़रूरत के मुताबिक़ इसे बनाया है। जब इस धरती पर यह शहर पहली बार बसाया गया था, तब ये ऐसे ही दिखता था। क्या आप हमारे बैंक के साथ जुड़े हुए हैं?''

''जी हाँ, बिलकुल।'' डेविड ने अपना परिचय देते हुए और अपनी धीमी शुरुआत से उबरते हुए कहा, ''मैं अपनी कुछ वित्तीय ज़रूरतों के बारे में आपसे बात करना चाहता हूँ।''

महिला के होंठों पर शुभ्र मुस्कान उभर आई, ''नीड्स और सीड्स, हम यहाँ दोनों काम करते हैं।''

डेविड को कुछ समझ में नहीं आया। दुविधा में उसकी बाईं आँख की भौंहें हल्की-सी तन गईं।

फिर वह खिसियाते हुए बोली, ''ओह, माफ़ करना, मेरे दादाजी अक्सर ऐसा कहा करते थे। अब देखो, कुछ लोग अपनी 'नीड्स' (ज़रूरतों) के लिए हमारे पास आते हैं। किसी को क़र्ज़ की दरकार होती है, तो किसी को कुछ और मदद की। कुछ लोग 'सीड्स' (बीज) लेकर आते हैं, मतलब उनके पास कुछ ऐसा पैसा होता है, जिसे वे जमा करते हैं या कुछ लोग निवेश के बारे में बात करना चाहते हैं। 'ज़रूरत' से मुझे एक पुरानी बात याद आ गई। आओ, मेरे दफ़्तर चलते हैं।''

डेविड उसके पीछे चल पड़ा। जब उसने बैंक जाने के बारे में सोचा था तो इस बात की कल्पना नहीं की थी कि वहाँ उसे इस तरह किसी महिला से रूबरू होना पड़ेगा। वैसे तो उसे कुछ भी अंदाज़ा नहीं था कि बैंक में उसका सामना किन हालात से होगा।

बैंक की लॉबी को पार करते हुए वे एक बड़े-से दफ़्तर के भीतर पहुँचे। उसने उसे बैठने का इशारा करते हुए पूछा, चाय या कॉफ़ी, क्या लेना पसंद करेंगे? डेविड ने कहा, कुछ भी नहीं, शुक्रिया। और फिर उसके दादाजी की बात से ही वार्तालाप का सिलसिला शुरू किया।

क़र्ज़ की बात छेड़ने से पहले थोड़ी सौहार्दता बन जाए, इस मक़सद से डेविड ने कहा, ''वो, मतलब आपके दादाजी, बड़े ही दिलचस्प शख़्स रहे होंगे।''

''अरे हाँ, बिलकुल!'' उसने तुरंत जवाब दिया। उसके चेहरे पर एक चमक आ गई थी। ''उनमें बहुत कुछ था। उनसे ढेर सारे सबक़ सीखे जा सकते थे। मैं आपको कुछ ऐसी चीज़ दिखाती हूँ, जिसे वह हमारे ग्राहकों के साथ साझा करना पसंद करते थे।''

वह क़तार से लगी अलमारियों की दीवार के पास पहुँची। हर अलमारी कुछ साधारण-सी चीज़ों, तसवीरों और किताबों से भरी हुई थी। ''मैं उसे कहाँ तलाश करूँ? ओह, हाँ, यहीं कहीं होना चाहिए।'' फिर उसने अपने

पैरों की अंगुलियों पर खड़े होकर ऊपर की ओर हाथ बढ़ाते हुए वहाँ रखे एक पुराने कंटेनर को खींच लिया।

''यह मेरे दादाजी का था। उन्हें भी यह अपने पुरखों से मिला था। यह दरअसल, मक्खन मथने वाला बर्तन है, जिसे उन्होंने सिक्कों से भर दिया था। काश, ये सिक्के भी उतने ही पुराने होते, जितना कि पुराना यह बर्तन है। एंटीक वस्तुओं के एक डीलर ने मुझे बताया था कि यह संभवत: उतना ही पुराना हो सकता है, जितना कि प्राचीन हमारा देश है। मुझे इसे अच्छे-से सँभालकर रखना चाहिए, पर यह शुरू से ही यहीं पर रहा है।''

डेविड अपनी सीट पर ही दाएँ-बाएँ होते हुए सोच रहा था कि वह तो अपने क्रेडिट कार्ड की बक़ाया राशि के समायोजन को लेकर बात करने आया था। वह क्या बोलेगा, इसके बारे में उसने मन ही मन अभ्यास भी कर रखा था, पर अभी तो पूरी चर्चा किसी अन्य ही दिशा में चली जा रही थी।

महिला ने कई सिक्के बाहर निकालकर मेज़ पर फैला दिए। ''आपको ये पसंद आएँगे,'' और फिर अचानक से उसने डेविड की ओर हवा में दो सिक्के उछाल दिए। ''पकड़िए। अगर पकड़ लिए तो ये आपके!''

डेविड ने बड़ी सहजता और कुशलता से दोनों सिक्कों को हवा में ही पकड़ लिया।

आपको पता है, इसमें मज़ेदार बात क्या है? इस सिक्के को देखो। एक सिक्का बनाने की लागत इसके अपने मूल्य से बहुत अधिक है। क्या यह पागलपन नहीं है?''

''सच में?'' डेविड ने पूछा। ''तो फिर इन्हें बनाया क्यों जाता है?''

महिला ने उसके सवाल को नज़रअंदाज़ करते हुए कहा, ''सिक्के के लेबल पर इसका मूल्य लिखा होता है, लेकिन यह वास्तविक मूल्य नहीं होता।''

उसने किसी उत्तर की प्रत्याशा में डेविड की तरफ़ देखा, मगर वह चुपचाप उसकी ओर ताकता रहा।

''एक पैसे का मूल्य एक पैसे से अधिक होता है। मैंने पता लगाया था तो इसकी लागत इसके लेबल पर लिखे मूल्य की तुलना में दोगुनी निकली थी, लेकिन जो लिखा होता है, हमें तो वही स्वीकारना पड़ता है।''

वह अब अपनी लय में थी। ''ज़िंदगी में भी ऐसा ही होता है। कोई भी आकर आपके चेहरे पर आपका मूल्य चिपका जाता है। कोई कह जाता है कि आपमें प्रबंधन का माद्दा नहीं है। आप अच्छे खिलाड़ी नहीं हैं। कोई कहता है कि आप अच्छे सार्वजनिक वक्ता नहीं हैं। अच्छे लेखक नहीं हैं। आप लोगों के साथ अच्छा बर्ताव नहीं करते। आप ऐसे नहीं हैं, वैसे नहीं हैं! और फिर होता क्या है? चूँकि हम सबका दिमाग़ एक स्पंज की तरह काम करता है। उसे नहीं मालूम कि क्या अच्छा है और क्या बुरा है। बस, वह ग़लत लेबल को ही स्वीकार कर लेता है।''

डेविड उसकी सारी बातें सुन रहा था और सहमति में सिर भी हिला रहा था। उसे अब कुछ-कुछ समझ में आने लगा था।

''आपको किसी बैंकर के मुँह से यह सुनना आश्चर्यजनक लग रहा होगा कि एक पैसे का मूल्य एक पैसे से अधिक होता है। है ना?'' वह हँसते हुए बोली, ''अगर आप हमें पैसों का पूरा रोल भी लाकर दोंगे, तब भी हम उसकी फ़ेस वैल्यू से अधिक क़ीमत नहीं दे पाएँगे!'' फिर वह अचानक रुक गई। ''ओ हो! हे भगवान! मैंने अपना परिचय तक नहीं दिया। माफ़ करना। आप हमारे ग्राहक हैं, लेकिन आपका नाम!''

''मेरा नाम डेविड है'', मुस्कराते हुए उसने अपना परिचय दिया। वह अब थोड़ा सहज महसूस करने लगा था। अपना खाता नंबर देने और अपनी नौकरी व पृष्ठभूमि के बारे में बताने के बाद वह उसकी ओर देखने लगा।

''मुझे लगता है कि अब तक आपको पता चल गया होगा कि मैं कौन हूँ।'' उसने डेविड को एक और सिक्का थमा दिया, जिसकी गर्माहट को वह महसूस कर सकता था। ''और'' बोलते-बोलते वह रुक गई। अपनी कुर्सी से उठकर किताबों वाली अलमारी तक पहुँची और वही जानी-पहचानी, पुरानी-सी किताब निकाल ली। ''शायद आप यह भी जान चुके होंगे कि मुझसे यह मुलाक़ात उसी योजना का एक हिस्सा है।''

यह सब क्या हो रहा है, इसका एहसास होते ही डेविड की आँखें फटी की फटी रह गईं। वह ग़लतियों के बारे में जानने को उत्सुक था, मगर ये तो हद से ज़्यादा अजीब बात थी। ''ऐसा कैसे हो सकता है? आपने कैसे जान लिया कि मैं आ रहा हूँ?''

बैंकर ने कहा, ''काश, मुझे भी पता होता कि यह सब कैसे होता है। जब एक बार प्रक्रिया शुरू हो जाती है, तो ऐसा लगता है, मानो पूरा ब्रह्मांड आपके भले के लिए नए सिरे से पुनर्गठित हो गया है।'' उसने अंगुली से अपनी दाईं तरफ़ की कनपटी की मालिश करते हुए कहा, ''मुझे लगता है कि इस बात का बाद में भी अध्ययन किया जा सकता है, लेकिन अभी तो मैं चाहती हूँ कि आप इस ग़लती को समझें।''

डेविड सहमति में केवल अपनी गर्दन हिला सका, फिर उसने एक पल के लिए अपने सिर को झटका, ताकि वहाँ जो चल रहा है, उसमें वह पूरी तरह से शामिल हो सके।

''आपकी क़ीमत क्या है, अगर इसे तय करने का ज़िम्मा आप किसी अन्य को देते हो, तो यही ग़लती नंबर 2 है।''

डेविड ने उस महिला बैंकर की ओर देखा। जो कुछ हो रहा था, वह उससे भौचक्का था। बैंकर ने यह जानते हुए भी कि डेविड को इस पूरे घटनाक्रम पर भरोसा नहीं हो रहा है, अविचलित भाव से अपनी बात जारी रखी।

''वापस सिक्के पर आते हैं। सिक्के पर लगा लेबल उसके असल मूल्य को प्रतिबिंबित नहीं करता है, फिर भी हम लेबल को ही सही मानते हैं। ज़िंदगी में भी हम दूसरों द्वारा तय की गई हमारी क़ीमत को मानकर बड़ी ग़लती करते हैं। हमारा अपना जो सामर्थ्य है, उसका एक बड़ा हिस्सा तो केवल इसलिए बर्बाद हो जाता है, क्योंकि हम दूसरों की कही गई बातों पर भरोसा कर लेते हैं। और फिर धीरे-धीरे स्थिति बद से बदतर होती चली जाती है। हम अपने पर थोपे गए लेबल को स्वीकार कर लेते हैं। मान लेते हैं कि हम मैराथन में नहीं दौड़ सकते, हम अपना वज़न कम नहीं कर सकते, अपना ख़ुद का व्यवसाय शुरू नहीं कर सकते, हमारी पदोन्नति नहीं हो सकती, हम कोई फ़र्क़ पैदा नहीं कर सकते, अपने लक्ष्य को हासिल नहीं कर सकते, अमीर नहीं बन सकते, फलाना नहीं कर सकते, ढिकाना नहीं कर सकते। हम मान बैठते हैं कि हमारी क़िस्मत में तो इसी तरह से जीना लिखा है।''

बैंकर धीरे-धीरे गंभीर होती चली गई। उसने डेविड की आँखों में सीधे झाँककर देखा। ''अच्छा यह होगा कि तुम कम उम्र में ही इस ग़लती के

बारे में जान लो।'' अब वह 'आप' छोड़कर अनौपचारिक 'तुम' संबोधन पर आ गई थी। ''मुझे यह काफ़ी बड़ी उम्र में पता चला, लेकिन यह भी सच है कि ग़लतियों के बारे में हमें जब भी पता चले, उसके बाद हम सब कुछ बदल सकते हैं। मुझे इस बात का अफ़सोस है कि मैंने अपनी ज़िंदगी का एक बड़ा हिस्सा दूसरों की उम्मीदों पर खरा उतरने और उनके द्वारा थोपे गए लेबल पर भरोसा करते हुए बिताया। जब मैं बड़ी हो रही थी, उस समय अधिकांश लोग मानते थे कि लड़कियाँ गणित में कमज़ोर होती हैं, हालाँकि मेरा गणित अच्छा था और यह पसंदीदा विषय भी था, लेकिन फिर भी मैंने उनकी बातों पर विश्वास किया। मैं हाईस्कूल में गणित की एडवांस्ड कक्षाओं में शामिल नहीं हुई, क्योंकि मुझसे कहा गया कि मैं उनमें अच्छा नहीं कर पाऊँगी, फिर मैं कॉलेज में गणित पढ़ना चाहती थी, लेकिन वहाँ भी ऐसा नहीं कर पाई, क्योंकि दूसरों ने मेरे मन में यह बात भर दी थी कि मैं पास नहीं हो पाऊँगी। वे सब कितने ग़लत थे, इस बात का एहसास मुझे काफ़ी बाद में हुआ, इतना बाद में कि तब तक वित्त में कॅरियर बनाना मेरे लिए बेहद मुश्किल हो गया था, जो मेरी ख़्वाहिश थी, लेकिन फिर भी मैंने किसी तरह अपनी राह बनाई और आज मैं जो कुछ भी कर रही हूँ, उसमें काफ़ी ख़ुश हूँ। बस, मुझे यही लगता है कि जब मैं बहुत छोटी थी, काश, उसी समय साहस जुटा लेती, लेकिन मैं तब ऐसा नहीं कर पाई। यह बात तुम्हें अभी से समझने की ज़रूरत है, क्योंकि तुम्हारे पास वक़्त है। अपने दिली मक़सद के ख़िलाफ़ जाकर हम जो काम करते हैं, वही बाद में पश्चात्ताप बनकर सामने आता है।''

इतना कहकर वह चुप हो गई। नाट्य लेखिका की तरह वह भी जल्दी में नहीं थी। इसके बजाय वह उसे क़रीब से देख रही थी, थाह लेने की कोशिश कर रही थी कि सामने वाला कुछ समझ भी पा रहा है या नहीं। डेविड वहाँ बैठकर सब कुछ शांति और धीरज के साथ सुन रहा था।

कुछ मिनटों के बाद उसने फिर से कहना शुरू किया, ''हमें परिभाषित करने में दूसरे लोग काफ़ी तेज़ी दिखाते हैं, लेकिन उन्हें एहसास ही नहीं होता कि हम बदल चुके हैं। वे हमारे सामर्थ्य को नहीं देख पाते। चाहे हमारे माता-पिता हों, भाई-बहन हों या दोस्त, वे हमें वक़्त के एक बंधन में बाँध देते हैं। वे एक ही तरह से देखने के आदी होते हैं और इसलिए यह नहीं देख

पाते हैं कि हम कौन हैं या हम क्या बन गए हैं। यहाँ तक कि चमत्कारों के बाद यीशु जब सामान्य दिनचर्या में लौटे होंगे, तो उन्हें जानने वालों ने भी यही कहा होगा, ''अरे भाई, ये जोसेफ़ और मैरी के बेटे ही हैं ना? ऐसा क्या कर लिया?''

वह फिर ज़ोर से खिलखिला उठी। अपनी क़िस्सागोई से वह सचमुच बेहद ख़ुश थी।

हो सकता है, उन लोगों ने यीशु के बारे में हूबहू इस तरह से न कहा हो, पर तुम मेरी बात के मायने समझ गए होंगे। एक अच्छा जीवन वह है, जो कोई अपने अनुसार जीता है, न कि दूसरों के कहे अनुसार। ज़िंदगी आपकी अपनी होती है।''

डेविड अपने दफ़्तर में उसे दी गई चेतावनी के बारे में सोचने लगा कि कैसे उसने उसकी नकारात्मक बातों को ही अपने लेबल के रूप में स्वीकार कर लिया था।

मुझसे वादा करो कि तुम अपने साथ ऐसा नहीं होने दोंगे,'' बैंकर ने डेविड से आग्रह किया, इस विश्वास के साथ कि वह अपनी इच्छाशक्ति के बल पर उसके अंदरूनी विचारों को बदल सकती है।

तुम अपने प्रति सच्चे बने रहो। अपने और अपने लक्ष्य के बीच किसी दूसरे को मत आने दो। दूसरों द्वारा खींची गई हदों को स्वीकार मत करो। अपनी क़ीमत पहचानो।''

इसी बीच, एक व्यक्ति ने महिला बैंकर के कैबिन में झाँककर देखा और दरवाज़े पर दो बार दस्तक दी। फिर उसने पूछा, ''क्या रिपोर्ट आपके पास है? वे माँग रहे हैं।''

''ओह, माफ़ करना, मैं अभी वापस आती हूँ।'' यह कहकर उसने अपनी मेज़ से कुछ काग़ज़ उठाए और डेविड को गहन सोच-विचार में अकेले छोड़कर चली गई।

डेविड ने बैंकर द्वारा दिए गए सिक्के रख लिए थे और वह टटोल-टटोलकर उनकी इस तरह से पड़ताल कर रहा था, जो उसने इससे पहले कभी किसी सिक्के की नहीं की थी। वह इन सिक्कों की असल क़ीमत और उसके लेबल पर लिखे मूल्य के बारे में सोचने लगा। इसके ज़रिये उसे जो

बहुत दमदार सबक़ मिला था, वह उस पर मनन करने लगा। उसे उम्मीद थी कि वह इस सबक़ को कभी नहीं भूल पाएगा। उसने 'नीड्स' और 'सीड्स' के बारे में भी सोचा। उसने महसूस किया कि उसे अपनी ज़रूरतों की पूर्ति के लिए नहीं, बल्कि अपने बीजों (निवेश या जमा करने वाले पैसे) को लेकर बैंक में आना चाहिए। वह यह सोचकर हँस पड़ा। उसे यह सबकुछ बेहद हास्यास्पद लग रहा था।

कुछ ही देर में वह वापस लौट आई और उसे अकेला छोड़कर जाने के लिए खेद जताया।

''अब बताओ, तुम बैंकिंग को लेकर कुछ चाहते थे कि''

''हाँ जी, आने वाले समय में इस बैंक में निवेश करना मेरा दीर्घकालीन लक्ष्य है, लेकिन अभी तो मैं अपने क्रेडिट कार्ड्स को लेकर आपकी कुछ सलाह चाहता हूँ।''

दोनों ने क़र्ज़ के बोझ को कम करने और वित्तीय स्थिति को बदलने के तरीक़ों के बारे में बात की। वह परामर्श देने में काफ़ी उदार थी और उसने डेविड को ऐसे कई नुस्ख़े सुझाए, जिनसे उसको मदद मिल सकती थी। उसने बजटिंग को लेकर दो किताबों के नाम भी लिखकर दिए और बताया कि ये उसे स्थानीय पुस्तकालय से मिल जाएँगी। उसने उसके क्रेडिट कार्ड्स और बिलों की समीक्षा करने के लिए कुछ दस्तावेज़ वग़ैरह भी दिए।

लॉबी से उसे रवाना करते हुए वह उसकी ओर देखकर मुस्कराई और बोली, ''डेविड, मैं तुम्हें लेकर बहुत उत्साहित हूँ। अभी भले ही सब कुछ अंधकारमय लगता होगा, लेकिन थोड़ा इंतज़ार करो। अगर तुम अपने प्रति सच्चे बने रहे, तो ज़बरदस्त शक्ति के संचार को कोई नहीं रोक सकेगा।''

देर शाम को जब वह अपने घर के सोफ़े पर पसरकर बैठा, तो उसने वही दस्तावेज़ निकाल लिए, जो बैंकर ने उसे दिए थे। वह उन्हें पलटाने लगा। आख़िरी का पन्ना वही था, जिसकी उसे तलाश थी। उसने उसे एक बार नहीं, कई बार पढ़ा।

ग़लती # 2:

अपनी क़ीमत तय करने का अधिकार किसी अन्य को देना

अपने अनुसार जीना ही जीवन है।

अपने लक्ष्य के बीच किसी दूसरे को मत आने दीजिए।

दूसरों द्वारा खींची गईं हदों को स्वीकार नहीं करें।

अपने दिली मक़सद के ख़िलाफ़ जाकर हम जो काम करते हैं, वही अंततः पछतावे के रूप में सामने आता है।

अपने अंतर्निहित मूल्य को जानिए।

अपने प्रति सच्चा बने रहने पर ज़बरदस्त शक्ति का संचार संभव है।

⌘⌘⌘

एक रात पहले जब अरिया वहाँ से निकली थी, तब से काफ़ी कुछ घटित हो चुका था। अपने अंकल की सेहत को लेकर चिंता, अलेक्ज़ेंडर की उस रात उसके घर में मौजूदगी को लेकर असमंजस और अपने कंधों पर मज़बूती से थामे लक्ष्य को पूरा करने का तनाव जैसे जज़्बातों को उसने क़ाबू में रखने की भरसक कोशिश की। दरवाज़े पर दस्तक देते हुए उसने अंकल के लिए एक और त्वरित प्रार्थना की।

अंकल के सबसे प्रिय दोस्त ने उसकी अगवानी की। उसे एक छोटी-सी उम्मीद ज़रूर थी कि शायद सब कुछ ठीक है। मगर आशा की यह लौ भी जाती रही।

''मुझे लगा कि तुम अभी सो रही होगी। मुझे इस बात का ज़रा भी अंदाज़ा नहीं था कि तुम बाहर होगी'', रॉबर्ट ने कहा। उन्होंने सीधे तो उससे कुछ नहीं पूछा, मगर उनकी आँखें साफ़ इंगित कर रही थीं कि वह यह जानने को उत्सुक थे कि आख़िर अरिया इस समय कहाँ से आ रही है।

''हाँ, मैं जंगल में मॉर्निंग वॉक के लिए गई थी, दिमाग़ को थोड़ा तरो-ताज़ा करने के लिए।'' अरिया ने हमेशा सच बोलने की कोशिश की है, लेकिन आज अंकल की इच्छा के ख़िलाफ़ जाते हुए वह उनके दोस्त को ज़्यादा कुछ बताने की हिम्मत नहीं कर पाई। *और हाँ, मैं जंगलों में ही तो घूम रही थी*, उसने मन ही मन सोचा।

रॉबर्ट की नज़र उस बक्से की तरफ़ गई, जिसे अरिया ने अपनी काँख के नीचे दबाकर रखा था। उन्होंने या तो अरिया की बनाई कहानी पर भरोसा कर लिया था, या शायद वह इस मामले को आगे बढ़ाना नहीं चाहते थे। ''ख़ैर, वह तुम्हारे बारे में लगातार पूछता रहा है। असल में वह कहना चाह रहा है कि तुम्हें फिर से देखे बिना दुनिया से कूच नहीं करेगा।'' यह कहते

हुए उनकी आवाज़ में एक उदासी का भाव तैर गया। अरिया ने रॉबर्ट को धन्यवाद दिया, हालाँकि उसका दिमाग़ यहाँ आंशिक रूप से ही मौजूद था। पूरा ध्यान तो उसके घर पर लगी आग पर था। इसकी ख़बर भी यहाँ तक आ ही जाएगी, पर फ़िलहाल तो उसने कुछ नहीं कहा। वह अंकल के बेडरूम की ओर चल दी।

कमरे में प्रवेश करने से पहले ही उसे अंकल की साँसों की आवाज़ सुनाई दे रही थी। वह बड़ी मुश्किल से साँस ले पा रहे थे, पर उन्होंने कम से कम बीती रात तो काट ली थी।

अरिया ने धीरे से दरवाज़ा खोला। क़ब्ज़े की हल्की चीत्कारभरी आवाज़ ने उसकी मौजूदगी का इशारा कर दिया।

अंकल की तीखी, सवालिया नज़रें उसकी नज़रों से मिलीं। वह नीचे देखने लगी। उसे उन्हें खोने का भय महसूस हो रहा था।

''तुम्हें मिल गया वह?'' उन्होंने आश्चर्यजनक तेज़ आवाज़ में पूछा। हालाँकि स्वर में हमेशा रहने वाली मधुरता के बजाय कर्कशपन ही ज़्यादा था।

उसने हामी में सिर हिलाया। ''आप कैसे हैं?''

उन्होंने हाथ से इशारा कर उसे चुप रहने को कहा, ''मेरी हालत पर चर्चा करके हमें क़ीमती वक़्त और शब्दों को यूँ ही ज़ाया नहीं करना चाहिए।'' फिर बक्से की ओर देखते हुए बोले, ''मुझे ख़ुशी है कि वह तुम्हारे पास है।''

अरिया ने अंकल की ओर देखा। ज़िम्मेदारी का बोझ महसूस करने के बजाय उसे उस शख़्स के प्रति गहरा प्यार उमड़ आया था, जिसने अरिया को जानने लायक़ हर चीज़ बताई और सिखाई थी। वह उन्हें देखकर मुस्कराई और मन ही मन ख़ुद को मज़बूत बनाए रखने का संकल्प लिया।

''यह किताब हर हाल में सुरक्षित रहनी चाहिए। इसमें ज़बरदस्त शक्ति है, और मुझे अब भी लगता है कि...''

इतना कहते-कहते उन्हें खाँसी का ज़ोरदार दौरा पड़ा। वह कुछ मिनट तक खाँसते रहे। अरिया को उनमें जो ताक़त महसूस हुई थी, वह अब कमज़ोर पड़ने लगी थी। वह हाँफने लगे और फिर उनकी आँखें बंद हो गईं।

वह बिस्तर के क़रीब गई, उनका हाथ थामा और अपने हल्के हाथों से उनके चेहरे को सहलाने लगी। वह उनमें जीवन की उस आस को ढूँढ रही थी, जो अब उतार पर थी। वह रात भर चिंता में सोए नहीं होंगे। एक मिनट के बाद ही उनकी पलकें बंद हो गई थीं, और कुछ सेकंड में ही वह गहन निद्रा में जा चुके थे। वह कितना और जिएँगे या नहीं जिएँगे, अरिया को कोई अंदाज़ा नहीं था। वह उनसे जानना चाहती थी कि अब आगे क्या करना है, कहाँ जाना है और कैसे व किस तरह से उन नौ शिक्षकों को आगाह करना है।

वह बिस्तर के बाज़ू में रखी कुर्सी पर निढाल होकर बैठ गई। उसने एक कंबल को अपनी छाती तक खींच लिया था और बीच-बीच में अंकल पर भी नज़र रखे हुए थी। अंकल की मौजूदगी और उनके लयबद्ध खर्राटों से उसे राहत महसूस हो रही थी। अरिया थकी हुई तो पहले से ही थी। उसे तुरंत झपकी आ गई।

अलेक्ज़ेंडर के साथ हुई अपनी पहली मुलाक़ात का पूरा दृश्य फिर से सपने में उसके सामने घूम गया। उसकी ज़िंदगी में अलेक्ज़ेंडर एक शक्ति और अप्रत्याशित ऊर्जावान तरंग के रूप में आया था। वह लंबा और रोबदार था तथा शुभ्र, मगर तिरछी मुस्कान उसके चेहरे पर हरदम रहती थी। वह पहले सेना में रह चुका था और कुछ अरसा पहले ही उनके क़स्बे में आया था। वहाँ अच्छा काम करने के बावजूद उसे बेहद असामान्य बेइज़्ज़ती के साथ सेना छोड़नी पड़ी थी और इसीलिए वह सैन्यकाल के पुराने ज़ख़्मों को लेकर ज़्यादा चर्चा नहीं करता था। वह एक प्रशिक्षु के तौर पर कोई नया काम सीख रहा था। उसके बाएँ कंधे और बाईं तरफ़ की बाज़ू में कोई तकलीफ़ थी, लेकिन उसकी यह चोट भी उसे कुछ करने से रोक नहीं सकी थी। जब वे दोनों पहली बार मिले, तो एक-दूसरे को एकटक निहारते ही रहे। उसे लगा मानो यही तो वह नियति थी, जिसकी चाहत वह लंबे अरसे से कर रही थी।

अंकल ने भी उसके प्रेम-संबंधों को लेकर ख़ुशी ही जताई थी। पिछले कुछ हफ़्तों की उसकी यादों में ज़्यादातर हँसी-मज़ाक़ के ही पल थे। वह क़िस्सागोई में माहिर था और दूर-दराज़ के इलाक़ों की कहानियाँ सुनाकर उसका मन बहलाया करता था, लेकिन अब अचानक से सब कुछ

संदेह के घेरे में था। तो बीते कुछ दिनों में जो कुछ हुआ, वह क्या केवल उसके क़रीब आने और अंकल की किताब चुराने की एक साज़िश भर थी? आख़िर, मध्य रात्रि को वह उस जगह पर और क्या करने आया होगा? अरिया ने कुर्सी पर बैठे-बैठे ही करवट बदली। उसका अचेतन मन उन जवाबों की तलाश कर रहा था, जो उसकी पहुँच से बहुत दूर थे।

उसके सपने से अलेक्ज़ेंडर ग़ायब हो गया और फिर दूसरा आदमी आ गया। उसे उसकी त्वचा पर निशान दिखाई दे रहे थे। बालों में तेल लगा हुआ था। उसकी साँसों की दुर्गंध तो ऐसी महसूस हो रही थी, मानो वह उसके सामने ही खड़ा हो। वह उसे देखते ही काँप उठी। उस शख़्स का तिरस्कार भरा लहजा उसके भीतर की कटुता को उजागर कर रहा था।

आख़िर वह आदमी कौन था?

इसी हैरानी में उसकी नींद खुल गई। उसे अचानक से भान नहीं रहा कि वह कहाँ है, पर धीरे-धीरे उसकी आँखों ने लय हासिल कर ली।

उसने अंकल के बिस्तर की ओर देखा। वह घबराकर कुर्सी से उछल पड़ी। बिस्तर पर कोई नहीं था! और किताब वाला वह बक्सा भी ग़ायब था!

जो कुछ हुआ, उसकी आशंका तो थी, फिर भी वह इससे स्तब्ध रह गई थी। उसने अंकल के तकिये पर हाथ रखा। उसकी गर्माहट वह अब भी महसूस कर सकती थी।

तभी दरवाज़े के खुलने की आवाज़ आई। उसने उसी ओर निगाहें फेरीं। उसका मुँह खुला का खुला रह गया। एक शब्द तक नहीं निकला।

अंकल रेमंड उसकी ओर बढ़े और चेहरे पर पड़ रही सुनहरे बालों की लट हटा दी। उनकी आँखों में एक चमक नज़र आ रही थी। अरिया ने भी उनके हाथों को कसकर थाम लिया। वह हैरान थी यह सोचकर कि वह कोई भूत-प्रेत देख रही है या वाक़ई किसी तरह का कोई चमत्कार हुआ है।

''मुझे लगा कि आप चले गए'', मुस्कराने की कोशिश करते हुए वह बोली। वह सही शब्दों की तलाश कर रही थी।

अंकल के चेहरे पर उनकी वही सदाबहार मुस्कान लौट आई, जिसको लेकर उसे भय था कि वह इसे फिर कभी दोबारा से नहीं देख पाएगी। उसने एक पल के लिए सोचा कि कहीं वह कोई सपना तो नहीं देख रही, जिसमें उनकी तसवीर की कल्पना कर रही हो।

अंकल के शब्दों ने उसे ढाँढस बँधाया। ''अरिया, बीमारी ने मुझे जकड़ने की कोशिश की, मगर तुम अपने बूढ़े अंकल को तो जानती ही हो। मैं तब तक कहीं नहीं जाने वाला हूँ, जब तक कि मैं ख़ुद न चाहूँ और मेरा काम पूरा नहीं हो जाता।'' और वह ठहाका मारकर हँस दिए। उनके इन शब्दों और हँसी में तो दमदारी लग रही थी, मगर स्वर में खरखराहट बनी हुई थी। ''मैं जानता हूँ कि मेरे पास वक़्त बहुत कम है, लेकिन मेरे जाने का समय अभी नहीं आया है। अब भी बहुत कुछ करना बाक़ी है! और मुझे लगता है कि मेरे बचे हुए काम को पूरा करने में मेरी सुंदर, साहसी भतीजी से बेहतर कोई नहीं हो सकता।''

अरिया शरमा गई। अपनी आँखों के सामने आ रही बालों की एक लट को पीछे करते हुए वह अंकल से मुख़ातिब हुई, ''अंकल, मैं पूरे वक़्त निडर बनने की, किसी भी बात पर संदेह न करने की कोशिश करती हूँ। मैं इसे जल्द से जल्द ख़त्म करना चाहती हूँ। और मैं नहीं चाहती कि आप अपने मक़सद में नाकामयाब हो जाए।''

अरिया ने अंकल की आँखों में देखा कि वह सब समझ रहे थे। उनका सिर आहिस्ता-आहिस्ता ऊपर-नीचे हो रहा था। ''फ़िलहाल रहस्यों को सुरक्षित रखना हमारा दायित्व है। वह पांडुलिपि सत्ता के संतुलन को बदल सकती है।''

''अंकल, घर में कई लोग आ रहे थे। मुझे नहीं मालूम कि आपको उनके आने के बारे में अंदाज़ा कैसे लग गया था, पर मैंने ठीक समय पर अपना काम कर दिया।'' वह वहाँ हुए किसी तरह के विश्वासघात की आशंका को उजागर करना नहीं चाहती थी, फिर भी उसने कहा, ''मुझे लगता है कि इसमें अलेक्ज़ेंडर भी किसी न किसी तरह से शामिल है, हालाँकि मैं इसके बारे में सोचना नहीं चाहती, पर आज सुबह के समय वह कुछ अन्य लोगों के साथ वहाँ पर था।''

यह सुनते ही अंकल रेमंड की आँखें चौड़ी हो गईं। इस ख़बर को तौलने के बाद उन्होंने कहा, ''एक समय पर एक ही काम, मेरी प्यारी अरिया।'' यह नई जानकारी कोई बहुत सुखद तो क़तई नहीं थी, लेकिन इसके बावजूद उन्होंने उस पर विस्तार से बात नहीं की। इतना ही बोले, ''हमें बहुत कुछ करना होगा, बहुत कुछ।''

इतना कहते-कहते उनकी नज़र उनके बाएँ कंधे से होते हुए घर के दरवाज़े पर लगे शीशे की ओर चली गई। ''नाइन (नौ शिक्षकों) को मैंने संदेशा भिजवाया है, लेकिन इस पर मुझे ही काम करना होगा। हमें थ्री लॉज़ ऑफ़ द कीपर (संरक्षक के तीन नियम) को बचाने की ज़रूरत है।''

''संरक्षक के तीन नियम? क्या?''

''अरिया, 'नाइन' के संरक्षक और लीडर होने के नाते 'कीपर' एक महत्त्वपूर्ण ज़िम्मेदारी है। ऐसे कई नियम-कायदे हैं, जिनका सभी को पालन करना होता है, लेकिन लीडर होने की वजह से उनके पास अधिक शक्ति होती है।''

''अंकल रेमंड, आई लव यू। आप जो कह रहे हैं, वह मैं सब करना चाहती हूँ, लेकिन इनमें से कोई भी बात मेरी समझ से परे है। हर चीज़ बहुत तेज़ी से हो रही है। और हाँ, आपको आराम करने की ज़रूरत है। आपकी तबीयत अब भी ठीक नहीं है।''

''वक़्त एक तेज़ धारा है, जो अपनी बेजोड़ शक्ति से हमें अपने साथ बहाकर ले जाता है। हम भले ही लाख चाह लें, किंतु हम न तो रुक सकते हैं और न अपनी गति धीमी कर सकते हैं, लेकिन अभी इस विषय में बात करने का कोई मतलब नहीं है। आगजनी के बारे में बताने के लिए वे लोग आते ही होंगे। उन्हें यही समझने दो कि मैं बिस्तर पर पड़ा-पड़ा स्वास्थ्य लाभ ले रहा हूँ। आओ, चलते हैं। भरोसा रखो, मेरे दोस्त उन्हें अच्छे से सँभाल लेंगे।'' उन्होंने खिड़की से ही घर के सामने फैले मैदान की ओर इशारा किया। तभी अरिया की नज़र दूर से आ रहे कुछ लोगों पर पड़ी। उसका दिल तेज़ी से धड़कने लगा।

''उनमें तो वह भी है!'' वह धीरे-से, मगर चिंतित स्वर में बुदबुदाई। उसके पूरे शरीर में सिहरन दौड़ गई। ''वह वही आदमी है, जो अलेक्ज़ेंडर से बात कर रहा था।''

अंकल रेमंड ने अरिया की आँखों की दिशा की तरफ़ देखते हुए कहा, ''वह तो उलरिक है। मुझे कोई ताज्जुब नहीं हुआ। उलरिक तो वर्षों से किताब को हासिल करने और उसके रहस्यों को जानने की कोशिश करते आ रहा है, पर मुझे पक्का भरोसा है कि अलेक्ज़ेंडर उस जैसों के साथ मिला हुआ नहीं होगा।''

"रुको! अरे, नहीं। अलेक्ज़ेंडर भी उसके साथ है", अरिया ने फुसफुसाते हुए कहा। उसकी आवाज़ में उदासी साफ़ झलक रही थी।

उसी समय अगले दरवाज़े पर ज़ोरदार दस्तक होने लगी। लग रहा था, जैसे दस्तक देने वाला किसी जल्दबाज़ी में हो। अंकल रेमंड ने अरिया को चुप रहने और दूर हॉल की ओर इशारा किया। अरिया समझ गई। जब वह छोटी थी, तब से ही अंकल के साथ मिलकर निकास द्वारों, बचाव वाले रास्तों और संकेतों का अभ्यास किया करती थी। अंकल रेमंड जब भी किसी नई इमारत में पहुँचते, तो वे हर चीज़ की नियमित तौर पर जाँच-परख करते। तब वह सोचा करती थी कि यह सब उसके मनोरंजन के लिए होता था। वह उन्हें ऐसे खेल समझती थी, जिनका आविष्कार उसके मन को बहलाने के लिए किया गया हो।

लेकिन अब इनके बारे में उसकी धारणा बदल गई थी। अब तैयारी का मतलब था सबकुछ। उसे यह जानकर कोई अचरज नहीं हुआ था कि अंकल ने इस घर का नक़्शा काफ़ी पहले ही बना लिया था। अरिया ने ख़ुद को भी वही काम करते हुए पाया, जो उसके प्यारे अंकल रेमंड किया करते थे। यह जीवन भर उनके साथ रहने का नतीजा था।

उसने अपने सिर को झटका और फिर अंकल के पीछे चल पड़ी। अंकल पिछले दरवाज़े तक जाने के सामान्य रास्ते से थोड़ा हटकर दाहिनी ओर गए। उन्होंने दीवार पर लगी फ्रेम की हुई एक कलाकृति उतारी और अपनी काँख के नीचे दबा ली। यह अन्य कलाकृतियों की तुलना में छोटी थी और कुछ अलग भी प्रतीत हो रही थी, जिस पर अब उसका ध्यान गया था।

अरिया ने सर्वशक्तिमान से प्रार्थना की और फिर वे दोनों पिछले दरवाज़े से बाहर निकल गए। उसने अपने अंकल के लिए ईश्वर को धन्यवाद दिया।

⌘⌘⌘

तीसरी ग़लती

कई महीने बीत गए। डेविड अपने काम में अब पहले से भी कहीं ज़्यादा व्यस्त हो चला था। वह अक्सर उस बूढ़े आदमी, नाट्य लेखिका और बैंकर के बारे में सोचा करता। बैंकर से उसे जो कुछ काग़ज़ मिले थे, वह उन्हें पढ़ता और उन पर चिंतन-मनन करता। अब उसने एक नोटबुक में नोट्स बनाने भी शुरू कर दिए थे। इसमें वह अपनी ज़िंदगी और अपने लक्ष्य को लेकर विचार लिखने लगा। उसने लिखा;

मुझे अब एहसास हो रहा है कि इस कंपनी में काम करना कभी भी मेरा सपना नहीं था। पिता चाहते थे कि मैं एक बड़ी कंपनी का चयन करूँ। मेरे कॉलेज के प्रोफ़ेसर ने अवसर को हाथ से न जाने देने के लिए मुझे प्रोत्साहित किया, जबकि मैं स्वयं या तो एक छोटी कंपनी में काम करने को इच्छुक था या फिर अपना ख़ुद का व्यवसाय शुरू करना चाहता था।

लेकिन इसमें केवल उन्हीं का दोष नहीं है। मुझे भी तो हमेशा से यही लगता रहा कि मेरे पास समुचित हुनर नहीं है। मैं रुपए-पैसों का प्रबंधन ठीक ढँग से नहीं कर सकता हूँ और किसी भी व्यवसाय को शुरू करने के लिए पूँजी की ज़रूरत भी पड़ती है, लेकिन बैंकर से बात करने के बाद मुझे लगने लगा है कि पैसों का प्रबंधन इतना कठिन भी नहीं है। बस, इसके कुछ तरीक़े सीखने होंगे, पर अपना व्यवसाय शुरू करने में जोखिम तो है। तो क्या यह ठीक रहेगा?

अच्छा नहीं है : सूक्ष्म प्रबंधन, दफ़्तर की राजनीति, बैठकों से भरे उबाऊ दिन।

अच्छा है : रचनात्मक विचार-मंथन, छोटे समूह, तेज़ रफ़्तार।
मैं बदलाव लाने और प्रभाव पैदा करने के लिए प्रतिबद्ध हूँ।

कुछ दिन बाद डेविड एक होटल के बॉलरूम में कंपनी की बैठक में भाग लेने गया। बैठक से पहले वह पंजीकरण की टेबल पर पहुँचा और नेम टैग पर अपना नाम लिखने के लिए एक मार्कर उठाया। ऐसा करते ही उसके दिमाग़ में दूसरी ग़लती का ख़याल कौंध गया। जब उसने बैठक में वक़्ता की बात सुनी, तो उसका दिमाग़ चकराने लगा। उसने उन सभी लेबलों की समीक्षा की, जो इतने सालों में उस पर ग़ैर-मुनासिब तरीक़े से चस्पाँ कर दिए गए थे। बैठक से बाहर निकलते समय वह पंजीकरण टेबल के पास रुका और वहाँ मौजूद शख़्स से पूछा कि क्या उसे कुछ ख़ाली नेम टैग्स मिल सकते हैं? ज़रूर, ये लीजिए। टैग्स का पूरा पैक है।''

डेविड जब अगले दिन दफ़्तर पहुँचा, तो उसने ख़ुद अपने लेबल्स लिखने का फ़ैसला किया, हालाँकि एक पल के लिए उसे महसूस हुआ कि यह दूसरों को अतिशयोक्तिपूर्ण या नाटकीय लग सकता है, पर फिर अपने लिए उसे यही बेहतर लगा। इतने सालों के दौरान उसे अपने बारे में जो भी नकारात्मक बातें सुनने को मिली थीं, उसने उन सभी को लिखना शुरू किया। उसके दिमाग़ में जो-जो भी नकारात्मक शब्द आते गए, वह उन्हें लिखता गया। उनमें से कई लेबल उसे उसके मौजूदा बॉस द्वारा दिए गए थे। उसके दिमाग़ में गूँजा, ''तुम लीडर नहीं हो।'' *असल में मुझे पूरी तरह से विफल घोषित किया जा रहा था।* कुछ देर के बाद डेविड ने उन सकारात्मक लेबल्स के बारे में विचार किया, जो उसे इतने वर्षों के दौरान मिले थे। और फिर उसने उन लेबलों के बारे में सोचा, जो वह सचमुच में सुनना चाहता था। उसने नेम टैग्स पर ऐसे ही कुछ और लेबल्स लिखने शुरू कर दिए: 'सफल', 'लीडर', 'दमदार','उत्साहवर्द्धक', 'मिस्टर पॉजिटिव', 'जोश से भरपूर', 'दयालु' 'देने वाला', 'ऊर्जा से लबरेज़', 'घनिष्ठ मित्र','कृतज्ञ' 'अब तक का सबसे अच्छा बॉस'।

डेविड थोड़ी देर के लिए रुका और फिर अगले टैग पर लिखा- 'मिलेनियर' (करोड़पति)। उसने इस बारे में सोचा, तो हँसी आ गई, फिर हँसी को दबाते हुए उसके आगे जोड़ दिया - 'मल्टी' यानी 'मल्टी-मिलेनियर' (अरबपति)। *तो क्यों न इसी के लिए प्रयास किए जाएँ?*

फिर डेविड ने सारे नकारात्मक लेबल्स इकट्ठे किए और अपनी डेस्क से उठकर श्रेडर मशीन (काग़ज़ को टुकड़ों में कतरने वाली मशीन) की तरफ़ गया। वह प्रत्येक टैग को बड़े उत्साह के साथ श्रेडर में डालते गया और इस तरह हर टैग टुकड़ा-टुकड़ा हो गया। इस तरह की बातें उसके स्वभाव का हिस्सा नहीं थीं। लिहाज़ा, जब वह डेस्क पर लौटा, तो अपने चेहरे पर चौड़ी-सी मुस्कान को देखकर उसे ख़ुद आश्चर्य हुआ।

''मैं सचमुच अपने लेबल्स स्वयं चुन रहा हूँ'', डेविड मन ही मन बोला। ''पता नहीं, बूढ़ा आदमी इस पर क्या कहेगा!''

वह ग़लतियों के बारे में अक्सर सोचा करता, लेकिन अब तक उन दो महिलाओं के अलावा अन्य किसी ने भी उससे संपर्क नहीं किया था। हालाँकि वह उस कैफ़े में कुछ खाकर भी आ चुका था, वह बग़ीचे में भी टहलता, लेकिन उसे किसी असामान्य बात के संकेत नहीं मिले थे। वह इस रहस्य पर सभी तरह से विचार करता और यह भी सोचता कि क्या उसे कभी अन्य ग़लतियों के बारे में सीखने या जानने को मिलेगा भी या नहीं।

एक सोमवार की दोपहर को डेविड जिम में था। उसने सप्ताह में कम से कम तीन बार जिम जाना शुरू कर दिया था। उसके दफ़्तर के कुछ सहकर्मी भी वहाँ जाते थे और कसरत करने के दौरान उसकी कई लोगों से मुलाक़ात होती थी। सच तो यह था कि वह वहाँ कसरत करने के साथ-साथ सामाजिक मेलजोल भी बढ़ाने लगा था।

जिम में ही उसकी मुलाक़ात ट्रेनर से हुई। दरअसल, डेविड की भेंट ट्रेनर से भी पहले उसकी गर्लफ्रेंड से हुई थी, जब वह जिम में प्रोटीन शेक ख़रीदने आया था। डेविड ने उसमें जो तेज़ी और ऊर्जा देखी, वह उससे काफ़ी प्रभावित हुआ था। डेविड में इसकी कमी थी। वह तो थोड़ी बहुत कसरत में ही थक जाता था, वहीं दूसरी ओर वह लड़की इतनी आसानी से जिमिंग करती, जितनी सहजता से कोई साँस लेता है। जब वे जिम के कैफ़े में आपस में कुछ बात कर रहे थे, उतने में ही उसका ब्रायफ़्रेंड यानी ट्रेनर भी आ गया।

वह शारीरिक रूप से बड़ा चुस्त-दुरुस्त दिखाई दे रहा था, हालाँकि वह कोई बहुत बलशाली हो, ऐसा भी नहीं कह सकते, पर लगता था, मानो उसे संगमरमर के एक खंड से तराशा गया हो, लेकिन वह इसका प्रदर्शन

नहीं कर रहा था और न ही उसने कोई बहुत छोटी और टाइट शर्ट या कोई भद्दी-सी ड्रेस पहन रखी थी।

डेविड ने जोड़े की ओर देखा। उसमें उसे शारीरिक ऊर्जा साफ़ महसूस हो रही थी। ट्रेनर ने जब डेविड से उसके वर्कआउट के बारे में पूछा, तो उसने गोल-मोल सा जवाब दिया।

ट्रेनर ने दोबारा से पूछा, और इस बार डेविड ने कहा, ''मेरे पास आपके जैसा दिनभर वर्कआउट करने का समय नहीं है। मैं अपने काम में व्यस्त रहता हूँ। काम भी तनाव भरा। मेरे पास कोई अतिरिक्त समय नहीं होता है।''

डेविड के मुँह से ऐसी बातें थोड़ी बचकानी-सी लग रही थीं। वह तो चर्चा से बचने और वहाँ से घर निकलने के लिए पतली गली ढूँढने की कोशिश कर रहा था। इस बीच, ट्रेनर की गर्लफ्रेंड यह कहकर वहाँ से चली गई कि उसे काम पर जाना है। ट्रेनर ने अपने पैरों से एक कुर्सी डेविड के आगे धकेलते हुए उससे पूछा, ''आपके पास थोड़ा-सा समय है? आपसे बात करनी है।'' यह सवाल के बजाय आदेश जैसा ज़्यादा प्रतीत हो रहा था।

डेविड न चाहते हुए भी कुर्सी पर बैठ गया। वह किसी लेक्चर के लिए तैयार नहीं था, पर जानता था कि उसे अब पर्सनल ट्रेनिंग के सेल्स प्रमोशन की बातें तो सुननी ही पड़ेंगी। जब वह पहली बार एथलेटिक क्लब का सदस्य बना था, तब भी सेल्स-मैन जैसे लोग उसके पीछे पड़े रहते थे। वह फिर से इन सब चक्करों में आना नहीं चाहता था।

ट्रेनर ने पूछा, ''क्या आप अपनी बॉडी से ख़ुश हैं? क्या आप ख़ुद को सेहतमंद मानते हैं? आपने जो लक्ष्य तय किए होंगे, वे हासिल कर पा रहे हैं?'' वह मुस्कराया और चुप हो गया।

एक गहरी श्वास छोड़ते हुए डेविड ने ऐसे जवाब दिए कि उसने उसके नए-नवेले दोस्त को कुरेदने वाले कुछ और सवाल पूछने का मौक़ा मिल गया, लेकिन ट्रेनर उसके बारे में कोई राय नहीं बना रहा था, न ही वह कुछ बेच रहा था। वह तो बस उसे सुनना चाहता था।

''अगर मैं बॉडीबिल्डर और ट्रेनर होता, तो दिनभर यहीं पर समय बिताता और आपकी ही तरह दिखाई देता, लेकिन न तो मैं ऐसा हूँ और न ही ऐसा कर सकता हूँ।'' डेविड ने इतना कहकर गर्दन ऊपर की ओर उठाई।

''मेरी नौकरी ऐसी है कि मुझे उसमें काफ़ी समय देना पड़ता है। काश, मेरे पास कुछ और वक़्त होता। मेरी सारी ऊर्जा तो अपने काम में ही ख़र्च हो जाती है।''

''मैं प्रोफ़ेशनल ट्रेनर नहीं हूँ, और न ही प्रोफ़ेशनल बॉडीबिल्डर'', उसने कहा।

डेविड यह सुनकर आश्चर्य में पड़ गया। यह उसके लिए किसी झटके से कम नहीं था। ''आप ये नहीं हैं? तो फिर क्या करते हैं?''

''इससे क्या फ़र्क़ पड़ता है कि मैं क्या हूँ। दरअसल, मेरा प्रशिक्षण का व्यवसाय है, लेकिन यह कोई शारीरिक प्रशिक्षण नहीं है। मैं संस्थाओं के लिए परामर्श सत्र और कॉर्पोरेट ट्रेनिंग आयोजित करता हूँ।''

डेविड इस बात से शर्मिंदा होकर अपनी दोनों हथेलियों से अपनी कनपटी को सहलाने लगा कि उसने नाहक़ ही इस बंदे को ग़लत समझ लिया। उसके शरीर में गर्मी बढ़ गई और चेहरा लाल हो गया। ''ओह, माफ़ी चाहूँगा, मैंने आपके बारे में शायद कुछ ख़राब धारणाएँ बना ली थीं। आप जैसे दिखते हैं, उसकी वजह से ही मैंने वैसा सोच लिया था'' और फिर डेविड ने बातचीत के ट्रैक को बदलते हुए पूछा, ''ख़ैर, आपकी पूरी कहानी तो बताइए। अगर आप वेटलिफ़्टर और ट्रेनर नहीं हैं, तो फिर इतने हष्ट-पुष्ट कैसे नज़र आ सकते हैं?''

इस आग्रह ने एक अलग तरह के वार्तालाप की राह खोल दी। डेविड को ट्रेनर के बारे में कई बातें पता चलीं। वह तीन भाइयों में सबसे छोटा था और छोटे होने की वजह से उसे अक्सर कई सारे काम करने पड़ते थे। स्कूल में भी उसका जीवन संघर्षमय रहा। हाईस्कूल में जब वह सीनियर कक्षा में था, तब उसे ब्लड कैंसर हो गया था। यह उसके जीवन-मरण की लड़ाई थी।

''मैं कोई एथलीट नहीं था, पर घर से लेकर अस्पताल और अस्पताल से लेकर घर तक मेरी दौड़ चलती रही। मैं कभी अस्पताल के भीतर होता तो कभी बाहर। इलाज पर इलाज चलता रहा। आज जब मैं पीछे मुड़कर देखता हूँ, तो लगता है कि ये सब कितना निराशाजनक था, पर फिर मुझे एहसास होता है कि ये सबसे शानदार भी था, मेरे साथ घटित यह सबसे अच्छी चीज़ थी।''

''क्यों?'' डेविड के मुँह से अचानक फूट पड़ा, फिर स्वर में थोड़ी नरमी लाते हुए उसने पूछा, ''यह आपके साथ घटित सबसे अच्छी बात कैसे हो सकती है?''

''एक बार जब मैं इलाज के लिए अस्पताल में था, उस समय मेरी मुलाक़ात किसी महिला से हुई। वह हाल ही कैंसर से उबरी थीं और उनका लक्ष्य किसी ट्रायथलॉन में भाग लेना था।'' यह कहते-कहते उसके चेहरे पर हल्की-सी मुस्कान तैर गई।

''मुझे तो भरोसा नहीं हुआ, मगर उन्होंने न केवल उस ट्रायथलॉन में भाग लिया, बल्कि वह विजेता भी बनीं, फिर उन्होंने मुझे एक विशेष कार्यक्रम में आमंत्रित किया। जब मैं उस कार्यक्रम में गया, तो पता चला कि वह वहाँ अपनी आप-बीती सुना रही थीं और बता रही थीं कि इन हालात ने उन्हें कैसे फिर एक सार्थक ज़िंदगी जीने के लिए प्रेरित किया। इस तरह उन्होंने अपनी बीमारी को ही अपनी प्रेरणा में बदल दिया।''

ट्रेनर ने अपना वर्कआउट शेक ख़त्म किया और फिर पेपर नैपकिन को हवा में उछाल दिया। वह उसकी मेज़ के दूसरी तरफ़ रखे कूड़ेदान में बड़ी आसानी से चला गया। ''गजब!'' डेविड ने कहा। ''आपने कितनी सहजता से कर दिया। मैं तो ऐसा कभी न कर पाऊँ।''

''क्यों?''

''क्योंकि मैं काम में इतना तालमेल रख ही नहीं पाता हूँ। बाक़ी चीज़ें तो छोड़िए, ब्रश करता हूँ, तो उस समय भी आधी बार तो मेरे दाँत साफ़ होने से छूट जाते हैं।'' अपने इस मज़ाक़ पर डेविड ख़ुद ही हँस पड़ा।

''मतलब आपकी भी वही आदत है, जो कभी मेरी थी।'' ट्रेनर ने कहा। ''उन्होंने मुझे दौड़ने के लिए प्रेरित करने और फिर मेरे अनुभवों पर बात करने की कोशिश की। उन्होंने मुझसे बहुत सारी चीज़ें कराने की कोशिश की, लेकिन मेरे पास तो पहले से ही ढेर सारे बहानों की सूची होती थी कि मैं फलाना या ढिकाना काम क्यों नहीं कर सकता।''

यह कहते ही ट्रेनर ने डेविड की ओर इतनी तीखी नज़रों से देखा कि डेविड व्यथित हो उठा। उसने अपनी नज़रें उन बच्चों की ओर फेर लीं, जो पास वाली मेज़ पर अपने पिता के साथ बैठे हुए थे।

ट्रेनर ने अपनी जेब को कुछ टटोलते हुए कहा, ''बहानेबाज़ी। हर बहाने के पीछे सफलता का एक द्वार है। जब हम अपनी प्रगति को रोकने वाले बहानों पर क़ाबू करना सीख जाते हैं, तो विकास की एक जादुई प्रक्रिया शुरू हो जाती है।'' ट्रेनर ने कुछ देखने के लिए अपनी गर्दन नीचे की ओर घुमाई और कुछ सेकंड बाद ही फिर अपनी बात पर आ गया।

''ट्रायथलॉन विजेता ने मेरी ज़िंदगी बदल दीं।'' ट्रेनर किसी अनकही बात को याद करके मुस्करा रहा था। ''उन्होंने मुझे बहानों से बचने की सीख दी। लोगों के पास कई बहाने होते हैं, जैसे 'मैं बहुत मोटा हूँ', 'मैं बहुत दुबला हूँ', 'मुझे सही शिक्षा नहीं मिली', 'मुझे डर लगता है', 'मैं ऐसा हूँ, मैं वैसा हूँ'। अरे हाँ, मेरा पसंदीदा बहाना था; 'यह तो मेरे लिए नहीं है'। या, 'यह तुम्हारे लिए ठीक है, पर मैं इस तरह से काम नहीं करता हूँ'।''

''मेरा अंदाज़ा है कि वह महिला अब आपकी गर्लफ्रेंड हैं?'' डेविड ने उसकी आँखों में आ रहे भावों से अनुमान लगाते हुए कहा।

''यह तो ख़ूब रही। उन्हें यह सुनकर मज़ा आ जाएगा'', यह कहते-कहते ट्रेनर हँसने लगा। ''आपका अनुमान पूरा सही नहीं है, मगर काफ़ी क़रीब है। वह महिला मेरी गर्लफ्रेंड की दादी हैं।''

डेविड के माथे पर सलवटें उभर आईं, जो उसकी दुविधा को इंगित कर रही थीं, मगर ट्रेनर ने कहा, ''देखिए, आपका अंदाज़ा बस इतना ही क़रीब है। उनकी उम्र को देखकर तो आप यही सोचते कि उन्हें किसी नर्सिंग होम में होना चाहिए था, लेकिन वह तो ट्रायथलॉन में दौड़ रही थीं और अपने आयु वर्ग में विजेता भी बनीं। उन्होंने मुझे सिखाया कि संदेह और सवाल उठाने वाली अंदरूनी आवाज़ों को सुनने के बजाय उस आवाज़ को सुनो, जो आपको प्रोत्साहित करती है।''

ठीक इसी समय ट्रेनर ने मेज़ के नीचे से लेदर की छोटी-सी किताब निकाल ली। उसे देखते ही डेविड को अचानक से सारा माजरा समझ में आ गया। उसे तो इसका अंदाज़ा पहले ही लगा लेना चाहिए था कि ऐसा कभी भी हो सकता है, लेकिन पिछली ग़लतियों के बारे में जब उसे बताया गया था, उसके बाद से काफ़ी वक़्त गुज़र चुका था।

''ग़लती नंबर तीन है, बहानेबाज़ी करना। अगर हम अपनी सारी ऊर्जा और रचनात्मकता बहानेबाज़ी में ख़र्च करने के बजाय अपने लक्ष्यों को पूरा

करने में लगाएँ, तो हम वह सबकुछ हासिल कर सकते हैं, जो हमारा मन चाहता है।''

ट्रेनर यहीं नहीं रुका। ''मैं अपनी बीमारी को, अपने जीन्स को दोष दे सकता था, अपने खोए हुए बचपन का रोना रो सकता था या सामर्थ्य की कमी का बहाना बना सकता था। ऐसा करने से मुझे कोई नहीं रोकता, बल्कि लोग तो मेरी इन दलीलों को स्वीकार भी कर लेते। जो लोग कहीं नहीं पहुँच पाते, वे ऐसी बहानेबाज़ी को बढ़ावा ही देते हैं, लेकिन वह एकमात्र व्यक्ति, जिसे इसका नुक़सान उठाना पड़ता, वह मैं ख़ुद होता। मैं कल्पना भी नहीं कर सकता कि अगर मुझे सही वक़्त पर इस ग़लती के बारे में पता नहीं चलता, तो आज मैं कहाँ होता या क्या कर रहा होता।''

डेविड ने गहरी साँस ली और वह उसकी सारी बातों को संजीदगी से सुनने को तैयार हो गया। ग़लतियाँ अब उसकी ज़िंदगी का हिस्सा थीं, उसकी सोच का हिस्सा थीं। उसने उसकी हर बात को स्पंज की तरह सोख लिया और वह उससे और भी अधिक जानने को आतुर था। उन दोनों के बीच एक घंटे से भी ज़्यादा देर तक बातचीत होती रही। उन्होंने एक-दूसरे के साथ कई तरह की बातें साझा कीं और वे सच्चे दोस्त बन गए।

तो अब यह साफ़ हो चला था कि ट्रेनर वास्तव में शारीरिक फ़िटनेस के बारे में कोई चर्चा नहीं कर रहा था। ''बहानेबाज़ी तो हर जगह है। जब दफ़्तर में कोई बहाने न बनाते हुए पूरी ज़िम्मेदारी लेता है, तो वह सबकी निगाहों में आ जाता है। क्या आपकी नज़र में ऐसा कोई शख़्स है?''

डेविड का ध्यान तुरंत उसकी कंपनी में कार्यरत एक मैनेजर की ओर गया। उसने डेविड से कुछ अरसा पहले ही काम करना शुरू किया था, लेकिन काफ़ी कम समय में ही वह पदोन्नत हो गई थी। ''हाँ, एक मैनेजर है ऐसी। वह इस मानक पर खरी उतरती है।''

''ऐसी वह कौन-सी बात कहती है, जो बरबस ही आपका ध्यान खींच लेती है?''

''वह कहती है, मैं सब सँभाल लूँगी, आप चिंता मत करो।'' और डेविड एक घटना का स्मरण कर मुस्करा दिया, ''एक बार दफ़्तर में कुछ गड़बड़ हो गई। मैं इस बात से आशंकित था कि मुझे जबरन ही इसके लिए ज़िम्मेदार ठहरा दिया जाएगा, जबकि उससे मेरा कोई लेना-देना नहीं था,

लेकिन वह आई और बोली, 'अरे हाँ, यह मेरी ग़लती थी। इसके लिए मैं माफ़ी चाहती हूँ। हम इसे दुरुस्त कर लेंगे'।''

''बिलकुल, मेरा भी यही मतलब था। जो शख़्स बहानेबाज़ी नहीं करता है, वह जवाबदेही लेने से भी नहीं डरता है। असल में कामयाबी भी ऐसे ही लोगों को मिलती है। आपने भी यही देखा है।''

''मैंने तो इस तरह से सोचा भी नहीं था'', डेविड ने कहा। ''मुझे ग़लत मत समझिए। बेशक, वह प्रभावशाली तो है, लेकिन मैं कभी भी यह नहीं जान पाया कि आख़िर उसे इतनी जल्दी इतने अधिकार कैसे मिल गए।''

ट्रेनर ने बात जारी रखी, ''तो अब आप समझ गए होंगे कि बहानेबाज़ी से बचने का सबसे बड़ा तरीक़ा है अपने आत्म-मंथन को बदलना। हममें से हर व्यक्ति के दिमाग़ में एक माइक्रोफ़ोन लगा होता है। यह दुनिया का सबसे महत्त्वपूर्ण माइक्रोफ़ोन है, लेकिन हम इसे बग़ैर सुरक्षा के यूँ ही छोड़ देते हैं, फिर कोई भी हमारे दिमाग़ में घुस जाता है और उसे नकारात्मकता से भर देता है। सबसे सफल लोग वे होते हैं, जो किसी तरह की कोई बहानेबाज़ी नहीं करते। बैंक की तिजोरी की सुरक्षा जिस तरह से की जाती है, उसी तरह से वे अपने दिमाग़ के माइक्रोफ़ोन की रक्षा करते हैं।''

जब डेविड यह सुन रहा था, उसी समय वह आत्म-मंथन में भी संलग्न था। उसने पाया कि वह आत्मविश्वास से कोसों दूर था। ढेर सारे संदेह और डर उसमें समाए हुए थे। कई तरह की नकारात्मकता बैठी हुई थी। मन ही मन उसने अपनी स्मृतियों में आए कुछ वाक्य दोहराए और सिर हिलाया। डेविड ने स्वीकार किया, ''मुझे नहीं लगता कि मैंने इसकी रक्षा अच्छे से की है, यहाँ तक कि ख़ुद की नकारात्मकता से भी नहीं।''

''इसीलिए यह बेहद महत्त्वपूर्ण है और इसका असर भी असाधारण है। आप देखिए, बहानेबाज़ी आपके आत्म-मंथन के सामने टिक नहीं सकती। अगर आप अपनी ज़िंदगी की गाड़ी को फिर से पटरी पर लाना चाहते हैं, तो अपने विचारों को भी उसी के अनुसार बदलना होगा।''

मुट्ठी को मुट्ठी से टकराकर और डेविड की पीठ पर एक धौल जमाकर ट्रेनर वहाँ से चला गया। जिम के कैफ़े के शोरगुल में अब डेविड अकेला था। कैफ़े की गतिविधियों और अपने आस-पास हो रहे शोरगुल से बेख़बर वह अब अपने भीतर की आवाज़ को सुन रहा था।

कैफ़े के व्यस्त माहौल में भी उसने अपनी आँखें बंद कर लीं और वह अपने भीतर माइक्रोफ़ोन की कल्पना करने लगा। जब उसे एक बहाना सुनाई दिया, तो उसने माइक्रोफ़ोन पर एक वक्ता की कल्पना की। उसने अपने मन में ही एक चिड़चिड़े, तुनकमिज़ाज और कमज़ोर किरदार की रचना कर ली, फिर उसने आत्मविश्वास से भरपूर स्वयं के एक ऐसे ताक़तवर संस्करण की कल्पना की, जो ज़बरदस्ती माइक्रोफ़ोन हथिया लेता है और इस तरह स्थिति को अपने नियंत्रण में ले लेता है, फिर वह दमदारी और आश्वस्ति के भाव के साथ माइक्रोफ़ोन पर बोलता है। उसके शब्द प्रोत्साहन और उपलब्धियों से भरे होते हैं।

डेविड मन ही मन मुस्कराया और उसने अपनी आँखें खोल दीं। उसने इधर-उधर नज़रें दौड़ाईं कि क्या किसी ने उसे ऐसा करते हुए देखा तो नहीं। मगर किसी का भी ध्यान उसकी तरफ़ नहीं था।

आख़िरकार, वह वहाँ से जाने के लिए उठ खड़ा हुआ। उसकी नज़रें नीचे की तरफ़ गईं, तो उसने देखा कि ट्रेनर ने उसके लिए काग़ज़ का एक टुकड़ा छोड़ रखा था।

ग़लती #3:

बहानेबाज़ी करना

उन लोगों से बचकर रहो, जो बहानेबाज़ी की प्रवृत्ति को बढ़ावा देते हैं।

जब हम अपनी प्रगति को रोकने वाले बहानों पर क़ाबू करना सीख जाते हैं, तो विकास की एक जादुई प्रक्रिया शुरू हो जाती है।

हर बहाने के पीछे सफलताओं और उपलब्धियों का एक द्वार खुलता है।

जो लोग अपनी ज़िंदगी में कहीं नहीं पहुँच पाते, वे बहानेबाज़ी को बढ़ावा ही देते हैं।

संदेह और सवाल उठाने वाली आवाज़ों को सुनने के बजाय उस आवाज़ को सुनो, जो आपको प्रोत्साहित और आश्वस्त करती है।

हम अपनी सारी ऊर्जा और रचनात्मकता बहानेबाज़ी में ख़र्च करने के बजाय अपने लक्ष्यों को हासिल करने में लगाएँ।

अपनी अंतरात्मा की आवाज़ की रक्षा उसी तरह कीजिए, जिस तरह आप अपने सबसे क़ीमती ख़ज़ाने की सुरक्षा करेंगे।

आपके सकारात्मक आत्म-मंथन के सामने बहाने टिक नहीं सकते।

अगर आप अपनी ज़िंदगी की गाड़ी को फिर से पटरी पर लाना चाहते हैं, तो अपने विचारों को भी उसी के अनुरूप बदलना होगा।

चौथी ग़लती

डेविड जब उस रात जिम से अपने घर की ओर निकला, तो उसके क़दमों में काफ़ी शिथिलता थी। और इसकी वजह केवल यह नहीं थी कि बर्फ़बारी से फुटपाथ फिसलनभरा हो गया था। वजह यह भी थी कि वह विचारों में खोया हुआ था और मन ही मन बहानों की एक सूची बना रहा था। सबसे पहले उसने फ़िटनेस के अपने लक्ष्य के बारे में सोचा, लेकिन फिर महसूस किया कि तीसरी ग़लती केवल यहीं तक सीमित नहीं है। वह सोचने लगा कि कितनी बार उसने पदोन्नति के लिए या कुछ नया करने को लेकर कोई कोशिश नहीं की, क्योंकि इसमें कोई न कोई बहाना आड़े आ गया। उसके लिए ऐसे दर्जनों उदाहरण याद करना कठिन नहीं था। वह मंथर गति से चलता रहा और अपने बहानों को याद करके आहिस्ता-आहिस्ता सिर हिलाते रहा। उसने दफ़्तर में चल रही अपनी जद्दोजहद के बारे सोचा और महसूस किया कि वह कितनी बेमतलब की नौकरी कर रहा है। क्या वह अब तक केवल बहानेबाज़ी में लगा हुआ था? क्या उसका लक्ष्य उसकी मौजूदा नौकरी से कहीं जुड़ा हुआ है भी या नहीं?

डेविड की उस रात को अपने कुछ दोस्तों के साथ मिलने-जुलने की योजना थी। उसने घड़ी पर नज़र डाली। उसे एहसास हुआ कि घर जाने और तैयार होकर वापस बाहर निकलने में एक घंटा तो लग ही जाएगा। घर में घुसते ही उसने बिजली का बटन दबाया। कुछ नहीं हुआ। उसने बैठक कक्ष को पार कर दूसरा बटन दबाया। मगर इस बार भी कोई रोशनी नहीं। उसने आँखें बंद कर लीं।

वह ज़ोर से चीख़ा, ''क्या करूँ मैं इसका!'' हालाँकि उसने शब्दों में संयम बनाए रखा। वह जानता था कि ऐसा क्यों हुआ। उसने बिजली बिल के भुगतान की आख़िरी तारीख़ के दिन पैसे तो जमा करा दिए थे, लेकिन शायद वह समय पर प्रोसेस नहीं हो पाया था। उसका अगला एक घंटा फ़ोन पर बिजली विभाग वालों से मिन्नतें करने में बीता। ''हाँ जी, बिलकुल। मुझे स्वचालित भुगतान प्रक्रिया को सेट करना चाहिए। मैंने अब तक यह नहीं किया है।'' डेविड को इस बात का एहसास था कि उसके मुँह से निकलते ये शब्द कितने निरर्थक लग रहे होंगे। मगर सच्चाई यह भी थी कि उसे अक्सर इस तरह के तमाशे करने पड़ते थे। अगर वह स्वचालित भुगतान प्रक्रिया को सेट कर देता, तो इसकी ज़रूरत ही नहीं पड़ती।

अंतत: सेवा प्रतिनिधि अपनी सेवा अस्थायी तौर पर बहाल करने के लिए राज़ी हो गया। डेविड ने फ़ोन रख दिया। अँधेरे कमरे में बैठा हुआ वह अपने आप में बड़ा दयनीय महसूस कर रहा था। उसने दूर दीवार की ओर देखा और ख़ुद से कहा, ''मैं इस तरह नहीं जी पाऊँगा।'' उसे इसका एकमात्र जवाब सड़क से आए हॉर्न के रूप में मिला। इससे याद आया कि उसे यहाँ से निकलकर अपने दोस्तों से मिलने जाना है।

वे सभी शहर के एक पुराने पब में मिले। वहाँ उन्होंने बीयर पी और हल्की-फुल्की पेट पूजा की। वह फ़िलहाल के लिए इस बात को भूलने की कोशिश कर रहा था कि उसके यहाँ बिजली नहीं है। वह यह बात किसी को बताना भी नहीं चाहता था। उसके दिमाग़ में जो विचार आ रहे थे, उनमें ट्रेनर की सीखें गड्ड-मड्ड हो रही थीं। सच कहें, तो वे सबक़ इस समय उसे परेशान ही कर रहे थे। एक तरफ़ तो उसका दिमाग़ उसके बिल भुगतान की समस्या को लेकर मुनासिब बहाने ढूँढने के लिए ओवरटाइम काम कर रहा था, तो वहीं दूसरी ओर ट्रेनर के सबक़ इसकी अनुमति नहीं दे रहे थे। उसने अपना ध्यान दोस्तों की बातचीत पर केंद्रित कर दिया।

''मेरा बॉस कितना मूर्ख है!'' उसके दोस्त जोए ने कहा। ''वह पहले तो मुझे एक काम करने को कहता है, फिर कुछ और करने को। तो अंतत: मैं कोई भी काम पूरा नहीं कर पाता हूँ। भई, आख़िर आप चाहते क्या हो, उसका मानस तो बनाओ!'' उसने 'मानस तो बनाओ' के प्रत्येक शब्द पर इस तरह ज़ोर दिया कि वह अपने बॉस पर अपनी भड़ास निकाल सके।

जोए की गर्लफ्रेंड भी उसके साथ थी। उसने कहा, ''अच्छा, ऐसा क्या! यह तो कुछ भी नहीं। मेरी सुनो। मेरा पुराना बॉस तो दफ़्तर में अपने सीनियर्स की ख़ुशामद में ही लगा रहता था। कई बार तो हमें लगता था कि क्या इसका यही काम है! वह हमारे आस-पास कभी होता ही नहीं था। पर हमें कोई दिक़्क़त नहीं थी, बल्कि अच्छा ही था। हम कम से कम शांति से अपना काम तो कर पाते थे।'' यह सुनकर तमाम यार-दोस्त हँस पड़े।

लोनी ने कहा, ''भाइयो, अगर उन्होंने मेरा पैसा नहीं बढ़ाया, तो मैं पागल हो जाऊँगा। मेरे यहाँ कभी भी पर्याप्त पैसा नहीं मिलता है। मैं कह रहा हूँ, जल्दी ही वहाँ से निकल जाऊँगा।''

डेविड ये सब सुन तो रहा था, लेकिन वह बातचीत के इस पूरे मंज़र से थोड़ा कटा हुआ था। उसका दिमाग़ उसकी पहुँच से बाहर किसी और चीज़ पर काम कर रहा था। हर बात को लेकर रोना-धोना, शिकायत करना और फिर येन-केन-प्रकारेण उचित ठहराना, यही तो वास्तव में तीसरी ग़लती थी। हर शिकायत बहाने का एक मुखौटा होती है। *रोना-धोना भी तो एक मुखौटा है, जो किसी बहाने को छुपाने के लिए पहना जाता है। अब से मैं अपने हर काम, अपने हर क़दम की जवाबदेही लेने जा रहा हूँ।* जब डेविड इस सोच-विचार में लगा था, उसी समय उसे अपने भीतर कुछ बदलता-सा महसूस हुआ, इतना कि उसके दोस्तों ने भी उसे नोटिस किया।

''डेविड। जागो डेविड जागो'', जोए ने अपने हाथ को माइक जैसा बनाकर एक उद्घोषक की तरह घोषणा की। जोए के इस मज़ाक़ पर सभी हँस पड़े। डेविड ने महसूस किया कि वह उनके साथ तो मौजूद था, लेकिन उसे यह भी एहसास हो रहा था कि उसका आत्मचिंतन और ग़लतियों के सबक़ उसे कहीं और ले जा रहे थे। वह एक सफ़र पर था, और उसके पास बैठे लोगों को पता भी नहीं था कि वह वहाँ से निकल चुका है।

एक घंटे की गपशप के बाद डेविड के दोस्त एक-एक करके वहाँ से जाने लगे, लेकिन डेविड ने घर जाने से पहले बॉर में चल रहे गेम के आख़िरी भाग को देखने का फ़ैसला किया।

एक बारटेंडर उसके पास आया और उसका ऑर्डर लिया। दोनों ने आपस में थोड़ी-सी हल्की-फुल्की बातचीत की। तभी डेविड ने देखा कि उसी बारटेंडर ने नशे में धुत्त एक आदमी को और अधिक शराब पीने से रोक

दिया। दो अन्य ग्राहक झगड़ रहे थे। उसने उनके झगड़े को भी शांत कराया। वह अपने क़िस्सों और चुटकुलों से लोगों का मनोरंजन भी कर रहा था। वह पक्का प्रोफ़ेशनल आदमी था, यह तो बिलकुल साफ़ था।

उधर, गेम चलता रहा, इधर डेविड और बारटेंडर ने बातचीत शुरू कर दी।

डेविड ने कहा, ''मुझे पक्का पता है, ये सब आप ही सँभालते हैं। आज रात मैंने आपको देखा है। आपने कई काम हाथ में ले रखे हैं; शराब परोसने का काम, बारटेंडर का काम, झगड़ों को सुलझाने के लिए भी आप ही मध्यस्थ बनते हैं, हँसी-मज़ाक़ करके लोगों का मन भी बहलाते हैं। भई, आप तो वन-स्टॉप शॉप हैं।''

बारटेंडर ज़ोर से हँसा और हल्का-सा झुकते हुए आइरिश लहजे में बोला, ''तो आपने पकड़ ही लिया!'' उसका यह आइरिश लहजा बनावटी बिलकुल भी नहीं लग रहा था।

''बेशक, आप कह सकते हैं कि मैंने यह सब देखा है और मैं तो कहूँगा कि अधिकांश लोग इन सब बातों से बहुत कुछ सीख सकते हैं।''

डेविड की नज़रें टेलीविज़न स्क्रीन पर चल रहे गेम से हट गई थीं। वैसे भी उसकी पसंदीदा टीम आगे थी और गेम में कोई रोमांच बाक़ी नहीं रह गया था। उसने पूछा, ''ऐसी कौन-सी चीज़ है, जो नंबर वन है और जिसे लोगों को सबसे पहले सीखना चाहिए?''

बारटेंडर ने नज़रें थोड़ी ऊपर कीं। वह बॉर के पीछे गिलास धो रहा था और स्वचालित ब्रश मशीन से पॉलिश करने के बाद उन्हें एक-एक करके सफ़ेद कपड़े से पोंछ रहा था। उसे अपना यह काम करते हुए बड़े गर्व का एहसास हो रहा था। बॉर बहुत पुराना था और वहाँ हर चीज़ चमक रही थी। कहीं कोई दाग़-धब्बा नहीं। दर्पण तो ऐसे चमचमा रहे थे, मानो अभी नए लाए गए हों।

''मैं यह नहीं बता सकता कि सर्वश्रेष्ठ चीज़ या नंबर वन चीज़ कौन सी है। लोग मुझसे सर्वश्रेष्ठ शराब, सर्वश्रेष्ठ मूवी, सर्वश्रेष्ठ डिनर माँगते हैं। ऐसे में किसी एक चीज़ को सर्वश्रेष्ठ कहना बड़ा मुश्किल है।''

''अच्छा ठीक है, ऐसा कुछ भी बताओ, जो आपके दिमाग़ में आ रहा हो'', डेविड ने उसे बातचीत के लिए उकसाने के मक़सद से कहा।

बारटेंडर शुरू हो गया, ''मैंने इस बॉर में बहुत कुछ देखा है, अच्छा, बुरा और बहुत गंदा।'' उसने दर्पण में झाँका और फिर हँसते हुए बोला, ''यह तो सिचुएशन कॉमेडी हो सकती है। अरे रुको, कोई इसे पहले ही कर चुका है।''

डेविड भी उसके साथ हँस दिया। बारटेंडर ने बात जारी रखी।

''मैंने ऐसे लोगों को देखा है, जिन्होंने अपनी ज़िंदगी को नरक-सा बना दिया। और बेहद सफल लोगों को भी देखा है। और मैं उन लोगों को भी जानता हूँ, जो नरक से उबरकर सफलता के मार्ग पर आगे बढ़े!'' इतना कहते-कहते वह फिर से हँस पड़ा। शायद उसके दिमाग़ में किसी शख़्स की तसवीर उभर आई थी।

''मुझे लगता है, मेरे पास आपके लिए बताने को कुछ है, ग़लत लोग। हाँ बिलकुल यही।'' लेकिन गिलास को पोंछते-पोंछते वह आगे और भी कुछ कहे बग़ैर रसोईघर में ग़ायब हो गया। फिर डेविड ने उसे अपने हाथों में भोजन की एक ट्रे पकड़े किसी मेज़ की तरफ़ जाते देखा।

एक मिनट भी नहीं बीता होगा कि वह बॉर काउंटर में खड़े होकर पैसे गिनने में व्यस्त हो गया। डेविड ने सोचा कि उसने जहाँ बात अधूरी छोड़ दी थी, वह वहीं से उसे आगे बढ़ाएगा। मगर उसने ऐसा नहीं किया, तो ख़ुद डेविड को उसे अधूरी बातचीत पर खींचकर लाना पड़ा।

''ग़लत लोग, इससे आपका क्या मतलब है?''

चेहरे के बाईं ओर की दाढ़ी को धीरे-से सहलाते हुए बारटेंडर ने उसकी ओर ऐसे देखा, मानो उसे इस बात का भान ही नहीं है कि उससे क्या पूछा जा रहा है, फिर वह मुस्कराया और बॉर के नीचे जाकर पलक झपकते ही एक छोटी-सी वही परिचित-सी नज़र आने वाली किताब ले आया।

''मुझे लगा था कि आप यह कभी नहीं पूछेंगे'', बारटेंडर ने कहा। ''ग़लती नंबर चार है ग़लत लोगों से घिरे रहना।''

उसकी आँखों में चमक थी और डेविड के चेहरे पर उभर आए अचरज भरे भावों को वह आनंदित होकर देख रहा था। ''मैंने बहुत पहले ही जान लिया था कि हमारे आस-पास के लोग हमारी हर चीज़ को प्रभावित करते हैं। हमारे दोस्त हमारी नियति तय करते हैं। यह मत सोचिए कि इससे कोई

फ़र्क़ नहीं पड़ता है। आपके चारों ओर किस तरह के लोग हैं, उसी से तय होगा कि आप किस दिशा में जाएँगे।''

डेविड अपने दोनों हाथों की हथेलियों को आपस में मसलने लगा। उसे इस बात की बिलकुल भी उम्मीद नहीं थी कि पिछली ग़लती पर आगे बढ़ने या उस पर काम करने से पहले ही उसे अगली ग़लती के बारे में सुनने को मिल जाएगा। और फिर बारटेंडर ने उससे जो कुछ कहा था, उनमें से कई बातें वह समझ नहीं पा रहा था। डेविड इस पूरी प्रक्रिया के बारे में भी सोचने लगा कि आख़िर ये रहस्यमयी लोग कैसे हैं, जो अचानक से कभी भी और कहीं भी टपक पड़ते हैं।

बारटेंडर ने अपने में खोए डेविड के आगे हाथ हिलाया, ''हेलो? मैं आगे कुछ कहूँ? आप सुनना चाहते हैं?''

''ओह माफ़ करना, आज की रात मेरा दिमाग़ कहीं और लगा हुआ है'', डेविड ने कहा। ''मैं जानता हूँ कि मुझे आपकी बातों पर ध्यान देना चाहिए, लेकिन मैं अब भी पूरे मंज़र को समझने की कोशिश कर रहा हूँ। ख़ैर, आपने यह कैसे जान लिया कि मैं वही इंसान हूँ, जिससे आपको ये सारी बातें करनी हैं? महीनों तक शांति रहती है और अकस्मात एक ही दिन में दो-दो ग़लतियों के बारे में सुनने को मिल जाता है?''

''अरे भाई ऐसा होता है'', बारटेंडर ने दोनों हाथ ऊपर उठाकर कहा। ''आपको ये सारी बातें पूरी संजीदगी के साथ अभी ग्रहण करनी होंगी। हर बात पर सवाल मत करो। अगर ऐसा करेंगे, तो उस चीज़ से वंचित रह जाएँगे, जो आप चाहते हैं।''

स्टूल पर थोड़ा आगे-पीछे सरकते हुए डेविड ने एक ठंडी आह भरी और सिर हिलाते हुए कहा, ''ठीक है, आप जीते, मैं हारा। आगे बताइए।''

''कहाँ था मैं? अरे हाँ, मैं कह रहा था, हमारे आस-पास कौन लोग होते हैं? हमारे यार-दोस्त। इस बात का अध्ययन करना रोचक हो सकता है कि हमारे आस-पास जो लोग होते हैं, वे हम पर कितना असर डाल सकते हैं। मैंने कुछ साल पहले एक आलेख पढ़ा था कि कैसे दोस्तों का वज़न एकसाथ बढ़ता है। अगर आपके किसी बहुत क़रीबी दोस्त का वज़न कुछेक किलो बढ़ जाता है, तो आपका वज़न भी बढ़ने की संभावना प्रबल हो जाएगी। आपको मालूम है, इसमें अजीब बात क्या है?''

इंकार में अपना सिर हिलाते हुए डेविड उसकी बात को ध्यान से सुनने के लिए थोड़ा और आगे की ओर झुक गया।

''अजीब बात यह है कि अगर वे दोस्त सैकड़ों किलोमीटर दूर भी रह रहे हैं, तब भी ऐसा होता है। अगर वज़न को लेकर दोस्तों का इतना प्रभाव पड़ सकता है, तो ज़रा सोचिए, वे आपके दिमाग़ के साथ, आपकी सोच के साथ, आपके अवसरों के साथ क्या करते होंगे। यह भी सोचिए, क्या हो अगर वज़न बढ़ने के बजाय दो दोस्तों की धन-दौलत भी साथ-साथ बढ़े।''

बारटेंडर को अपने कुछ ग्राहकों को सँभालने के लिए एक बार फिर से चर्चा को अधूरी छोड़कर जाना पड़ा। उन विचारों पर मनन करने के लिए अब डेविड अकेला रह गया, लेकिन एक-दो मिनट में ही बारटेंडर वापस आ गया और तुरंत वहीं से बात को आगे बढ़ाया, जहाँ उसने छोड़ी थी।

बारटेंडर ने कहा, ''मैंने इसको लेकर काफ़ी कुछ पढ़ा है। हमारे दोस्त हर चीज़ पर असर डालते हैं; हमारी पसंद-नापसंद, हमारी सोच। यह बहुत दिलचस्प बात है। इतना ही नहीं, आपको यह जानकर आश्चर्य होगा कि जिन लोगों के कुछ पक्के दोस्त होते हैं, उनकी उम्र भी ज़्यादा होती है।''

किसी जवाब की प्रतीक्षा किए बग़ैर ही बारटेंडर ने कहा, ''यह कहना काफ़ी नाटकीय लग सकता है कि आपके आस-पास के लोग ही आपकी नियति तय करते हैं। मैंने बॉर के पीछे रहकर जो देखा और अनुभव किया है, उसे लोग भले ही ख़ारिज कर दें, किंतु अगर वे शोध पढ़ें, तो स्तब्ध रह जाएँगे।''

''मैं शुरू में बारटेंडर नहीं था, बल्कि मैं भी एक बड़ी कंपनी में काम करता था, शायद आपकी तरह।''

डेविड ने महसूस किया कि यह कहते-कहते बारटेंडर का चेहरा अपने आप लाल हो गया था। बारटेंडर ने अपनी बात जारी रखी, ''मेरा वहाँ बड़ा अच्छा अनुभव रहा और काफ़ी कुछ सीखने को भी मिला। बचत भी काफ़ी कर ली थी, फिर मैंने कई अलग-अलग नौकरियों के साथ प्रयोग किए और अंततः यहाँ तक पहुँचा। मुझे यहाँ कई साल हो गए हैं और इतनी ख़ुशी इससे पहले कहीं नहीं मिली। यहाँ सवाल केवल पैसे का नहीं है। कई लोगों को तो मालूम भी नहीं होगा कि मैं ही इस बॉर का मालिक हूँ और मेरे पास ऐसे ही दो बॉर और हैं।''

''वाह, क्या बात है! इस बारे में तो मुझे भी नहीं पता था'', डेविड ने थोड़ा चौंकते हुए कहा। ''मुझे तो लगता था कि कोई महिला इसकी मालकिन है।'' डेविड को एहसास हुआ कि उसे पहनावे या कोई कैसा दिखता है, इसके आधार पर किसी के विषय में राय बनाने में इतनी जल्दबाज़ी नहीं करनी चाहिए।

''अधिकांश लोगों को इस जगह के इतिहास के बारे में कोई इल्म नहीं है'', बारटेंडर ने कहा। ''इसे कुछ सौ सालों तक अरियाज कहा जाता रहा। इसकी शुरुआत एक सराय के रूप में हुई थी। इसका क़िस्सा यह है कि अरिया भी इसकी प्रथम मालकिन नहीं थी, लेकिन उसके हाथ में आने के बाद से यह सराय ख़ूब फला-फूला। जब मैं कैटरिंग हॉल का विस्तार कर रहा था, तब मुझे यहाँ क्रांति युद्धकाल की कुछ वर्दियाँ मिली थीं, जो अब शहर के संग्रहालय की शोभा बढ़ा रही हैं। इस जगह का अद्भुत इतिहास रहा है, इसके कई रहस्य हैं। आपके जैसे ही यात्रा पर निकलने वाले कई लोग उसी जगह पर बैठ चुके हैं, जहाँ फ़िलहाल आप विराजमान हैं।''

डेविड लकड़ी के उस स्टूल को अपने हाथों से सहलाने लगा, जिस पर वह बैठा हुआ था। स्टूल के प्रति उसके नज़रिये में अब प्रशंसा का भाव आ गया था। उसने महसूस किया कि उसका डिज़ाइन सहज और सरल था और शिल्पकौशल बेहद सुदृढ़ था। और केवल स्टूल ही नहीं, बल्कि पूरा शराबख़ाना इसी तरह से बना हुआ था। उसने शीशे के पीछे से दिखाई दे रहे रेस्तराँ पर नज़र डाली। इससे पहले उसका ध्यान इस बात पर कभी नहीं गया था कि यह कितना पुराना है।

बारटेंडर ने दो कटोरों में प्रेट्सज़ेल (एक तरह की बेक्ड पेस्ट्री) और भाँति-भाँति के सूखे मेवे भरकर डेविड के सामने रख दिए, फिर उसने डेविड के बीयर के ख़ाली गिलास को भी पूरा भरा और अपनी कलाई से ऐसा हल्का-सा झटका मारा कि शानदार झाग गिलास के ऊपरी किनारों तक उभर आए। वह अपनी बातचीत को सराय के इतिहास से वापस दोस्तों और सहकर्मियों पर ले आया।

बारटेंडर ने हल्के से अपने सिर को हिलाते हुए कहा, ''हम किसी दुकान पर अपने लिए कपड़ों का चयन तो बहुत सोच-विचारकर करते हैं,

लेकिन भविष्य तय करने वाले दोस्तों का नहीं, हालाँकि यह कष्टकारी है, लेकिन हमें बड़ी नज़ाकत से उन लोगों को हमसे दूर करना होगा, जो हमें पतन की ओर ले जाते हैं और उन लोगों की पहचान करनी होगी, जो हमारी प्रगति में मददगार बन सकते हैं। मुझे लगता है कि इस पर हमें एक फ़ॉर्मूले की तरह काम करना होगा।''

''वर्षों पहले जो लोग धूम्रपान किया करते थे, उनमें से अधिकांश लोग अब हर क़ीमत पर उससे बचना चाहते हैं, लेकिन फिर भी वे अपने दोस्तों के ज़हरीले शब्दों को अपने भीतर उतारते रहते हैं। वे हमेशा शिकायत, निंदा तथा चुग़लख़ोरी करने वाले लोगों से घिरे रहते हैं। बात-बात में नुक्ताचीनी करने वालों, हर चीज़ को संदेह की नज़र से देखने वालों और अपनी ऊर्जा को बेमतलब के कामों में बर्बाद करने वालों को हटाकर उन लोगों को अपने साथ लाइए, जो विजेता की भाँति सोचते हैं और जो प्रोत्साहित व प्रेरित करते हैं, किंतु यह बदलाव आनन-फ़ानन में नहीं होना चाहिए, वरन शांति के साथ इस तरह होना चाहिए कि किसी को इसका एहसास तक न हो। अगर आपके साथ वाला कोई शख़्स कुछ अस्थायी क़िस्म की समस्याओं से ग्रस्त है, तो उसे प्रेरित करने का प्रयास करें, लेकिन इसके बाद भी अगर आपको लगता है कि वह आपकी ऊर्जा को सोख रहा है, तो फिर समझ जाइए कि बदलाव का वक़्त आ गया है।''

बारटेंडर मुस्कराया और डेविड को बिल थमाते हुए कहा, ''मेरे ख़याल में हमारी सबसे महत्त्वपूर्ण ग़लती यही है।'' और फिर वह बड़ी ख़ुशमिज़ाजी के साथ एक धुन गुनगुनाते हुए रसोईघर में चला गया।

डेविड थोड़ी देर पहले ही दोस्तों के साथ हुई गपशप को याद करने लगा। शिकायतें, निंदा और मख़ौल उड़ाने के अलावा उसे ऐसा एक भी शब्द याद नहीं आ रहा था, जो सकारात्मकता से भरा हो, फिर वह दफ़्तर के उन सहकर्मियों के बारे में सोचने लगा, जिन्होंने उसे सिर झुकाकर बॉस के पाले में जाने की सलाह दी थी।

फिर अचानक से वह अपने कॉलेज के दौर में चला गया। उस समय वह अधिक ख़ुश था, आत्मविश्वास से भरा हुआ था। क्या ऐसा इसलिए था, क्योंकि उसके दोस्त भी ख़ुशी और आत्मविश्वास से लबरेज़ थे?

उस शाम के बारे में दोबारा से सोचते हुए, तमाम नकारात्मक टिप्पणियों पर मंथन करते हुए उसने महसूस किया कि उसे कुछ बदलाव तो करने होंगे। और इनमें से कोई भी इतना आसान नहीं रहने वाला था।

डेविड विचार करने लगा, मुझे तो लगता था कि समस्या की जड़ में मेरी नौकरी है, लेकिन वे लोग भी हैं, जिनके साथ मैं वक़्त गुज़ारता हूँ। शायद दोनों ही हैं।

उसके आस-पास सब कुछ शांत था। पूरी दुनिया उसे धीमी गति से बहती महसूस हो रही थी। डेविड को एहसास हुआ कि वह न केवल बहानेबाज़ी में लगा हुआ है, बल्कि ऐसे लोगों से भी घिरा हुआ है, जो उसमें नकारात्मकता भर रहे हैं। उसने यह भी महसूस किया कि उसकी समस्या न तो उसका बॉस है, न काम के घंटे, न उसके दफ़्तर का माहौल और न कार्य की प्रवृत्ति। समस्या की जड़ में हैं उसके बहाने, जिसका इल्म उसे इससे पहले के सबक़ से हो चुका था। उसके सामने यह बात स्पष्ट हो चुकी थी कि उसकी नौकरी से भी बढ़कर था उसका अपना लक्ष्य, लेकिन इस निष्कर्ष तक पहुँचने पर उसे किसी और चीज़ का भी एहसास हुआ। आख़िर उसका लक्ष्य क्या है, नौकरी छोड़ने से पहले उसे वह ढूँढना होगा। उसे हताशा की स्थिति में नहीं, बल्कि दमदार स्थिति में रहकर अपने सपने को पूरा करने की दिशा में आगे बढ़ने की ज़रूरत थी। जो सबक़ वह बीते कुछ महीनों से दोहरा रहा था, वे उसके अवचेतन मानस में इतनी मज़बूती से बैठ गए थे कि उसे अपने भीतर एक निडरता का एहसास होने लगा था। उसने अपने भीतर अच्छा महसूस किया, स्वयं को ज्ञानी महसूस किया। और फिर इस उम्र में ख़ुद के 'ज्ञानी' होने का एहसास करते हुए उसे थोड़ा विचित्र-सा भी महसूस हुआ।

डेविड ने जाने से पहले बिल की राशि वहाँ रखते हुए वह काग़ज़ उठा लिया, जो निस्संदेह उसी के लिए छोड़ा गया था।

ग़लती #4:

ग़लत लोगों से घिरे रहना

आपके दोस्त ही आपकी नियति तय करते हैं।

आपके आस-पास किस तरह के लोग हैं, वे ही तय करते हैं कि आप किस दिशा में जाएँगे।

कपड़ों का चयन करने के बजाय बेहतर दोस्त ढूँढने में समय ख़र्च कीजिए।

शब्दों और विचारों से विषाक्त लोग अक्सर ज़्यादा घातक होते हैं और हमारे अनुमान से भी कहीं अधिक नुक़सान पहुँचाते हैं।

नुक्ताचीनी करने वालों, हर चीज़ को संदेह की नज़र से देखने वालों और अपनी ऊर्जा को बेमतलब के कामों में बर्बाद करने वालों को हटाकर विजेता की भाँति सोचने तथा प्रोत्साहित एवं प्रेरित करने वाले लोगों को अपने साथ लाइए।

उन लोगों को अपनी ज़िंदगी से बाहर कर दीजिए, जो लगातार आपकी ऊर्जा को नष्ट करते हैं।

अपने साथ उन लोगों को रखिए, जो आपके लक्ष्य को हासिल करने में मददगार बन सकें।

पहला नियम

⌘⌘⌘

अरिया और अंकल रेमंड ने इस उम्मीद में घर छोड़ा था कि उनके जाने के बारे में किसी को कुछ कानो-कान ख़बर नहीं होगी। वे एक-दूसरे का सहारा लेते हुए आगे बढ़ रहे थे। आख़िरकार, जब वे पेड़ों के झुरमुट से होते हुए सबकी नज़रों से ओझल हो गए तो अरिया ने पूछा, ''आपके दयालु दोस्तों के बारे में क्या ख़याल है?'' अंकल कहाँ जा रहे थे, वह जानती थी। खलिहान उनके बाईं ओर था।

''रॉबर्ट के बारे में तो कहना मुश्किल है, पर यक़ीन मानो, माये कोई हल्की-फुल्की महिला नहीं हैं। वह उन जैसे कई लोगों से निपट सकती हैं। वे लोग तो इसी ग़लतफ़हमी में रहेंगे कि मैं सो रहा हूँ।''

खलिहान में पहुँचकर अंकल रेमंड एक बेंच पर बैठ गए। उनके बैठते ही बेंच चरमराने लगी। अरिया सोच रही थी कि वे तुरंत यहाँ से आगे की राह पर निकल पड़ेंगे, लेकिन अंकल के दिमाग़ में तो कुछ और चल रहा था। उन्होंने उसे भी अपने बाज़ू में बैठने का इशारा किया।

अरिया ने वह सवाल पूछने का निश्चय किया, जो बहुत अरसे से उसके दिमाग़ में घूम रहा था। वह बार-बार उसके बारे में सोचती तो थी, मगर कभी पूछ नहीं पाई। ''अंकल, इस किताब में लिखे ज्ञान और सीखों के बारे में बहुत कुछ तो लोगों को पता ही होगा। और वे यह भी जानते होंगे कि इनमें कोई जादू तो नहीं छिपा है, तो फिर वे इसे हथियाना क्यों चाहते हैं? और हमें भी इसकी इस तरह से रक्षा क्यों करनी चाहिए?''

अंकल मुस्करा दिए। उनकी आँखें अब भी बंद थीं। ''अरिया, यह सवाल पीढ़ियों से पूछा जाता रहा है। हाँ, यह सच है कि किसी ग़लती के बारे में किसी को भी ज्ञान हो सकता है, लेकिन सच्चाई यह भी है कि अधिकांश लोग उसकी अनदेखी करते हैं। ज्ञानी तो कई होते हैं, मगर वे अपने ज्ञान के साथ ही गुज़र जाते हैं। कुछ ही लोग उसका अध्ययन कर सदुपयोग कर पाते हैं। यह तो उदाहरणों सहित ज्ञान का एक ही जगह पर संकलित ऐसा संग्रह है, जो इसका इस्तेमाल करने वाले लोगों के लिए एक शक्तिशाली औज़ार के रूप में काम करता है। लोग सदियों से इसकी ताक़त को महज़ इसलिए हथियाना चाहते हैं, ताकि दूसरों को नष्ट कर सकें, उन पर अपना नियंत्रण स्थापित कर सकें। वे ग़लत मक़सद से इसे हासिल करना चाहते हैं। कोई भी इसमें उल्लेखित नौ ग़लतियों का दुरुपयोग अपने स्वार्थ-साधन के लिए कर सकता है। इनमें से कुछ अब भी मेरे लिए रहस्य ही हैं। पर अरिया, तुम विश्वास करो, इन नौ ग़लतियों को सुरक्षित रखने में हम सभी की भलाई है।''

''यह बात ख़ासकर इस मूल पांडुलिपि पर लागू होती है, जिसे मैं संरक्षक की प्रति कहता हूँ। तुम देख सकती हो कि यह पांडुलिपि इसकी अन्य प्रतिलिपियों से अलग है।'' अरिया को लगता था कि वह इस बारे में काफ़ी कुछ समझती है, मगर आज महसूस हो रहा था कि अब भी ऐसी कई बातें हैं, जिनके बारे में उसे जानना बाक़ी है। अंकल ने पांडुलिपि के बक्से को उन दोनों के बीच रख दिया और फिर उस तसवीर की तरफ़ देखने लगे, जो उन्होंने दीवार से उतारी थी।

''वर्षों पहले मैं क़स्बे के एक प्रिंटर तथा बाइंडर के पास गया था और उनसे शिक्षकों के लिए एक साथ नौ किताबें छपवा ली थीं। संरक्षक होने के नाते मैंने यह मूल पांडुलिपि अपने पास ही रख ली थी, लेकिन मुद्रित किताबों में मैंने तीन पन्ने छपवाने से छोड़ दिए थे। हम संदेश की मूल भावना को बरक़रार रखते हुए किताबों की भाषा में भी समय-समय पर बदलाव करते गए।''

फिर उन्होंने तसवीर की ओर इशारा करते हुए पूछा, ''तुम जानती हो, यह क्या है?''

अरिया ने अपनी याद्दाश्त पर ज़ोर डालते हुए कहा, ''नहीं, मेरा इस तसवीर की ओर तो कभी ध्यान ही नहीं गया।''

''अरिया, मैंने उन तीन पन्नों को अलग-अलग जगहों पर छिपाया है। मैंने यह कलाकृति उपहार बतौर अपने दोस्तों को दे रखी थी। किसी को आज तक यह पता नहीं चल पाया कि इसके भीतर क्या है।''

उन्होंने तसवीर को उलट दिया और पीछे से खोलकर उसमें से एक बेहद पुराना-सा पन्ना बाहर निकाल लिया। वह एक पल के लिए रुके और बेहद श्रद्धा भाव के साथ उन्होंने उसे अपने हाथों में थाम लिया, फिर उन्होंने अरिया की तरफ़ देखते हुए कहा, ''संरक्षक के लिए यह पहला नियम है। ऐसे ही छिपे हुए दो पन्ने और हैं। अरिया, मैंने सोचा था कि यह सब आने वाले वर्षों में होगा, पर मैं माफ़ी चाहता हूँ कि मुझे इस बोझ को तुम्हें देना पड़ रहा है। अब तुम्हें संरक्षक बनना होगा। मेरे पास तो बस कुछ उधार की साँसें बाक़ी हैं।'' और फिर उन्होंने बेहद नज़ाकत से वह पन्ना अरिया को सौंप दिया।

अरिया स्तब्ध थी। उसे दुनिया एक साथ खुलती और बंद होती प्रतीत हो रही थी, मानो वह दुविधा के बवंडर में गोते लगा रही हो।

नया संरक्षक? नया संरक्षक बनना कैसे संभव है? अंकल रेमंड का क्या होगा? वे ये सब क्या कह रहे हैं?

''अंकल, अब आप अच्छा महसूस कर रहे हैं। और उन नौ शिक्षकों से मैंने अभी-अभी सीखा ही है। इसके बारे में सोचते हैं। हो सकता है उन शिक्षकों में से ही कोई...''

अंकल रेमंड ने ख़ास अंदाज़ में अपना हाथ ऊपर की ओर किया। जब भी वह ऐसा करते थे, तो लगता था मानो दुनिया थम-सी गई हो। वह जब भी कोई फ़ैसला देते हुए ऐसा करते, तो उन्हें टोकने या रोकने की हिम्मत किसी की भी नहीं होती थी, और उनके परिवार में किसी ने भी कभी रोका या टोका भी नहीं। जिस तरह किसी कॉन्सर्ट हॉल में ऑर्केस्ट्रा का संचालक एक इशारे भर से सभी संगीतकारों को रोक देता है, उनके हाथ उसी तरह से, बल्कि उससे भी तेज़ी से तमाम चर्चाओं पर विराम लगा देते थे। अरिया किसी नई उद्घोषणा की उम्मीद में उनकी ओर देखने लगी।

''अब वक़्त आ गया है, और मैं जानता हूँ कि उन्हें किसी भी तरह से तुम पर संदेह नहीं होगा। ऐसा क्यों? क्योंकि उनके मुताबिक़ तुम्हारी उम्र की किसी लड़की के हाथों में इतनी शक्ति देना पागलपन होगा और मैं ऐसा पागलपन करूँगा, वे यह सोच भी नहीं सकते। इसलिए सबसे बेहतर यही रहेगा, क्योंकि तुम्हारे बारे में वे कभी भी अनुमान नहीं लगा पाएँगे।''

''मैं भी अब अठारह साल की होने वाली हूँ, अंकल'', उसने कुछ रक्षात्मक हाव-भाव के साथ पन्ने पर लिखे शब्दों की ओर देखते हुए कहा।

''मैं जानता हूँ कि अब तुम बच्ची नहीं रही'', अंकल ने कहा। ''मैं ज्ञान की यह पोथी तुम्हारे हवाले ज़रूर कर रहा हूँ, लेकिन मेरी नज़र में तो तुम हमेशा रहोगी...''

''वह छोटी-सी बच्ची ही जिसे आपने सबसे पहले सवारी करना सिखाया'', अरिया बीच में ही बोल पड़ी। अरिया यह बात उनसे सैकड़ों बार सुन चुकी थी। वह हमेशा यह याद किया करते थे कि उन्होंने उसे किस तरह घोड़े की सवारी करना सिखाया था।

अंकल ने उसे बड़े स्नेह से देखा। ''इन किताबों में महान लोगों की, हम तमाम लोगों की ग़लतियाँ दी गई हैं। जीवन के शुरुआती दौर में ही इनसे बचकर हम असाधारण शक्ति हासिल कर सकते हैं। यह शक्ति ताउम्र ख़ुशियों के रूप में और कई बार धन-दौलत के तौर पर मिलती है। इन्हें ग़लत हाथों में जाने से रोकना है। क्या तुम बतौर एक संरक्षक यह ज़िम्मा उठाने को तैयार हो?''

अरिया ने पलकें झपकाईं और सहमति में सिर हिलाया। उसके मुँह से वे शब्द निकले, जिसकी अपेक्षा अंकल कर रहे थे, ''मुझे मंज़ूर है।'' उसने पांडुलिपि का वह बक्सा और वह पन्ना मज़बूती से अपने हाथों में थाम लिया। वह जानती थी कि ये दोनों चीज़ें कितनी महत्त्वपूर्ण हैं, इनके मायने क्या हैं। यह वह ज़िम्मेदारी है, जिसे वह अब हमेशा निभाती रहेगी।

अंकल ने कहा, ''एक दिन हम इस ज्ञान को सारे संसार के लिए जारी करके अपने शत्रुओं को परास्त कर देंगे। वह दिन तब आएगा, जब हम हर किसी को इन ग़लतियों के बारे में बताएँगे, ख़ासकर युवाओं को या वे जो नए सिरे से शुरुआत कर रहे हैं, और जिन्हें यह भरोसा है कि वे अब भी हमारी इस दुनिया में कुछ कर गुज़र सकते हैं।''

"ऐसा कब होगा?", अरिया ने पूछा।

"यह तो मैं नहीं जानता।" वह कुछ पलों के लिए रुके और फिर बोले, "लेकिन तब तक हमें उत्तराधिकार के कड़े नियमों का पालन करना होगा। नौ शिक्षकों को ख़तरों से बचाने और प्रत्येक के लिए एक उत्तराधिकारी सुनिश्चित करने का काम संरक्षक को करना होगा। तुम्हें अपने पूरे विवेक का इस्तेमाल करके ही यह निर्णय लेना होगा।"

"वे तीन नियम क्या हैं?" अरिया ने पूछा।

"पहला तो तुम्हारे हाथों में ही है। इसे अब तुम पढ़ सकती हो। याद रखना, ये पन्ने केवल संरक्षक के लिए हैं। सामान्य विवेक तो उस हर व्यक्ति के लिए अनिवार्य है, जो इन तमाम नौ ग़लतियों पर महारत हासिल करना चाहता है। सही शिक्षक और सही विद्यार्थी का चयन करने के लिए भी यह अति आवश्यक है। ऐसे में नेतृत्व करने वाले संरक्षक की ज़िम्मेदारी और बढ़ जाती है। कोई भी निर्णय लेते समय इसके संदेश को हमेशा याद रखना होगा। इन नियमों को अक्सर पढ़ते रहना और उनमें दिए गए ज्ञान-विवेक के अनुसार ही काम करना।"

अरिया ने उनकी ओर मुख़ातिब होकर कहा, "मेरे प्यारे अंकल, यह तो मेरे लिए ख़ज़ाने के समान है, भले ही मैं इसे पूरी तरह समझ न पाऊँ।"

अंकल रेमंड ने बड़ी सावधानी से उस कलाकृति को खलिहान के भीतर एक सुरक्षित स्थान पर रख दिया। उन्होंने फिर अरिया से घोड़ों को तैयार करने में मदद करने को कहा। कुछ मिनटों के बाद ही वे दोनों एक घोड़ागाड़ी में सवार थे, जो उन्हें घर से और दूर ले जा रही थी। अरिया अब उस पन्ने को पढ़ने लगी थी।

इच्छा का नियम

पहला नियम है 'इच्छा का नियम'। इच्छा वसंत ऋतु की तरह है, जो आपके जीवन को आनंद के एहसास से भर देती है। तमाम तरह के अवसर, सभी प्रकार की उपलब्धियाँ, हर तरह की शक्ति केवल तभी पैदा हो सकती है, जब मन में उसके लिए प्रबल अभिलाषा हो।

भव्यता की इच्छा करो, ऊँचे विचार सोचो, संभावनाओं की प्रचुरता का उत्सव मनाओ। तुच्छ और छोटी-छोटी इच्छाओं में अपना समय और ऊर्जा बर्बाद मत करो।

जब आपकी इच्छा पर्याप्त रूप से बड़ी होती है, तभी वह आपको असंभव से संभव की ओर बहा ले जाने के लिए उपलब्धि की हवाओं को सक्रिय करती है। आपकी इच्छाएँ फलीभूत हो गई हैं, इसकी कल्पना किए बग़ैर आगे मत बढ़ो। आपकी इच्छा ही आपके भाग्य की दिशा निर्धारित करती है।

इच्छाएँ दूसरे लोगों को आपकी हदें तय करने या आपको अनुचित रूप से परिभाषित करने से रोकती हैं। इच्छाएँ आपके विचारों को एक नए स्तर पर ले जाती हैं, आपकी अपनी संभावनाओं से भी कहीं ऊपर। सफलता के लिए ईंधन तभी मिलेगा, जब आप अपने भीतर इच्छा की अग्नि को प्रज्ज्वलित करेंगे।

अरिया इन शब्दों पर मंथन करने लगी। उसने अंकल रेमंड की ओर देखा, जो घोड़ों को बड़ी तेज़ी से हाँक रहे थे। वह यह सुनिश्चित करने के लिए कि कोई उनका पीछा तो नहीं कर रहा, इधर-उधर भी देखते जा रहे थे।

अरिया काफ़ी देर तक चुप रही। एक शब्द भी नहीं कहा, लेकिन अंततः उसने अपनी चुप्पी तोड़ी। ''अंकल, इस नियम और संरक्षक की भूमिका के बारे में मुझे कुछ और बताओ ना!''

अंकल रेमंड ने अरिया पर नज़र डाली। ''अरिया, संरक्षक के तीन नियम नेतृत्व करने के शक्तिशाली औज़ार हैं, बशर्ते इनका इस्तेमाल सही ढंग से किया जाएँ। मिसाल के तौर पर इच्छा को लीजिए। किसी भी सफलता की प्राप्ति के लिए इच्छा एक महत्त्वपूर्ण प्रस्थान बिंदु होता है। जब आप किसी उद्देश्य के लिए समर्पित समूह में इच्छा जगाते हैं, तो वह एक आंदोलन बन जाता है, लेकिन जब आप इच्छा का इस्तेमाल ग़लत तरीक़े से करते हैं, जैसे किसी व्यक्तिगत लाभ के लिए या स्वार्थी महत्त्वाकांक्षा की पूर्ति के लिए, तो तब मामला अलग हो जाता है।''

उन्होंने आ रही जम्हाई को दबाते हुए कहा, ''माफ़ करना। मुझे लगता है, अब भी मेरी थकान कम नहीं हुई है।'' उन्होंने अपनी बात जारी रखी, ''अगर ये औज़ार ऐसे ग़लत हाथों में आ जाते हैं, जिनके इरादे घृणित हैं तो यह ख़तरनाक हो सकता है। सच्चाई को बड़ी आसानी से विकृत किया जा सकता है और तब ऐसे शातिर लोग पैदा होते हैं, जो बेख़बर लोगों का फ़ायदा उठाते हैं।''

अरिया ने अंकल के शब्दों पर ग़ौर किया। वह अलेक्ज़ेंडर और उसके इरादों के बारे में सोचने लगी, तो क्या उलरिक ने उसका इस्तेमाल किया? फिर जब वे अपने गंतव्य के पास पहुँचने लगे, तो अरिया ने अंकल से पूछा कि अब आगे क्या करना है।

''मेरी प्यारी बच्ची, यह तो अब तुम्हें तय करना है। मुझे उम्मीद है कि वे तुम पर संदेह नहीं करेंगे और घर में लगी आग से उनका तलाशी अभियान भी धीमा हो जाएगा, हालाँकि ऐसा भी नहीं है कि वे इस अभियान को हमेशा के लिए रोक देंगे। आगे कैसे बढ़ना है, इस बारे में कोई भी फ़ैसला केवल तुम्हें ही लेना होगा।''

वे दोनों क़स्बे में अंकल के विधि दफ़्तर तक पहुँच गए थे, हालाँकि अतिउत्साह का विपरीत असर अंकल रेमंड पर दिखाई देने लगा था। अंकल ने घोड़ागाड़ी को किनारे पर लगाया। अरिया ने घोड़ों को बाँधने में मदद की। उनकी हाँफती-उखड़ती साँसों से अरिया को याद आ गया था कि महज़ कुछ घंटों पहले तक वह गंभीर रूप से बीमार थे। उन्हें थोड़ी देर बैठकर आराम करने की दरकार थी और अरिया जानती थी कि इसके लिए उसे ही ज़ोर देना होगा। इसी बीच, अंकल ने अपनी जेब से पीतल की एक चाबी निकाल ली। ''यह हम दोनों के लिए थी। नौ शिक्षक इस बारे में जानते हैं और अब तुम्हें भी यह बात पता होनी चाहिए। बीमार पड़ने से पहले ही मैंने योजनाएँ बना ली थीं। मेरे दफ़्तर की तिजोरी में 'संरक्षक का दूसरा नियम' रखा हुआ है। नए सिरे से शुरुआत करने के लिए वहाँ तुम्हें पर्याप्त मात्रा में धन भी मिल जाएगा, लेकिन अब आगे क्या, यह तुम्हें ही तय करना होगा। अरिया, मुझे लगता है कि मैं जल्द ही एक नए सफ़र पर जाने वाला हूँ। तुम्हें यह भी तय करना होगा कि तुम मेरे बग़ैर आगे बढ़ सकती हो या नहीं।''

अब वे विधि दफ़्तर के भीतर थे। अरिया ने उन्हें वहाँ एक सोफ़े पर बैठा दिया। उसका दिमाग़ हर चीज़ को आत्मसात कर रहा था, विकल्पों को तौल रहा था। अंकल रेमंड ने अपनी कनपटी को रगड़ते हुए एक जम्हाई ली और बोले, ''मैं इतना सो चुका हूँ कि अब फिर से थक नहीं सकता।''

अरिया ने अंकल की ओर देखा। सहसा उसने उनकी ख़राब होती हालत, उनकी कमज़ोरी को महसूस किया। वह सबसे भयावह दौर से गुज़री थी और मान लिया था कि किसी चमत्कार ने अंकल को ठीक कर दिया है, लेकिन अब उसे एहसास हो रहा था कि अपने मक़सद को पूरा करने और मिशन के वास्ते उसे तैयार करने के लिए वह तो केवल एक क्षणिक लहर थी।

''अंकल रेमंड, मुझे नहीं पता कि मैं शुरुआत कहाँ से करूँ या क्या कहूँ। आई लव यू अंकल।'' उसके दिमाग़ में कई सवाल उमड़ रहे थे, लेकिन उसने कुछ भी पूछना मुनासिब नहीं समझा।

''मैं बस इतना ही कहूँगा कि मुझे तुम पर पूरा भरोसा है, अरिया'', अंकल ने कहा। ''अब तुम मेरे दफ़्तर की वह छोटी-सी तिजोरी खोलो और तुम्हें जो चाहिए, उसमें से वह ले लो।''

⌘⌘⌘

पाँचवीं ग़लती

डेविड को महसूस हुआ कि उस पर नज़र रखी जा रही है। उसने सड़क पर दूर तक नज़रें उठाकर देखा, मगर कुछ भी तो असामान्य नहीं था। एक जोड़ा हाथों में हाथ डाले आलिंगनबद्ध खड़ा था। वहीं सड़क के उस पार एक बूढ़ा आदमी धूम्रपान कर रहा था। अगला कश खींचते ही डेविड को जलती सिगरेट के सिरे से नारंगी रोशनी की चमक दिखाई दी। और भी कई लोग इधर से उधर आ-जा रहे थे। कुछ लोग दुकानों की विंडोज़ में लगे सामान को निहार रहे थे, तो कुछ अपने रोज़मर्रा के काम-धाम में लगे थे।

डेविड इत्मीनान से चलता रहा, लेकिन जाना कहाँ है, यह उसके दिमाग़ में साफ़ था। वैसे भी वह बग़ैर किसी काम या किसी मक़सद के कभी तफ़रीह नहीं करता था। आज वह किताबों की एक दुकान पर जा रहा था, लेकिन उसके मन से वह खटका दूर नहीं हो पा रहा था कि किसी की तो उस पर निगाह है। क्या वह नाट्य लेखिका हो सकती है, क्योंकि वे दोनों जिस थिएटर में मिले थे, वह यहाँ से कोई बहुत ज़्यादा दूर नहीं था। किनारे पर बाईं तरफ़ मुड़ते हुए उसने सोचा कि चलो, थिएटर के पास से एक चक्कर लगाकर आ जाता हूँ। आख़िर इसके लिए उसे चंद क़दम ही तो और चलने थे। वो शनिवार की सुबह थी, तो थिएटर का बंद होना लाज़िमी था। बेशक, आज की रात इसी जगह पर सैकड़ों लोग थिएटर के भीतर जाने और नाट्य लेखिका के नए नाटक को देखने के लिए क़तारबद्ध नज़र आएँगे।

किनारे की ओर मुड़ते ही उसका यह संदेह और बढ़ गया कि उसे कोई देख रहा है। इसी उधेड़बुन में वह ड्यूटी बजा रहे एक पुलिसकर्मी से टकराते-टकराते बचा। डेविड ने तुरंत माफ़ी माँगी और तेज़ी से दाईं ओर खिसक लिया।

कुछ ही देर में वह किताबों की दुकान के सामने था। राष्ट्र-निर्माण के प्रारंभिक दौर में जब शहर का यह हिस्सा बनाया जा रहा था, उस समय यह इमारत अस्तित्व में आई थी। डेविड ने लकड़ी से निर्मित भारी-भरकम दरवाज़े को खींचा। यह उसी काल का दरवाज़ा था। उस पर लगे क़ब्ज़े तथा नट-बोल्ट भी इसके पुरातन होने की साफ़ गवाही दे रहे थे। दरवाज़े को खींचते ही वह कराह उठा। बाहर की तरफ़ गर्म हवा का एक झोंका-सा निकला। उसे महसूस हुआ कि बाहर निकलती गर्म हवा ने उसे भीतर की ओर धकेल दिया है।

दुकान में प्रवेश करके उसने गहरी साँस ली। उसकी आँखें रोशनी के हिसाब से ढलने लगी थीं। एक गलियारे से फुसफुसाहट की कुछ आवाज़ें आ रही थीं। किताबों की यह दुकान वर्षों से नहीं बदली थी। डिजिटल की दीवानगी से कोसों दूर थी। इसके मालिक को न केवल नई तकनीक से चिढ़ थी, बल्कि उसके स्टोर में दूसरे लोग भी किसी तरह के डिवाइस का इस्तेमाल नहीं कर सकते थे। यह आज भी बीते दौर की याद दिलाती थी। शहर के पुस्तकालय ने तो काफ़ी अरसा पहले ही नई प्रौद्योगिकी को अपना लिया था। वह पारस्परिक वार्तालाप का एक केंद्र था और वहाँ लोग बड़े उत्साह से विचार-विमर्श किया करते, लेकिन यहाँ, इस दुकान के मालिक को तो मानो आधुनिक ज़माने से कोई लेना-देना ही नहीं था, हालाँकि ऐसा भी नहीं था कि यहाँ बिकने वाली तमाम किताबें केवल क्लासिक श्रेणी की ही हों। इस दुकान और अन्य आधुनिक बुकस्टोर्स के बीच जो फ़र्क़ था, उसके चर्चे आए दिन अख़बारों में हुआ करते, लेकिन इस बुकस्टोर के अपने प्रतिबद्ध प्रशंसक थे और उन्हीं की वजह से उसका स्टोर चलता रहा, जबकि कई लोगों ने उसके दिवालिया होने की भविष्यवाणी पहले ही कर दी थी।

नाना प्रकार के लेखक शहर में आते रहते और जब भी आते, अपनी किताबों पर हस्ताक्षर कार्यक्रम के लिए दोनों तरह के बुकस्टोर्स पर ज़रूर जाते। इसकी वजह भी थी। इन बुकस्टोर्स को पसंद करने वाला पाठक वर्ग बिलकुल भिन्न-भिन्न क़िस्म का था। जो एक स्टोर पर जाता, उसकी दूसरे स्टोर के प्रति एक तरह से कुट्टी रहती।

डेविड इस आदिमकालीन क़िस्म के बुकस्टोर और यहाँ की छोटी-छोटी ख़ासियतों का कायल था। अब यहाँ के तापमान को ही ले लीजिए।

यह एक जैसा नहीं था। कहीं अत्यधिक गर्मी का एहसास तो कहीं बहुत ज़्यादा ठंड का, और यह इस बात पर निर्भर करता था कि आप स्टोर के किस हिस्से में हैं। आज जब डेविड स्टोर के ठंडे वाले भाग में पहुँचा, तो उसे मन ही मन इस बात की बड़ी तसल्ली हुई कि वह अपने साथ गुलूबंद ले आया था। वह ऐतिहासिक गल्प खंड था और वहाँ चल रही ठंडी बयार से बचने के लिए उसने उसे गले में लपेट लिया।

अचानक उसे दरवाज़ा खुलने की आवाज़ सुनाई दी। उसने पीछे मुड़कर देखा। चेहरा कुछ परिचित-सा लगा। वह बला की ख़ूबसूरत युवती थी, मगर उसने उसे कहाँ देखा था, कुछ याद नहीं आ रहा था, पर हाँ, कहीं तो देखा था, नहीं तो वह उसे इतनी जानी-पहचानी कैसे लगती? हाथ में बैग थामे वह स्टोर के बाहर निकल रही थी कि अचानक डेविड ने उसे पहचान लिया। यह तो वही युवती थी, जिससे वह पहली बार बग़ीचे में मिला था। यह वही तो थी, जिसकी वजह से उसने अपने इस सफ़र की शुरुआत की थी और जो उस बूढ़े शख़्स से मुलाक़ात का ज़रिया बनी थी। वह एक पल के लिए जड़वत-सा रह गया। वे सब यादें उसके दिलो-दिमाग़ में उमड़ने-घुमड़ने लगीं।

वह तुरंत उसके पीछे भागा, इस उम्मीद में कि आज तो उसे पकड़कर ही दम लेगा। दरवाज़े के बाहर आकर उसने चारों तरफ़ देखा, लेकिन वह कहीं नज़र नहीं आ रही थी। वह कुछ मिनटों तक वहीं खड़ा रहा, इधर से उधर आने-जाने वाले राहगीरों को देखता रहा कि कहीं वह दिखाई पड़ जाए। थोड़ी देर में ही उसने हार मान ली और वह वापस स्टोर के भीतर आ गया। उस युवती को फिर से देखकर उसका दिल बल्लियों उछल पड़ा था और तेज़ी से धड़कने लगा था। इसका एहसास होते ही दिल को क़ाबू में करने के लिए उसने एक गहरी श्वास ली।

ख़ुद को शांत करते हुए डेविड वापस किताबों के गलियारों में लौट आया। उसे किताबों के शीर्षकों का अवलोकन करना पसंद था। किताबों के कवर, उनके रंग, उन पर छपी तसवीरें, उनकी डिज़ाइन, इन सबका अध्ययन करने में भी उसे आनंद आता था। उसने कई किताबें तो केवल कवर देखकर ही ख़रीदी थीं और उसे बहुत कम मौक़ों पर निराश होना पड़ा था।

एक किताब ने उसका ध्यान खींचा। वह ख़राब बॉस, लोगों और उनसे बचने के उपायों के बारे में थी। उसने उसके पन्ने पलटे और सोचने लगा कि यह तो उसे पहले ही पढ़ लेनी चाहिए थी। यह सोचते ही उसके चेहरे पर एक हल्की-सी मुस्कान तैर गई। सौभाग्य से उसके बॉस की चेतावनियाँ अब इतिहास बन चुकी थीं। बहानेबाज़ी या दूसरों पर दोषारोपण करना भी अतीत की बातें थीं। अपने संस्थान में अब उसकी गिनती तेज़ी से उभरती प्रतिभाओं में होने लगी थी। डेविड को यहाँ तक संकेत मिलने लगे थे कि वह भविष्य में अपने मैनेजर की जगह ले सकता है। उसने इसकी तो उम्मीद भी नहीं की थी। हाँ, उससे इतना ज़रूर कहा गया था कि यह सब इतनी जल्द भी नहीं होने वाला, इसमें वक़्त लगेगा, फिर भी यह उसके लिए सकारात्मक संकेत तो था ही, लेकिन उसे अपने भीतर जिस नई ताक़त का एहसास हो रहा था, क्या उसकी वजह यह थी कि संभावित पदोन्नति के बावजूद वह अंतत: कंपनी को अलविदा कहना चाहता था। वह अब समझने लगा था कि उसके लक्ष्यों और उसकी सफलताओं का संबंध किसी कॉर्पोरेट शक्ति या धन-दौलत से क़तई नहीं था।

गलियारे में टहलते हुए उसकी आँखें लगातार किताबों के शीर्षकों का अवलोकन करती रहीं। बुकस्टोर के पिछले हिस्से में कुछ सीढ़ियाँ चढ़कर वह थोड़ा ऊपर चला गया। इमारत काफ़ी पुरानी थी और इसलिए इन सीढ़ियों पर चढ़ना थोड़ा मुश्किल था। चूँकि वह पहले भी यहाँ आ चुका था, इसलिए कमरे से होते हुए वहाँ पहुँच गया, जहाँ ठोस लोहे की एक घुमावदार सीढ़ी बनी हुई थी। जब वह ऊपर की ओर चढ़ने लगा, तो उसकी नज़र सीढ़ी के प्रत्येक पायदान पर बनी फूलों की आकृतियों पर पड़ी। वह उन्हें गिनता गया। सोलह पायदान चढ़ने के बाद वह ऐसे कमरे में पहुँचा, जहाँ किताबें ही किताबें भरी हुई थीं। उसकी नज़र में वे सब 'प्राचीन' किताबें थीं।

कमरे में अगला क़दम रखते ही वह छींक पड़ा। धूल की इतनी मोटी परत! ऐसा लग रहा था, मानो कमरे को प्राचीनता का आवरण ओढ़ाने के लिए स्टोर मालिक ख़ुद ही यहाँ धूल बिछाते रहता हो। उसने अपनी हथेली से बाईं आँख को मसला, क्योंकि उसकी एलर्जी धूल के इस आकस्मिक हमले के प्रतिरोध में उतर आई थी। अचानक उसने ग़ौर किया कि उस

छोटे-से कमरे के दूसरी तरफ़ अधेड़ उम्र की एक महिला उसकी ओर देखकर मुस्करा रही है। वह उससे कभी मिला नहीं था, मगर तुरंत समझ गया कि आख़िर ये मोहतरमा कौन है। वह उसके पति से यानी बुकस्टोर के मालिक से तो मिल चुका था, लेकिन वे मुलाक़ात अमूमन सप्ताहांत की रातों में हुई थीं, जब वह दफ़्तर का काम पूरा करने के बाद यहाँ आया था। यह कहने को तो 'दुकान' थी, लेकिन वास्तव में यह एक तरह से उसका 'बेबी' था, जो उसे अपनी माँ से विरासत में मिला था।

''गॉड ब्लेस यू'', छींक पर महिला ने कहा। ''उम्मीद है, तुम्हें किताबों से कोई एलर्जी नहीं है! और अगर है, तो फिर तुम ग़लत जगह आ गए हो।''

उस महिला ने यह बात इस अंदाज़ में कही, मानो उसे पता ही न हो कि इस कमरे में कितनी धूल भरी पड़ी है और जो पुरानी किताबों की बदबू व फफूँद के साथ घुल-मिल गई है। मज़े की बात यह थी कि उसके हाथ में एक कपड़ा भी था, जिससे वह किसी किताब की धूल झाड़-पोंछ रही थीं। डेविड ने तुरंत सोचा कि उसकी छींक की वजह वह धूल ही है, जो इस झटका-पटकी से हवा में उड़कर सीधे उसकी नाक तक पहुँच गई।

हालाँकि डेविड ने इसको लेकर कहा कुछ नहीं और महिला की ओर देखकर मुस्करा दिया, फिर हल्के कटाक्ष के साथ कहा, ''थैंक यू, पता नहीं नाक में ऐसा क्या चला गया था।''

''मैं तुम्हारी क्या मदद कर सकती हूँ?'', उसकी टिप्पणी को नज़रअंदाज़ करते हुए, बल्कि शायद उसे सुने बग़ैर उसने पूछा।

''मैं बस जरा यूँ ही कुछ उलट-पलट रहा हूँ,'' वह एक सहज भाव से यह कहने ही वाला था, लेकिन अकस्मात उसके मुँह से निकला, ''पता नहीं मुझे क्या चाहिए, पर मैं कुछ नया ढूँढ रहा हूँ।''

वह हँस पड़ी और इस तरह से भाव-भंगिमाएँ बनाते हुए, बाँहों को फैलाते हुए कि मानो फ़िल्म जगत (ब्रॉडव*) में पदार्पण करने वाली कोई नई-नवेली अभिनेत्री हो, उसने कहा, ''नया? वह भी यहाँ? उम्मीद तो नहीं है!''

अपनी ही बात के बेतुकेपन पर डेविड भी हँस पड़ा। फिर बोला, ''मतलब, जो मेरे लिए नया हो। हाल के दिनों में मैंने कई थ्रिलर्स पढ़े हैं और अब मैं कुछ और पढ़ना चाहता हूँ।''

''बहुत दिलचस्प! लोग आमतौर पर यहाँ नहीं आते हैं, कम से कम इस वजह से तो बिलकुल भी नहीं। ज़्यादातर लोग किसी ख़ास किताब के मक़सद से आते हैं, या वे लोग आते हैं, जो किसी यूनिवर्सिटी के रिसर्च प्रोजेक्ट से जुड़े होते हैं। सामान्य पाठक यहाँ अमूमन देखने को नहीं मिलते हैं।''

अपने कहे की मूर्खता का एहसास होते ही डेविड के गाल गर्म हो गए। उनका रंग भी लाल हो गया।

''आप सही फ़रमा रही हैं। मैं वापस चला जाता हूँ।''

''अरे नहीं!'' वह इतनी ज़ोर से बोली कि अपनी आवाज़ के ऊँचे स्वर से चौंककर उसने ख़ुद मुँह पर हथेलियाँ रख लीं। ''मेरा मतलब है कि यह तो अच्छी बात है। तुम एक काम करो, उम्म्म्म..., वहाँ पीछे की ओर कोने में एक छोटी-सी टेबल और कुर्सी लगी है। तुम वहाँ बैठकर कुछ नया तलाशने की कोशिश क्यों नहीं करते? मुझे कुछ दूसरे ग्राहकों से मिलना है। मैं जल्दी ही वापस आती हूँ।''

इतना कहकर वह सीढ़ियों से होते हुए वहाँ से चली गई।

डेविड ने कमरे में चारों तरफ़ देखा। वह किताबों और उनके शीर्षकों पर नज़र डालने लगा, हालाँकि किताबों को धूल से बचाने के लिए उन पर कोई डस्ट जैकेट नहीं थीं, लेकिन उन्हें बेहद ख़ूबसूरती से बाइंड करके रखा गया था। उसने एक किताब उठाकर उसकी धूल को झाड़ा। उसकी बाइंडिंग देखी। सुनहरे रंग से दमक रही थी। उसके पन्ने आजकल के काग़ज़ों के बनिस्बत ज़्यादा भारी महसूस हो रहे थे। कुछ पैराग्राफ़ पढ़ने के बाद उसने उसे वापस रख दिया और फिर दूसरी किताबों को उलट-पलटकर देखने लगा।

तभी उसका ध्यान उस किताब की ओर गया, जिसे कुछ देर पहले स्टोर की मालकिन एक कपड़े से साफ़ कर रही थी। उसे अनदेखा करना मुश्किल था, क्योंकि केवल वही ऐसी किताब थी, जिस पर धूल-मिट्टी का एक कतरा भी नहीं था। उसने उसे उठा लिया और उसके पन्ने पलटने लगा। तभी उसमें से काग़ज़ का एक पुर्ज़ा फ़र्श पर गिर पड़ा। वह कुछ पीलापन लिए हुए था। जिस तरह से वह ज़मीन पर पड़ा सुस्ता रहा था, उससे उसे तुरंत उन पन्नों की याद आ गई, जो उसने उस बग़ीचे में बिखरे पड़े देखे

थे। उस युवती को याद करते ही वह मुस्करा दिया और सोचने लगा कि उसके साथ फिर से मुलाक़ात करने के वह कितना क़रीब था। उसने मन ही मन उसके साथ गुफ़्तगू करने का अभ्यास किया, जिसका समापन वाक्य था कि क्या आज आप डिनर के लिए फ्री हैं? विचारों की उधेड़-बुन से बाहर निकलने के लिए उसने अपने सिर को झटका और फ़र्श पर पड़े उस पन्ने को उठाने के लिए नीचे झुक गया।

उसने उसे उठाकर उसकी लिखावट पर ग़ौर किया। वह हाथ से लिखा हुआ था और अक्षरों में एक तरह का प्रवाह था, हालाँकि उसमें लिखे शब्द उसे कुछ समझ में नहीं आए। वह कोने में रखी छोटी-सी टेबल की ओर आया और लैम्प की चेन खींच ली। हरे रंग के काँच का लैम्प चमक उठा।

उसी समय उसे सीढ़ियों पर क़दमों की आवाज़ सुनाई दी। एक पल के लिए उसने उस पन्ने को अपनी जेब में रखने का सोचा, मगर फिर ऐसा करना मुनासिब नहीं लगा। वह महिला अपने कहे अनुसार जल्दी ही लौट आई थी।

''तुम वहाँ क्या कर रहे हो?'', कमरे में घुसते ही उसने पूछा। उसके चेहरे पर जिज्ञासा का भाव था।

''उस किताब से यह गिर गया था'', डेविड ने किताब की ओर इशारा करते हुए कहा, जो उसने अलमारी में ही वापस रख दी थी।

महिला की आँखें चौड़ी हो गईं। ''क्या लिखा है उसमें?''

''दरअसल, मुझे भी नहीं मालूम। मैं रोशनी में पढ़ने के लिए ही यहाँ आया हूँ।''

वह भी उसके क़रीब आ गई।

वे दोनों उस पन्ने को देखने लगे, और डेविड ने शुरुआती शब्द पढ़े, ''इसे दुश्मनों के हाथों में मत पड़ने देना। मगर यह कहीं अधिक''

डेविड रुक गया। उसकी आँखें सिकुड़ गईं। ''आगे क्या लिखा है, मैं समझ नहीं पा रहा हूँ।''

उस बुकसेलर ने वह काग़ज़ अपने हाथों में ले लिया। उसने रोशनी में उसे आगे-पीछे किया, इस उम्मीद में कि किसी और कोण से उसे कुछ लिखा हुआ समझ में आ जाए। ''यह सब कुछ विश्वास, सामर्थ्य, उद्देश्य

पर आश्रित है। चाहे जो कुछ भी हो जाए, इस किताब के संदेश को फैलाते रहना है। और इसे दुश्मनों के हाथों में जाने से बचाना है। हमारा अस्तित्व ही इस बात पर निर्भर करता है कि''

वह आगे कुछ और पढ़ने के लिए जद्दोजहद करने लगी।

''इस पर दस्तख़त भी है। मुझे शुरू में 'ए' अक्षर लिखा हुआ समझ में आ रहा है। और लगता है कि इसका अंत भी 'ए' से ही हो रहा है'', डेविड ने कहा। उसकी आँखें गूढ़ लिखावट में छिपे रहस्यों को तलाशने की कोशिश कर रही थीं।

''उस युवती की इसमें ज़रूर दिलचस्पी होगी, जो कुछ देर पहले यहाँ थी। हम दोनों इसी किताब को देख रहे थे। इसे मैंने एक जागीर की प्राचीन वस्तुओं की सेल से ख़रीदा था। पता चला कि वह जागीर उस युवती के ग्रैंड पा की थी और वह इसी किताब को ढूँढने यहाँ तक आई थी।''

''तो आपका मतलब है, वह अभी यहीं थी? कौन है वह?'' डेविड के चेहरे पर आश्चर्य का भाव था, तो एक उम्मीद भी कि बग़ीचे वाली वही युवती, जिसे उसने यहाँ से जाते हुए देखा था, अब उसकी पहुँच के भीतर ही थी।

''इससे ज़्यादा और कुछ नहीं मालूम। उसने कुछ नहीं बताया।''

यह सुनते ही निराशा में डेविड का चेहरा उतर गया। उसकी हताशा को भाँपते हुए बुकस्टोर की मालकिन ने कहा, ''लेकिन मैं जानती हूँ कि वह वापस ज़रूर आएगी। उसने इतना तो कहा था।''

यह कहते-कहते बुकसेलर ने आँखें मटकाईं और डेविड के गालों पर लालिमा फिर लौट आई।

''मैं यह (किताब) उसके लिए सुरक्षित रख देती हूँ। हो सकता है इसका नाता कहीं न कहीं उसके परिवार से भी हो।''

बुकसेलर टेबल के पास रखी कुर्सी पर बैठ गई और उसने डेविड को भी अपने सामने वाली कुर्सी पर बैठने का इशारा किया। डेविड ने एक गहरी साँस ली, ताकि उसके दिल की धड़कनें अब थोड़ी धीमी हो जाएँ।

महिला ने पन्ने पर लिखे कुछ और शब्दों को पढ़ने की दोबारा से कोशिश की। फिर बोलीं, ''अगर हम मैग्नीफाइंग ग्लास से देखें, तो शायद

कुछ समझ में आ आए। मगर मैं बाद में कोशिश करूँगी। चलो, हम पीछे से शुरुआत करते हैं। जब तुम मुझसे पहली बार मिले तो तुमने कहा कि तुम पढ़ने के लिए कुछ नए की तलाश कर रहे हो। यह अच्छी बात है।'' उसने आगे कहा, ''हम अक्सर बँधी-बँधाई चीज़ों में रहते हैं। यह हमारे लिए सुविधाजनक और सहज होता है, लेकिन सहज स्थितियों में रहने से हमारे दायरे भी सीमित होकर रह जाते हैं। मैंने ग़ौर किया है कि विजेता सदैव असहज स्थितियों की तलाश में रहते हैं। लीडर्स उपलब्धि के नए स्तरों तक पहुँचने के लिए स्वयं को लगातार सहज स्थितियों से परे धकेलते हैं।''

महिला ने यह बात इतने अजीब लहजे में कही कि डेविड उत्सुकता में उसकी ओर देखने लगा। उसने रोशनी में उसे ध्यान से देखा और ग़ौर किया कि वह अपने बाज़ू में रखी एक किताब की ओर हाथ बढ़ा रही है। किताब उस कक्ष में रखी ज़्यादातर अन्य किताबों सरीखी ही नज़र आ रही थी। उसने उसे खोला और सीधे दो टूक कहा, ''पाँचवीं ग़लती अपने कम्फ़र्ट ज़ोन या आरामदायक खोल के भीतर रहना है।'' डेविड की तरफ़ देखते हुए एक कुटिल मुस्कान उसके होंठों पर उतर आई थी।

इस तरह का ज्ञान मिलने वाला है, इसका अंदाज़ा डेविड को पहले ही लग जाना चाहिए था। इसके स्पष्ट संकेत भी थे, लेकिन वह तो बग़ीचे वाली उस लड़की और चिट्ठी में ही इतना ग़ाफ़िल हो गया था कि इतने साफ़ सुराग़ों को भी देखने से चूक गया।

''हमारी लड़ाई उस प्रवृत्ति के ख़िलाफ़ है, जो हमें औसत बनाए रखना चाहती है। स्वयं को सुविधाओं के दायरे के भीतर रखने का नतीजा ही होता है हमारा औसत बने रहना। सभी तरह की प्रगति और उन्नति के लिए असुविधाजनक और असहज परिस्थितियाँ ज़रूरी हैं।''

डेविड का सिर चकरा रहा था। वह बुकसेलर को सुनने की कोशिश कर रहा था। अपने अब तक के सफ़र में वह अच्छा श्रोता बन चुका था, लेकिन फ़िलहाल तो सुनना ही उसके लिए बड़ी चुनौती लग रहा था। वह उस युवती, उस किताब और इस संदेह कि कोई उस पर नज़र रख रहा है, आदि के बारे में सोचना बंद नहीं कर पा रहा था। डेविड बुकसेलर की बातों पर ध्यान देना चाहता था, जिसने उसके मन के भटकाव के बावजूद अपनी बात कहना जारी रखा था।

''इस स्टोर में कई सफल लेखक बोल चुके हैं। उनमें से अनेक लेखकों के मुँह से जो एक बात हमेशा सुनने को मिली, वह थी किसी काम में जोखिम होने और विफलता के बावजूद सतत आगे बढ़ने की इच्छा रखना। कोई भी सार्थक चीज़ कभी आसान और सुविधाजनक नहीं होती। एक विख्यात पत्रकार ने यहाँ अपनी आत्मकथा को लेकर चर्चा की थी। उन्होंने बताया था कि कैसे वह दुनियाभर में रिपोर्टिंग करने के लिए ख़तरनाक स्थलों पर जाते रहे। उन्होंने असहज हालात के साथ सहज होने की बात कही। उन्होंने कहा कि घर पर अपनी पसंदीदा कुर्सी पर बैठना उन्हें सबसे अच्छा लग सकता है, लेकिन वहाँ से कोई बहुत शानदार चीज़ सामने नहीं आ पाएगी। उन्होंने और भी जो कुछ कहा, वह मैं कभी नहीं भूलूँगी''

बुकसेलर ने डेविड की ओर देखा और मुस्कराकर बोली, ''आओ, ज़रा टहलकर आते हैं। तुम्हें कुछ ताज़ा हवा की ज़रूरत है।'' और फिर वे सीढ़ियों से नीचे उतरते हुए बुकस्टोर से बाहर की ओर चल पड़े। एक मिनट बाद ही वे दोनों खुली हवा में थे। बयार के हल्के झोंकों से डेविड को अच्छा महसूस हुआ और इससे उसे अपने विचारों की तंद्रा से बाहर निकलने में मदद मिली।

''अगर मेरा ध्यान कहीं भटक गया था, तो मैं माफ़ी चाहूँगा,'' डेविड ने उसकी ओर देखते हुए इस अपेक्षा से कहा कि वह शायद उसकी स्थिति को समझेगी।

''कोई बात नहीं। इस बीच बहुत कुछ हो गया, लेकिन मैं चाहती हूँ कि तुम अब इस बात पर ध्यान दो। कई लोग इस जाल में फँस जाते हैं।''

''आप किसी लेखक या पत्रकार के बारे में कुछ कह रही थीं?'' डेविड ने इस उम्मीद में उससे पूछा कि वह इस बात से बुकसेलर को प्रभावित कर लेगा कि उसे कम से कम यह तो याद है कि वे लोग किस विषय में बातचीत कर रहे हैं।

''हाँ जी,'' बुकसेलर ने कहा। ''उनका (पत्रकार) कहना था कि आपको नई चीज़ें आज़माने के लिए हमेशा तैयार रहना चाहिए। यह सुनकर अजीब लग सकता है, लेकिन जैसे-जैसे हम उम्र-दराज़ होते हैं, ख़ुद को अच्छा दिखाए जाने की अपेक्षा बढ़ जाती है। हम चाहने लगते हैं कि लोग हमें आत्मविश्वास से भरा-पूरा मानें। मगर सफल लोग ऐसे नहीं होते। इस

बारे में खुलकर बताते हैं कि वे क्या नहीं जानते हैं। वे ख़ुद को हमेशा उस स्थिति में डालने के लिए तैयार रहते हैं, जिसमें वे स्वीकार करते हैं कि अभी उन्हें बहुत कुछ सीखना बाक़ी है। और इससे आप केवल नई चीज़ें ही नहीं सीखते, बल्कि अपना शानदार भविष्य भी गढ़ते हैं।''

उसने डेविड की ओर देखा, जो अब ध्यान से सारी बातें सुन रहा था। ताज़ी हवा ने भी असर डाला था। बुकसेलर ने बात जारी रखी। ''हमारे विचार हमें समर्थ भी बना सकते हैं, तो गुलाम भी। जब हम कुछ नया आज़माते हैं, तब वे हमें ताक़त देते हैं, लेकिन जब हम ख़ुद को सुविधाओं के दायरे में ही रहने के लिए राज़ी कर लेते हैं, तो हम उनके गुलाम बन जाते हैं।''

बुकसेलर उसकी आँखों में देखते हुए बोली, ''डेविड, अब तुम थक गए हो। अभी यहीं ख़त्म करते हैं। हम फिर जल्दी ही मिलेंगे।'' इतना कहकर महिला ने उसके हाथों में काग़ज़ का एक पुर्ज़ा थमा दिया और मुड़कर उसी दिशा में चली गई, जहाँ से वे आए थे। डेविड वहीं खड़ा था, हल्के हाथों से उसे अलविदा कहते हुए और पाँचवीं ग़लती के सबक़ को आत्मसात करने की कोशिश करते हुए, जबकि ढेरों सवाल उसके दिलो-दिमाग़ में मँडराने लगे थे। काग़ज़ में क्या लिखा है, यह देखे बग़ैर ही उसने उसे अपनी जेब में डाल लिया और घर की ओर चल पड़ा। अब वह और भी धीमे चल रहा था, गोया कि दुनियाभर का बोझा उसी ने उठा रखा हो।

(*ब्रॉडवे : यह न्यू यॉर्क सिटी की वह विख्यात स्ट्रीट है, जो थिएटर्स और थिएटर कलाकारों के परफ़ॉर्मेंस के लिए जानी जाती है।)

ग़लती #5:

सुविधाओं के दायरे में रहना

विजेता असहज स्थितियों की तलाश में रहते हैं।

लीडर्स उपलब्धि के नए स्तरों तक पहुँचने के लिए स्वयं को लगातार सहज स्थितियों से परे धकेलते हैं।

ख़ुद को सुविधाओं के दायरे के भीतर रखने का नतीजा ही होता है, हमारा औसत बने रहना।

सफलता के सफ़र पर आगे बढ़ने के लिए जोखिम उठाना और विफल होना दोनों ज़रूरी है।

असुविधाजनक स्थितियों में ही प्रगति और उन्नति होती है।

असहज चीज़ों को लगातार और सोद्देश्य करते रहने का परिणाम है सफलता।

हमारे विचार हमें समर्थ बना सकते हैं तो गुलाम भी।

छठी ग़लती

सर्दी अपने चरम पर थी। अब डेविड के लिए बग़ीचे से गुज़रते हुए पैदल दफ़्तर जाना मुश्किल भरा हो गया था। इन दिनों वह सुबह काफ़ी जल्दी उठ जाता। सबसे पहले वह जिम जाता और फिर अपने लक्ष्यों पर ध्यान केंद्रित करता। वह ऊर्जा और उत्साह से लबरेज़ था। ज़िंदगी सही दिशा में जा रही थी। वर्कआउट करने के बाद वह अपने नए समूह 'सक्सेस मास्टरमाइंड ग्रुप' के साथ नाश्ता कर रहा था।

यह ऐसे समान विचारधारा वाले, स्व-प्रेरित तथा महत्त्वाकांक्षी बिज़नेस लीडर्स का समूह था, जो नेटवर्किंग बढ़ाने और सीखी हुईं बातों को एक-दूसरे के साथ साझा करने के इच्छुक थे। ग़लती नंबर चार और सकारात्मक लोगों को साथ लाने की ज़रूरत के बारे में जानने के बाद ही डेविड ने एक समूह बनाने का निश्चय किया था। ऐसा उसने इससे पहले कभी नहीं किया था। डेविड को याद है कि उसने एक निमंत्रण-पत्र बनाकर उसे केवल चार लोगों को भेजा था, हालाँकि वह उनसे अच्छी तरह से परिचित नहीं था, लेकिन इतना ज़रूर जानता था कि वे लोग स्व-प्रेरित, सकारात्मक और मिलनसार हैं। उसने एक-दूसरे के साथ अपने विचार और चुनौतियाँ साझा करने के मक़सद से एक समूह बनाने के अपने दृष्टिकोण के बारे में कुछ लोगों को बताया था। वे शायद दर्जन भर से ज़्यादा लोग नहीं होंगे। उनमें से दो लोग तो तुरंत राज़ी हो गए और उन्होंने पहले ही हफ़्ते मुलाक़ात कर ली। उनका पहला काम यह तय करना था कि किन गुणों वाले लोगों को इस समूह में शामिल किया जा सकता है। कुछ ही महीनों में यह समूह विस्तारित होकर एक लय प्राप्त कर चुका था। डेविड जब पीछे

मुड़कर देखता, तो उसे एहसास होता कि उसके छोटे-छोटे काम भी उसे नई और अधिक सकारात्मक दिशा में ले जा रहे थे। अब वह नियमित रूप से इसकी साप्ताहिक बैठकों में शामिल होता। वह इसके बग़ैर अपने हफ़्ते की शुरुआत करने के बारे में सोच भी नहीं सकता था।

हर हफ़्ते इनमें से कोई एक शख़्स चर्चा की शुरुआत करता। उस बंदे ने बीते सप्ताह जो कुछ भी सकारात्मक बात पढ़ी या सीखी, अमूमन उसी को लेकर समूह के लोग आपस में चर्चा करते और इस पर भी मनन किया जाता कि वह बात किस-किस चीज़ पर लागू हो सकती है। किसी समस्या विशेष पर विमर्श करने के दौरान डेविड को सबसे ज़्यादा आनंद मिलता। कोई एक या दो सदस्य चुनौती या समस्या के बारे में बताते, अथवा किसी जटिल मुद्दे पर आगे बढ़ने की सलाह देते, जिस पर संभवत: सबसे ज़ोरदार बहस होती। अलग-अलग दृष्टिकोणों और संभावनाओं के बारे में सुनना ज्ञानवर्द्धक होता। डेविड समूह चर्चाओं के दौरान टकराव से बचने की हरसंभव कोशिश करता, लेकिन अगर किसी मसले पर इसकी नौबत आ ही जाए, तो उससे पीछे भी नहीं हटता। यह सब संभव हो सका इसी समूह की वजह से, जिसने उसे सुविधाओं के दायरों से बाहर निकालकर ऐसे काम करने और अपनी बात कहने को प्रेरित किया, जिसकी कुछ माह पहले तक उसने कल्पना तक नहीं की थी।

उसे रोज़ाना किन सहयोगियों के साथ काम करना है, किन दोस्तों के साथ समय बिताना है, उनका चयन अब वह संजीदगी से करने लगा था। ग़लतियों का एहसास होने के पहले तक तो वह उससे मिलने वाले किसी भी शख़्स को दोस्त बना लेता था। दोस्त कैसा होना चाहिए, इसको लेकर उसे कभी ख़याल तक नहीं आया, लेकिन अब वह अपने दोस्तों का चयन उसी तरह से करने लगा था, जैसे एक विजेता टीम का कोच अपने खिलाड़ियों को चुनता है। चूँकि रिश्तेदार तो बदले नहीं जा सकते, इसलिए उनके साथ वह बेहद सहज तरीक़े से बात करता और जब लगता कि किसी मसले पर उसकी ऊर्जा जबरन ज़ाया हो रही है, तो वह उससे ख़ुद पीछे हट जाता। डेविड को इस बात का इल्म नहीं था कि उसके अन्य साथियों का भी ग़लती नंबर चार और ग़लती नंबर पाँच से कभी कोई वास्ता पड़ा या नहीं, लेकिन स्वयं को लेकर वह आश्वस्त था कि इनसे मिले दोनों

सबक़ से उसका कितना भला हुआ है। उसके सकारात्मक दोस्त उन चीज़ों को करने में उसकी मदद कर रहे थे, जो उनके समर्थन के बिना संभव नहीं था।

रेस्तराँ में नाश्ता करने के बाद डेविड अपने काम पर चला गया। किसी तरह दिन बिताने के बजाय डेविड का फ़ोकस अब इस बात पर रहता कि वह पूरे दिनभर में नया क्या सीख सकता है। वह जिससे भी मिलता, वह डेविड के लिए ज्ञान और जानकारियों का संभावित स्रोत होता। अपनी ग़लतियों को साझा करने के इच्छुक कई लोगों से मिलने के बाद उसे यह एहसास हो चला था कि हर व्यक्ति के पास कुछ न कुछ ऐसा ज़रूर होता है, जिससे वह सीख सकता है। यहाँ तक कि कई बार आपको यह भी पता चलता है कि ज़िंदगी में क्या चीज़ नहीं करनी है।

यह थोड़ा अजीब ज़रूर था, मगर इस बात का फ़ैसला करने के बाद कि वह अपनी नौकरी छोड़ देगा, उसने पाया कि हालात बदलने लगे थे। हमेशा चिंतित रहने के बजाय वह ख़ुद का व्यवसाय शुरू करने की तैयारियों पर ध्यान केंद्रित करने लगा था। उसका भय दूर हो चुका था और इससे अब वह सकारात्मकता पर फ़ोकस कर पा रहा था। वह भविष्य के लिए अपनी नेटवर्किंग को मज़बूत बना रहा था और वह सब कुछ सीख रहा था, जो सीख सकता था। साथ ही उन अन्य संस्थानों में भी काम करने की संभावनाओं के बारे में विचार करने लगा था, जहाँ वह अपने उद्यमी लक्ष्य की दिशा में आगे बढ़ सके, हालाँकि उसके लिए कौन-सी राह बेहतर रहेगी, यह अब भी बहुत स्पष्ट नहीं था।

उसकी कंपनी से उसे हाल ही में सबसे बेहतर मार्केटिंग एजेंसी का चयन करने का दायित्व मिला था। दरअसल, डेविड के नियोक्ता एक नया उत्पाद लॉन्च करने जा रहे थे और इसे किस तरह से पेश किया जाना है, किसी मार्केटिंग एजेंसी के साथ मिलकर इस पर उसे काम करने को कहा गया था। इससे वह बेहद उत्साहित और रोमांचित था।

अलग-अलग एजेंसियाँ अपनी-अपनी सेवाओं के बारे में बता रही थीं और उन्हें सुनना बेहद दिलचस्प था। वह विस्तृत नोट्स लेता गया। हर एजेंसी के पास कुछ न कुछ बेहतरीन ऑफ़रिंग थी और इसलिए उनमें से किसी एक का चयन बहुत ही मुश्किल लग रहा था।

मगर फिर एक फ़र्म ने कुछ ऐसा किया कि उसका ध्यान उसी पर अटक गया। वह फ़र्म अपने साथ किसी ऐसे शख़्स को लेकर आई थी, जिसने हाल ही में उसकी सेवाएँ ली थीं। फ़र्म डेविड को कोई अच्छा विज्ञापन दिखाने या संदर्भ सूची पेश करने के बजाय अपने किसी संतुष्ट ग्राहक से सीधे मिलवाना चाहती थी।

डेविड इस पूरे आइडिया से प्रभावित तो था ही, साथ ही उस ग्राहक से मिलने को लेकर उसमें एक जिज्ञासा भी थी। वह उद्यमी भीतर आया। वह बेहद शांत और आत्मविश्वास से भरा हुआ था। उसके चेहरे पर एक बड़ी-सी मुस्कान भी थी। मार्केटिंग फ़र्म ने जिस तरह से उसके व्यवसाय और उसके दृष्टिकोण को पेश किया था, उससे वह काफ़ी संतुष्ट था। उसने डेविड को बिक्री के आँकड़े दिखाए, जो लाखों में थे, फिर उसने बड़ी विनम्रता के साथ अपने कुछ पुराने उद्यमों के आँकड़े साझा किए।

''मेरे कई उत्पाद फेल हो गए थे और मैं दिवालिया होने के कगार पर पहुँच गया था'', उसने अपने हाथों की दो अंगुलियों को भींचते हुए कहा।

''मैं ख़ुद यहाँ इसलिए आया हूँ, क्योंकि मैं उन लोगों का ऋणी हूँ। हम दृष्टिकोण को लेकर असहमत थे। हम पोजिशनिंग को लेकर असहमत थे। हम भाषा को लेकर असहमत थे।'' इतना कहते-कहते उद्यमी के चेहरे के दाएँ हिस्से ने आने वाली हँसी के संकेत दे दिए थे। ''जैसा हम करते आ रहे थे, अगर उसी तरह से करते रहते तो हज़ारों तो क्या, आज हम शायद दो यूनिट भी नहीं बेच पाते।'' और इतना कहते ही वह खिलखिलाकर हँस पड़ा।

इस बीच, मार्केटिंग फ़र्म का मालिक इतनी ज़्यादा प्रशंसा से अब असहज हो चला था। उसने इसका श्रेय उद्यमी और उसके उत्पाद को देते हुए कहा, ''बहुत धन्यवाद, मगर इस सफलता में सबसे ज़्यादा योगदान तो आपका ही है। फिर भी, मुझे इस बात से बहुत ख़ुशी है कि हमने जो कुछ किया, वह आपके लिए संतुष्टिदायक रहा। इस कहानी को साझा करने के लिए आपका बहुत आभार।''

उद्यमी ने अपना बिज़नेस कार्ड कॉन्फ्रेंस रूम की टेबल पर रख दिया और यह कहते हुए वहाँ से विदा ली कि उसे एक और मीटिंग में भाग लेने के लिए कहीं जाना है।

बैठक ख़त्म हो गई थी, लेकिन डेविड उस उद्यमी की कहानी के बारे में ही सोचता रहा। इसमें अब भी ऐसा बहुत कुछ था, जो उसकी समझ से परे था।

इसी सप्ताह बाद में डेविड ने बिज़नेस कार्ड पर दिए गए नंबर पर फ़ोन करके उस उद्यमी के लिए एक संदेश छोड़ दिया। वह आमतौर पर ऐसा करता नहीं था और उसे इस बात का भी पक्का यक़ीन था कि अपने काम में व्यस्त वह उद्यमी ख़ुद आगे बढ़कर तो उसे फ़ोन करेगा नहीं। इसलिए उसके बारे में और कुछ जानने का उसे अवसर मिल सकेगा, इसको लेकर संदेह था।

लेकिन दो घंटे बाद ही वह उद्यमी फ़ोन लाइन पर था। और इतना ही नहीं, वह डेविड के साथ लंच करने के लिए भी राज़ी हो गया था। उसने कहा, ''मुझे ख़ुशी हुई कि आपने मुझे फ़ोन किया, क्योंकि अगर आप मुझसे संपर्क नहीं करते, तो मैं ख़ुद आपको कॉल करता।''

कॉल ख़त्म होने के बाद डेविड को उद्यमी की अंतिम टिप्पणी से बड़ा ताज्जुब हो रहा था।

सोमवार को डेविड लंच के लिए रेस्तराँ जल्दी ही पहुँच गया, लेकिन उद्यमी तो उससे पहले ही वहाँ मौजूद था और दूर छोर पर बैठकर आइस्ड टी की चुस्कियों के बीच कुछ लिख रहा था। डाइनिंग कक्ष को पार कर डेविड उसके पास पहुँचा और अपना हाथ आगे बढ़ा दिया।

''मुझसे दोबारा मिलने के लिए धन्यवाद'', डेविड ने बातचीत की शुरुआत की। ''मैं आपकी कहानी से बड़ा प्रभावित था, केवल सफलताओं से ही नहीं, बल्कि विफलताओं से भी। आपने उन सबके बारे में जिस तरीक़े से बात की, वह बिलकुल अलग था।''

उद्यमी ने हल्के से सिर हिलाया। इस बीच, वेटर मेनू लेकर आ गया। उसने उन दोनों का स्वागत करते हुए आज के ख़ास व्यंजनों के बारे में जानकारी दी। भोजन का ऑर्डर देने के बाद दोनों बातचीत में फिर से मशग़ूल हो गए।

''मैं जानना चाहूँगा कि आपका यह उत्पाद इतना सफल क्यों रहा, जबकि अन्य फेल हो गए'', डेविड ने पूछा। उद्यमी कुछ जवाब देता, उससे पहले ही डेविड ने उसे रोकते हुए कहा, ''ओह, एक बात और। हमने उसी

फ़र्म को चुन लिया है। आपके दोस्त जीत गए हैं, लिहाज़ा मुझे अब पेशेगत के बजाय व्यक्तिगत तौर पर आपकी बातों में अधिक दिलचस्पी है।''

''मुझे भी पता चला है'', उद्यमी ने कहा। ''और मुझे लगता है कि आपके लिए यह फ़ैसला अच्छा ही साबित होगा।''

उद्यमी थोड़ा रिलैक्स था, लेकिन फिर कुछ पलों के लिए उसके चेहरे पर विषाद की रेखाएँ उभर आईं। ''मैंने कई चीज़ें आज़माईं, फिर एक उत्पाद बेचने की कोशिश की। वह चल भी निकला था, लेकिन मेरे पास पर्याप्त इन्वेंट्री नहीं थी और न ही उसकी ज़्यादा ख़रीदी के लिए पैसे थे। तो जब तक मैं स्टॉक करता, तब तक मेरे एक प्रतिस्पर्धी ने सस्ता, और शायद बेहतर संस्करण बाज़ार में उतार दिया।''

उसी समय टेबल पर खाना आ गया, हालाँकि खान-पान को लेकर डेविड की कोई ख़ास अपेक्षा नहीं थी, मगर उसकी प्रस्तुति, उसके स्वाद, बल्कि कहना चाहिए, पूरे भोजन को लेकर उसे सुखद आश्चर्य हुआ। वह असाधारण रूप से काफ़ी अच्छा था। वह ऐसी जगह थी, जहाँ दोबारा आने के बारे में वह सोच सकता था। उसने उद्यमी को फिर से बातचीत की टेबल पर लाते हुए कहा, ''आप मुझसे इन्वेंट्री के ख़त्म होने की कुछ बात कह रहे थे।''

''हाँ, ऐसा हुआ था, लेकिन मुद्दे की बात यह है कि होने को तो कुछ भी हो सकता है।'' उसने अपनी दाईं कनपटी को थपथपाते हुए कहा, ''पर जो होता है, उसी से तय होती है आपकी सफलता।''

इसके बाद दोनों शांति से खाना खाने लगे। थोड़ी देर के बाद उद्यमी ने अपनी ख़ाली प्लेट को सामने से दूर खिसकाते हुए बातचीत के सिलसिले को दोबारा से शुरू कर दिया, ''इसके बाद मैंने एक सर्विस शुरू की, जिसमें अपनी वेबसाइट के ज़रिये बेचे गए तमाम उत्पादों पर अच्छा मुनाफ़ा कमाया। यह सर्विस भी चल निकली थी, लेकिन फिर मैं एक कंपनी के साथ बौद्धिक संपदा विवाद में फँस गया। मेरे पास उससे लड़ने के लिए पर्याप्त पैसे नहीं थे, इसलिए मुझे उस धंधे को समेटना पड़ा।''

डेविड ख़ामोशी के साथ उसे सुनता रहा। वह देख सकता था कि उद्यमी अपनी सफलताओं और विफलताओं के बारे में कितना खुलकर बता रहा था। पहले से गढ़े हुए क़िस्से, जिसमें सबकुछ पर्फ़ेक्शन का एहसास हो,

के बजाय इस कहानी को सुनना ज़्यादा आनंददायक था। वे दोनों देर तक बातचीत का लुत्फ़ उठाते रहे। उद्यमी बताता रहा कि उससे कैसे और कहाँ गड़बड़ी हुई और किस तरह कई बार उसके काम सिरे ही नहीं चढ़ पाए।

''पहले मैं अपनी ख़ामियों का दोष दूसरों पर मढ़ते रहता था। यह इसकी ग़लती थी। इसमें उसका दोष था। बैंक की फीस बहुत ज़्यादा थी या हमारा सारा मुनाफ़ा तो करों में चला जाता था या क़ीमतें बहुत ज़्यादा थीं या मुझे पर्याप्त संख्या में अच्छे कर्मचारी नहीं मिल पाए। फ़लाना, ढिकाना, और भी बहुत कुछ। और फिर मुझे एहसास हुआ कि इससे तो कुछ फ़र्क़ पड़ने वाला नहीं है। सबकुछ वैसा ही रहने वाला है, फिर जो हालात हैं, वे हर व्यक्ति के लिए समान हैं। बदलने की दरकार तो मुझे है। मुझे अपनी सोच बदलनी होगी।''

इतना कहने के बाद उद्यमी थोड़ी देर के लिए कुछ ख़यालों में खो गया। क़रीब एक मिनट के बाद वह बोला, ''बहाने वे खरपतवार हैं, जो प्रगति को बाधित करते हैं। विफलताएँ वे बीज हैं, जिनसे अवसरों का अंकुरण होता है। अब मेरी सोच बदल गई है। मैं किसी चीज़ या किसी व्यक्ति को दोष देने के बजाय अपनी सोच को समायोजित करता हूँ। और फिर जब कुछ ग़लत हो जाता है, तो मुझे एहसास होता है कि इसका सीधा-सा मतलब है मैं कामयाबी के क़रीब पहुँच रहा हूँ।''

जैसे ही उद्यमी ने यह बात कही, डेविड का ध्यान तुरंत बहानेबाज़ी से जुड़ी ग़लती नंबर तीन की ओर चला गया। व्यक्तिगत जवाबदेही लेना किसे कहते हैं, यह बात उद्यमी से सीखी जा सकती थी। वह इसका उस्ताद था।

''अब तुम अपने बारे में बताओ'', उद्यमी ने पूछा। ''क्या तुम कुछ नया शुरू करने के विषय में सोच रहे हो?''

''अगर कुछ माह पहले से तुलना करूँ, तो आज मुझे नौकरी करने में आनंद आ रहा है, लेकिन अंततः मुझे अपनी स्वयं की कंपनी शुरू करनी है, इसको लेकर भी सोच रहा हूँ। फ़िलहाल तो मुझे लगता है कि यहाँ सबकुछ ठीक चल रहा है। इन दिनों मुझे कम से कम नौकरी से निकाले जाने की चिंता नहीं है'', डेविड ने कहा।

डेविड की इस बात से उद्यमी काफ़ी संजीदा हो गया। वह बोला, ''मौजूदा परिस्थितियों को, फिर चाहे वे अच्छी हों या बुरी, अपनी नियति

तय करने मत दो। तुम्हें वही करना चाहिए, जो तुम्हारा दिल कहे। हर पेशे में, हर उद्यम में, हर ज़िंदगी में विफलता तो लगी रहेगी। कुछ लोग उससे दूर भाग जाते हैं। कुछ लोग उसकी अनदेखी करते हैं। कुछ लोग ऐसा दिखावा करते हैं, मानो कुछ हुआ ही नहीं, लेकिन मेरी आज तक ऐसे एक भी सफल इंसान से मुलाक़ात नहीं हुई है, जिसने विफलता की बात न की हो।''

डेविड ने भी इससे सहमत होते हुए कहा, ''ऐसा लगता है कि सफलता जितनी बड़ी होती जाती है, उससे जुड़े लोग विफलता को लेकर बात करने में उतने ही अधिक खुलते जाते हैं और ऐसा इसलिए होता है, क्योंकि अब विफलताओं के प्रति उनमें किसी तरह का दुराव नहीं रह जाता।''

''आपकी बात में दम है। सफल लोग इसे विफलता के रूप में नहीं लेते। वे इसे महज़ एक बाधा के तौर पर देखते हैं, अपनी योजना के एक हिस्से के तौर पर। कई बार ये बाधा सफलता की सीढ़ी का काम करती है'', उद्यमी ने कहा।

''लोग ज़िंदगी में जो सबसे बड़ी ग़लती करते हैं, वह'', इतना कहते-कहते उद्यमी रुक गया और फिर अपने पैरों के पास रखे बैग में से कुछ निकालने के लिए उसकी तरफ़ हाथ बढ़ाने लगा।

''जब आप बहानेबाज़ी को लेकर बात कर रहे थे, मैं उसी समय समझ गया था कि आप वही पुरानी किताब ज़रूर निकालेंगे'', डेविड ने उद्यमी से कहा।

उद्यमी मुस्करा दिया। उसने कहा, ''बहानों की बात मैं इसलिए करता हूँ, क्योंकि वे मेरी ज़िंदगी में भी थे। और जो मैं बता रहा हूँ, वह भी इसी से जुड़ा हुआ है। ग़लती नंबर छह है अस्थायी बाधाओं या झटकों को स्थायी विफलताएँ मान लेना।''

इतना कहकर उसने कुछ पलों के लिए चुप्पी साध ली, मानो वह चाहता हो कि उसके शब्द उन दोनों के बीच मौजूद निर्वात में अच्छी तरह से घुल-मिल जाएँ।

डेविड उस ख़ामोशी को तोड़ने के लिए कुछ कहे, उससे पहले ही उद्यमी ने अपनी व्याख्या फिर से शुरू कर दी, ''कुछ लोग एक बार निशाना

साधते हैं, उसमें चूक जाते हैं और फिर खेलना छोड़ देते हैं। कुछ लोग भाषण देने जाते हैं, लेकिन जब बोल नहीं पाते तो फिर कभी भी मंच पर बोलने की हिम्मत नहीं कर पाते हैं। कुछ लोग किसी निवेश में धन गँवा देने के बाद सोचने लगते हैं, 'मैं रुपए-पैसे नहीं सँभाल सकता, लेकिन ऐसी सोच भयावह है।''

''इस तरह की सोच सीमेंट की तरह जमने लगती है। वह इतनी कठोर और जड़वत-सी बन जाती है कि उससे बाहर निकलना मुश्किल हो जाता है, लेकिन अगर हम खेल में तेज़ी से वापस आ जाए, मंच पर लौट आए, एक और निवेश करके देख लें, तो अपनी विफलता के सूखकर सख़्त बनने से पहले ही ख़ुद को दोबारा से नए आकार में ढाल सकते हैं। साल ख़त्म होने से पहले जब हम पीछे मुड़कर देखेंगे, तो वह घटना हमें ज़िंदगी में कुछ बड़ा करने की राह में एक छोटी-सी बाधा भर नज़र आएगी। यह सब इस बात पर निर्भर करता है कि हम सोचते कैसा है। सकारात्मक उम्मीद से ही इसकी शुरुआत होती है।''

इस चर्चा पर विचार करते हुए डेविड ने कहा, ''मुझे अब समझ में आ रहा है। मैंने उस सोच को सीमेंट की तरह सख़्त होने दिया है। किशोरावस्था में मैंने सेल्स की नौकरी शुरू की थी, लेकिन वह काफ़ी ख़राब अनुभव रहा। मैं एक भी चीज़ नहीं बेच पाया और उसके बाद से ही सेल्स के काम से दूर भागता रहा हूँ, किंतु अब लगता है कि मुझे अपनी सोच को बदलने तथा अधिक उम्मीद बनाए रखने की ज़रूरत है।''

''बिलकुल। एक विफलता तब और जटिल हो जाती है, जब आप अपने ऊपर उससे जुड़ा एक अवांछित क़िस्म का ठप्पा लगने देते हैं, जैसे कि स्वयं को नाकारा कहने लगना। एक अस्थायी अनुभव को स्थायी मत बन बनने दो, हालाँकि इसका मतलब यह भी क़तई नहीं है कि आपको हर चीज़ में अच्छा करना होगा या आपको हर चीज़ करनी ही होगी, लेकिन अगर आपको लगता है कि कोई हुनर ऐसा है, जो आपके लक्ष्य को पूरा करने के लिए ज़रूरी है, तो उसके ज़रिये रास्ता बनाने का प्रयास करना चाहिए।''

वार्तालाप पूरा होते ही दोनों खड़े हो गए, हाथ मिलाए और रेस्तराँ से बाहर जाने लगे। इतने में डेविड तेज़ी से वापस टेबल की ओर आया। वह

कुछ ढूँढ रहा था। वहाँ नहीं मिलने पर वह आगे के दरवाज़े से बाहर निकला और तभी वहीं सीढ़ी पर उसे उद्यमी दिखाई दिया।

"क्या तुम इसे तलाश रहे हो?" दाँत निपोरते हुए उद्यमी ने पूछा। डेविड को एक काग़ज़ थमाते हुए वह बोला, "इस सफ़र के लिए मेरी ओर से बहुत शुभकामनाएँ। अगर आप इसका अधिक से अधिक फ़ायदा उठाते हैं, तो यह आपके लिए एक असाधारण अवसर है।"

दोनों ने फिर से हाथ मिलाए और अपनी-अपनी राह निकल लिए। घर आकर डेविड ने उस काग़ज़ को दोबारा से पढ़ा। ऐसा करते हुए वह उद्यमी के साथ वार्तालाप को दोहराता भी रहा। उसमें कई सबक़ थे, और सबसे बड़ी चीज़, वह कोरा ज्ञान नहीं था। वह उद्यमी का खुले मन से और ईमानदारी से बात करने का तरीक़ा था। डेविड ने उस रवैये को हमेशा याद रखने का संकल्प लिया।

ग़लती #6:

अस्थायी झटकों को स्थायी विफलताएँ बनने देना

हमारे अनुभव नकारात्मक ढंग से कठोर हो जाए, उससे पहले ही तुरंत काम में लगकर उन्हें सकारात्मक रूप में ढाल दिया जाना चाहिए।

आपके विचार आपके भाग्य को नियंत्रित करते हैं।

दिन ऐसे ही मत गुज़ारिए, उनसे कुछ न कुछ सीखते जाइए।

मौजूदा परिस्थितियों को अपनी नियति तय करने का अधिकार मत दीजिए।

एक विफलता तब और जटिल हो जाती है, जब आप अपने ऊपर उससे जुड़ा एक अवांछित क़िस्म का ठप्पा लगने देते हैं।

विफलताएँ अवसरों को अंकुरित करने वाले बीजों की तरह हैं।

बहाने वे खरपतवार हैं, जो प्रगति को बाधित करते हैं।

एक अस्थायी अनुभव को स्थायी मत बन बनने दो।

आप जिस किसी से भी मिलें, उसे एक बुद्धिमान शिक्षक के रूप में देखें।

सफल लोग अस्थायी विफलताओं को सफलता की सीढ़ी के रूप में देखते हैं।

दूसरा नियम

⌘⌘⌘

अरिया बारिश में खड़ी थी। बारिश इतनी चुभने वाली तेज़ और मूसलाधार थी कि अरिया को ईश्वर और स्वर्ग में बाल्टी को लात मारने वाले फ़रिश्ते याद आ गए, लेकिन वह भागी नहीं। शांत बनी रही। उसके कपड़े पानी में सराबोर हो गए थे और वह अपने शरीर को भीगने दे रही थी, इस उम्मीद में कि इससे किसी को खोने का दर्द भी बह जाएगा। अंकल को गुज़रे एक हफ़्ता हो गया था और उसका दिल यह मानने को तैयार नहीं था कि अब वह इस दुनिया में नहीं हैं। उसे अपने माता-पिता की शायद ही कोई याद थी। अंकल रेमंड ही उसके पिता थे और अब वह भी इस संसार को छोड़कर जा चुके थे। इस नश्वर जगत में वह पूरी तरह से अकेली महसूस कर रही थी। वह कितनी देर से वहाँ खड़ी थी, इसका उसे कोई भान नहीं था। उसे इसकी परवाह भी नहीं थी। इस बीच, बारिश रुक गई थी। अँधेरे आसमान से चाँदनी धीरे-धीरे छिटककर बाहर आ रही थी और देखते ही देखते पूरी धरती रोशनी से नहा उठी। खलिहान से लेकर रॉबर्ट और माये के घर तक पानी की धाराएँ झिलमिलाते माणिक की तरह नज़र आने लगी थीं।

इन पलों में वह जी भरकर रोना चाहती थी। और वह रोने लगी। कहीं भीतर गहराई से उसकी रुलाई फूट पड़ी, लेकिन उसी समय बादल फिर घुमड़ आए और उनकी गड़गड़ाहट में उसकी सिसकियाँ दब गईं।

अपने प्यारे अंकल के बिना वह क्या करेगी? यही दिन देखने से तो वह लंबे अरसे से डर रही थी। उसका बस चलता, तो वह उन्हें कभी भी जाने नहीं देती।

उसके दिमाग़ में उनके साथ हुए सारे वार्तालाप फिर से घूमने लगे: वह पांडुलिपि, वे शिक्षक, संरक्षक की भूमिका, कुल मिलाकर इन सभी का रहस्य।

यार्ड में अपनी राह बनाते हुए वह कीचड़ से बचने की हरसंभव कोशिश कर रही थी, हालाँकि वह जानती थी कि इस समय इससे कोई फ़र्क़ नहीं पड़ने वाला था। उसने अपने सुनहरे भूरे बालों को कान के पीछे खिसकाया और घर के आगे की सीढ़ियों पर बैठ गई। अब सब उसे ही सोचना था।

उसके विचार एक-दूसरे के साथ गड्ड-मड्ड हो रहे थे। ऐसा लग रहा था कि मानो कोई विचार खुली हवा में राहत की साँस लेने को ऊपर आता तो दूसरा उसे वापस नीचे धकेल देता। प्यार, गुस्सा, निराशा: हर जज़्बा गोया कि उसका ध्यान खींचने के लिए एक-दूसरे से होड़ कर रहा था। अरिया हथेलियों पर माथा टिकाए बैठी रही। आकाश में बिजलियाँ एक बार फिर चमक उठीं और इसकी प्रतिक्रिया में बादलों ने भी गर्जना की। जवाब की तलाश में उसे अपने चारों ओर ज़मीन पर गिरती बारिश की बूँदों की आवाज़ सुनाई दे रही थी।

अंतत: वह उठ खड़ी हुई और रात के अँधेरे में दरवाज़े के हैंडल को टटोलने लगी। इसी बीच, उसका पैर फिसला, लेकिन उसने ख़ुद को गिरने से बचा लिया। उसने एक मोमबत्ती जलाई और अतिथि कक्ष की ओर बढ़ चली। वह रॉबर्ट और माये के प्रति आभारी थी, जिन्होंने उससे कह दिया था कि वह जब तक चाहें, तब तक उनके यहाँ रह सकती है। उसका दिमाग़ आगे की ओर भाग रहा था, जबकि जो कुछ हुआ, वह उसे समझने की कोशिश कर रही थी। उसकी ज़िंदगी में सबकुछ उलट-पलट गया था। अंकल जा चुके थे। उसका घर भी राख हो चुका था। उसे अब संरक्षक की नई ज़िम्मेदारी निभानी थी। पांडुलिपि को बचाना था। शिक्षकों की चिंता करनी थी। अलेक्ज़ेंडर के धोखे की बात तो छोड़ ही दीजिए। ऐसे ही उलरिक से निपटना था।

उसने अपने कपड़े बदले और बिस्तर पर लेट गई। वह जड़वत अँधेरे में टकटकी लगाए देखती रही।

उसका सदमा और उसकी उदासी धीरे-धीरे एक आक्रोश और एक संकल्प में बदलने लगी थी। उसके जज़्बात बाहरी तूफ़ान के साथ मिल गए

थे, जो जल्द शांत भी हो गया, मानो फ़रिश्ते अपने खिलौनों को एक तरफ़ रखकर सोने चले गए।

रात्रि की जानी-पहचानी आवाज़ें फिर लौट आई थीं, लेकिन आज वे उसे सुकून नहीं दे रही थीं। झींगुरों की वाद्यमंडली अपने संगीत की तान सुनाकर उसे मीठी नींद के आगोश में सुलाने के बजाय भविष्य के ख़तरे के प्रति आगाह कर रही थी, और वह ऐसी लग रही थी, मानो उसे बहरा कर देगी। यह कैसी विडंबना थी कि वह कई महीनों से शिक्षकों के प्रकट होने की कामना कर रही थी, अपने अगले सबक़ की उत्सुकता से प्रतीक्षा कर रही थी, लेकिन अब वह समय के काँटों को पीछे की ओर ले जाना चाहती थी। सीखे हुए पलों का आनंद उठाना चाहती थी। वह चाहती थी कि सबकुछ धीमा हो जाए।

वह रात भर जागती रही, सोचती रही, अपने विकल्पों पर विचार करती रही, भविष्य की कल्पना करती रही। एक हफ़्ते पहले तक वह जिस भविष्य की परिकल्पना कर रही थी, अब वह उससे कितना अलग होने वाला था। तब उसके अंकल जीवित थे। तब उसकी ज़िंदगी का मक़सद कितना जुदा था। वह अलेक्ज़ेंडर के साथ जीवन व्यतीत करने के सपने देख रही थी। बच्चों की किलकारियों से, प्रेम से, किसी लक्ष्य की ऊर्जा से भरा जीवन, लेकिन अब उसने इन सभी को पीछे छोड़ने और अतीत को भूलने का निश्चय कर लिया था। वह बिस्तर से उठ खड़ी हुई और उसने पलंग के नीचे से अंकल के बक्से को बाहर खींच लिया। पीतल की चाबी से उसे खोला और उसमें रखे काग़ज़ों को खँगाला। वह उन्हें चाँद की रोशनी में ले गई और संरक्षक के दूसरे नियम को पढ़ने लगी।

कृतज्ञता का नियम

कृतज्ञता का नियम दूसरा नियम है। कृतज्ञता सफलताओं की प्रचुरता के लिए एक उर्वरक का काम करती है। यह पैदावार को सक्षम बनाती है। कृतार्थ की भावना लोगों, विचारों और अवसरों को अपनी ओर आकर्षित करती है।

एक कृतज्ञ हृदय वाला व्यक्ति उन आशीर्वादों को ग्रहण करने में समर्थ होता है, जो कटुता से भरे लोगों को नहीं मिल पाते। कृतज्ञता से उठे हाथों की कोई अपेक्षा नहीं होती और फिर भी वे ढेर सारी ख़ुशियों से परिपूर्ण होते हैं।

एक कृतज्ञ व्यक्ति के भीतर प्रेम और आनंद का दरिया बहता है। एक सतत कृतज्ञ दृष्टिकोण वाला व्यक्ति अपने भीतर के रहस्य को भी उजागर कर सकता है। जो लोग कृतज्ञता के प्याले से जी भरके पीते हैं, वे ख़ुद को हरदम तरोताज़ा पाते हैं और उनका प्याला कभी ख़ाली नहीं होता, वह फिर से भर जाता है। रोज़ाना मिलने वाले आशीर्वादों को तब तक गिनते चले जाएँ, जब तक कि आपके वर्ष समृद्धि से हरे न हो जाएँ।

निराशा में डूबे लोगों को कृतज्ञता अपने पंखों पर बैठाकर जीवन के दर्द से ऊपर उस जगह पर ले जाती है, जहाँ की प्रचुरता कभी ख़त्म नहीं होती। दूसरों से कृतज्ञता के साथ बात करके आप अपनी आत्मा की रहस्यमय शक्ति को ईंधन देते हैं।

इन शब्दों को पढ़कर अरिया ने उन लोगों के बारे में सोचने का निश्चय किया, जो उसकी ज़िंदगी के लिए मायने रखते थे। उन मौक़ों की फ़िक्र करने का फ़ैसला किया, जो उसके सामने आने वाले थे। जो वह खो चुकी थी, उनके बारे में विचार करने के बजाय उसने उन पलों के प्रति कृतज्ञ होने का निर्णय लिया, जिनमें उसे अपने अंकल को जानने, उनसे सीखने और उनकी मौजूदगी को अनुभव करने का अवसर मिला था।

हालाँकि उसके अंकल को उसे यह समझाने का मौक़ा ही नहीं मिल पाया कि एक संरक्षक के लिए कृतज्ञता का नियम आख़िर इतना महत्त्वपूर्ण क्यों है। वह केवल कल्पना कर सकती थी कि इसका ग़लत तरीक़े से और ग़लत इरादों से इस्तेमाल करने पर यह कैसे और क्यों ख़तरनाक हो सकता है। फिर भी, संरक्षक के दूसरे नियम में कुछ तो ऐसा ज़रूर था, जिसे वह ठीक से समझ नहीं पाई थी। शब्दों के पीछे कुछ न कुछ ऐसा था, जिसे वह पकड़ नहीं पाई थी।

ख़ैर, उसने ज़्यादा मशक़्क़त नहीं की और फिर उन लोगों के नाम ज़ोर से पुकारे, जिनके प्रति वह कृतज्ञ थी, जिनकी वजह से उसकी ज़िंदगी में फ़र्क़ आया था।

अंतत:, अरिया अपने मन को इतना स्थिर करने में सफल रही कि एक नींद ले सके। सपने में उसे 'ग़लतियों की किताब' *(द बुक ऑफ़ मिस्टेक्स)* नज़र आई। सपने में ही उसने 'संरक्षक का तीसरा नियम' भी ढूँढ निकाला। यह कहाँ मिलेगा, अंकल इस बारे में बताए बिना ही दुनिया से कूच कर उसकी तलाशी का ज़िम्मा उसके हवाले कर गए थे। उनके अंतिम शब्द उसके दिलो-दिमाग़ में गूँज रहे थे। उसका दिमाग़ अंतिम नियम को खोजने और पांडुलिपि की रक्षा करने की ज़िम्मेदारी के साथ जद्दोजहद कर रहा था।

वह अगली सुबह उठी और एक लय के साथ तैयार हुई। उसके अंदर की ललक उसे प्रेरित कर रही थी। एक घंटे बाद ही वह घोड़े पर सवार थी और अपने अंकल रेमंड के दफ़्तर जाने के लिए क़स्बे की ओर बढ़ चली थी। उसने दफ़्तर के बाहर घोड़े को बाँधा और पत्थर के स्लैब पर चढ़कर अगले दरवाज़े तक पहुँच गई। उसका दिमाग़ अब भी दूसरे नियम पर अटका हुआ था और तभी उसने नज़रें ऊपर की ओर कीं, तो मानो उसका दिल धक्क से बैठ गया। उलरिक, अलेक्ज़ेंडर और तीन अन्य आदमी दफ़्तर के बाहर ही खड़े थे।

अब क्या?

''अरिया, मुझे तुम्हारी फ़िक्र हो रही थी'', अलेक्ज़ेंडर ने कहा। ''तुम्हें जो क्षति पहुँची है, उसका मुझे भी दु:ख है।'' उसकी आँखें करुणा से भरी हुई थीं और उनमें एक ईमानदारी झलक रही थीं।

''हम सभी दु:खी हैं'', उलरिक ने कहा। ''मैं तुम्हारे अंकल को अच्छे से जानता था।'' अलेक्ज़ेंडर ने तुरंत उसका परिचय करवाया।

अरिया ने धीरे से सिर हिलाया, मगर बोली कुछ नहीं।

अपने घृणा भाव को छिपाने की विफल कोशिश करते हुए उलरिक ने आगे कहा, ''हमें तुम्हारे प्रति गहन संवेदना है, लेकिन हम एक महत्त्वपूर्ण मसले पर चर्चा भी करना चाहते हैं। मुझे यक़ीन है कि तुम्हारे अंकल के पास ऐसा कुछ ज़रूर था, जो मुझे बहुत प्रिय है।''

अरिया ने अपने मन के भाव को प्रकट नहीं होने दिया और ऊपर से ख़ुद को शांत बनाए रखा। ''अंकल के पास ऐसा क्या था, जिसमें तुम्हारी दिलचस्पी होगी?'', उलरिक की आँखों में सीधे झाँकते हुए वह बोली। उसे उसकी आँखों में ठंडापन, एक अँधेरा नज़र आया। वह उसे ज़्यादा देर तक नहीं देख सकी और अपनी आँखें अलेक्ज़ेंडर की ओर फेर लीं। उन दोनों की नज़रें मिलीं और फिर कुछ शर्माते हुए तो कुछ दुविधा में आकर वह कहीं और देखने लगी। आख़िर अलेक्ज़ेंडर ऐसे आदमी के लिए काम क्यों कर रहा है, यह बात उसे कुछ समझ में नहीं आ रही थी।

''मैंने उनकी आख़िरी इच्छा और वसीयत पढ़ी है। इसमें तुम्हारे अंकल ने लिखा है कि वे तुम्हें उनका पुस्तकालय, उनकी किताबें और कुछ पांडुलिपियाँ दे रहे हैं। उनमें से एक पर मैं दावा करना चाहता हूँ, क्योंकि मेरा मानना है कि वह उन्हें ग़लत तरीक़े से दी गई थी और उस पर मेरे परिवार का अधिकार है।''

उलरिक का यह दावा कितना झूठा और हास्यास्पद है, अरिया यह जानती थी। बड़ी मुश्किल से अपनी हँसी को दबाते हुए बोली, ''मुझे आशंका है कि उनमें से अधिकांश तो नष्ट हो गई होंगी। तुम्हें तो पता ही होगा ना कि हमारा पुश्तैनी घर आग में जलकर राख हो गया है?''

''नहीं, मुझे तो नहीं मालूम।'' उलरिक यह झूठ इतनी आसानी से बोल गया, जितनी आसानी से कोई आदमी साँस लेता है। ''पर मुझे लगता है कि उन्होंने उनमें से कई यहाँ रख छोड़ी होंगी। हम बस उन्हें देखने आए हैं। आओ, देखते हैं कि भीतर क्या है।''

भीतर? अरिया दूसरे नियम के बारे में सोचने लगी। शब्द फिर से उसके दिमाग़ में कौंधने लगे थे। भीतर-भीतर। अंकल के आख़िरी शब्द'भीतर' । यह उसके लिए एक रहस्योद्घाटन की तरह था और उसे फिर से रॉबर्ट व माये के घर जाने की ज़रूरत महसूस हो रही थी, लेकिन वह जानती थी कि उलरिक और उसके आदमियों के सामने तुरंत जाना ठीक नहीं रहेगा।

अलेक्ज़ेंडर के शब्दों ने वहाँ पसरी ख़ामोशी को भेद दिया। ''उस आगजनी की रात को मैं वहीं पर था। मेरी आँखों के सामने तुम्हारा घर राख हो रहा था। आई एम सॉरी।''

उसकी इस स्वीकारोक्ति ने अरिया को ताज्जुब से भर दिया था, उम्मीद की एक छोटी-सी लौ प्रज्ज्वलित कर दी थी।

उसने बात जारी रखी। ''उस रात इतना शोर हो रहा था कि मेरी नींद खुल गई। मेरे घर से किसी ने धुआँ देखकर मुझे सचेत किया। मैं तुरंत तुम्हारे घर की तरफ़ भागा। मुझे यह जानकर राहत मिली कि उस वक़्त तुम वहाँ नहीं थी। तुम सुरक्षित थी। उसके बाद से ही मैं तुमसे संपर्क करने की कोशिश कर रहा था।''

अरिया ने उसकी ओर देखा। कुछ दिन पहले तक वह जैसे उस पर भरोसा करती थी, उसका दिल चाह रहा था कि वह सबकुछ भूलकर अब वापस उसी तरफ़ लौट जाए। उसके दिल की धड़कनें अलेक्ज़ेंडर की ओर खिंची चली जा रही थीं, जबकि संदेह का पंजा उसे विपरीत दिशा में खींच रहा था। उसने तुरंत अपनी आँखें बंद कर लीं, ख़ुद को शांत व स्थिर किया और उस योजना के बारे में सोचने लगी, जिससे कि उसे रॉबर्ट व माये के घर जाने का मौक़ा मिल सके। वे लोग नहीं जानते थे कि उसे क्या मालूम था और वह अपने दिल की कमज़ोरी यानी अलेक्ज़ेंडर को अपने मिशन को मटियामेट करने का अवसर नहीं दे सकती थी।

''तुम्हें देखकर बड़ी ख़ुशी मिली, अलेक्ज़ेंडर। प्लीज़, आप सभी लोग अंदर आएँ।'' इतना कहते हुए अरिया ऊपर दरवाज़े तक पहुँची और उसे खोल दिया। एक तरफ़ उसे महसूस हो रहा था कि वह इन लोगों को दफ़्तर के भीतर आने का न्यौता देकर अपने अंकल के साथ दग़ा कर रही है, हालाँकि वहीं दूसरी ओर उसे यह भी लग रहा था कि ये टकराव तो अपरिहार्य था। लिहाज़ा, वे रात को आकर कुछ नुक़सान पहुँचाएँ, उससे बेहतर तो यही है कि दिन के उजाले में ही भीतर आकर देख लें। उसने यह भी सोचा कि इससे कुछ हद तक हालात पर उसका नियंत्रण भी बना रहेगा।

''अगर कुछ ऐसी चीज़ होती, जिस पर वास्तव में तुम्हारे परिवार का अधिकार होता, तो मुझे पक्का यक़ीन है कि अंकल उसे वापस करना ज़रूर चाहते'', अरिया ने दफ़्तर के अंदर घुसते हुए कहा।

दफ़्तर में रखी आलमारियों की ओर इशारा करते हुए अरिया ने उनसे कहा कि वे तलाशी शुरू कर सकते हैं। इस बीच, वह मौक़ा पाकर दूसरे कमरे में चली गई, जहाँ उसे एक ख़ाली बक्सा मिला। उसे उसने कुछ

काग़ज़ों से भर दिया। उसे भरोसा था कि जब उन लोगों को यह बक्सा मिलेगा, तो वे इससे भ्रमित हो जाएँगे। वे इसकी छानबीन करने में जुट जाएँगे और इससे उसे अपनी योजना पर काम करने के लिए पर्याप्त समय मिल जाएगा। अगर उन लोगों ने किसी तरह यह मान लिया यही पांडुलिपि है, तो कुछ देर के लिए उनका ध्यान भटक जाएगा।

अरिया वापस उसी कमरे में आई और बोली, ''मैं नहीं चाहती कि मेरी वजह से तुम्हारी तलाशी में कुछ व्यवधान आए। मैं नीचे हॉल में जाकर अंकल की कुछ चीज़ों को देखना चाहूँगी। मेरे लिए यह बहुत कठिन वक़्त है।''

इतना कहकर अरिया अगले दरवाज़े से बाहर की ओर खिसक गई। किसी का भी ध्यान उसकी तरफ़ नहीं गया। वह अब फिर से घोड़े पर सवार थी और जल्दी से जल्दी अपने अतिथि कक्ष में पहुँचना चाहती थी। उसे भरोसा था कि उसका मन तीसरे नियम की रहस्यमय जगह का पता बता ही देगा।

⌘⌘⌘

सातवीं ग़लती

सूरज चमकदार और गर्माहट लिए हुए था, इतना कि आँखें खोलने से काफ़ी पहले से ही उस एहसास ने डेविड को अपने आगोश में ले रखा था। वह कितनी देर तक सोता रहा, इसका उसे कोई अंदाज़ा नहीं था। उसे इसकी परवाह भी नहीं थी। आज वह आज़ादी का अनुभव कर रहा था, जो उसे काफ़ी अरसे बाद नसीब हुई थी।

बीती रात को डेविड अपने माता-पिता से मिलने गाँव आया था। घर का बनाया लज़्ज़तदार भोजन खाने और भोर तक चली गपशप के बाद वह अतिथि कक्ष के बिस्तर में पसर गया था। इस अतिथि कक्ष को नए सिरे से सुसज्जित किया गया था, जिसमें घर जैसी अनुभूति होने के बावजूद एक पेशेवराना सजावटी स्पर्श भी था। सजावट में भी इस तरह से संतुलन साधा गया था कि यह न तो बहुत ज़नाना लगे और न ही बहुत मर्दाना। पुरुष और स्त्री दोनों को समान रूप से पसंद आए, एक जोशीले आलिंगन की तरह। उसे मालूम था कि आज की रात वह जी भर कर सोएगा और उसने ऐसा ही किया।

अब उसे नौकरी गँवाने या पैसा ख़त्म हो जाने या अपनी प्रतिष्ठा पर दाग़-धब्बा लगने का डर नहीं रह गया था। वह किसी रुतबे या प्रसिद्धि के पीछे नहीं भाग रहा था। वह काफ़ी हद तक सहज व शांत था, इतना कि उसे अभिव्यक्त करना भी मुश्किल था। वह जानता था कि इस सुकून का श्रेय उन शिक्षकों को है, जो उसे ख़ुद पर काम करने, ग़लतियों से बचने और उत्कृष्ट जीवन की तलाश करने के लिए प्रेरित कर रहे थे, हालाँकि एक अनूठी बात यह भी थी कि मन में सुकून व शांति का अनुभव करने के

बावजूद वह अपने लक्ष्यों की ओर बढ़ रहा था। मास्टरमाइंड समूह के एक सदस्य का अवलोकन हमेशा उसके दिलो-दिमाग़ में गूँजता रहता: सफलता तब मिलती है, जब आप महत्त्वाकांक्षाओं तथा सुकून दोनों से समान मात्रा में लबरेज़ होते हैं।

वह अब भी पूरी तरह से जागा नहीं था और बिस्तर पर ही लेटा हुआ था कि तभी उसे नीचे के कमरे से पियानो की मंद-मंद स्वर लहरियाँ सुनाई देने लगीं। उसके मस्तिष्क में अचानक बीते सप्ताह के विचार कौंध गए। उसे अपना वह इंटरव्यू याद आ गया, जो उसने एक नई कंपनी को दिया था और उसे ऑफ़र मिलने की भी उम्मीद थी। उसे वह कंपनी अपने मन-मुताबिक़ लग रही थी, जहाँ वह रचनात्मक प्रतिभा का इस्तेमाल करते हुए अपनी ख़ुद की फ़र्म शुरू करने के वांछित लक्ष्य की दिशा में आगे बढ़ सकता था, लेकिन ऑफ़र के बजाय उसे मिला एक विनम्र नोट, जिसमें बताया गया था कि कंपनी ने उससे बेहतर विकल्प चुन लिया है। *तुम्हें इस तरह की कंपनी में कभी नौकरी नहीं मिल सकती।* इसके लिए बेहद पर्फ़ेक्ट होना पड़ेगा। उसके मन में आया यह विचार अपने प्रति संदेह को बढ़ा रहा था और वह इससे दूर भागना चाहता था। इस पर उसकी एक नई दोस्त ने उससे कहा था कि वह इस विचार को किसी दूसरे सकारात्मक विचार से बदल दे: *जब सही अवसर आएगा, तब मुझे कोई नहीं रोक पाएगा।* उसने अर्द्ध जाग्रत, अर्द्ध निद्रित अवस्था में इसे कई बार दोहराया: *स्थायी सफलता के लिए अस्थायी विफलता एक प्रक्रिया का हिस्सा भर है।*

पियानो से निकलने वाले स्वर उत्तरोत्तर ऊँचे हो चले थे। डेविड बिस्तर पर करवटें बदलने लगा था। उसकी माँ ने उसे बताया था कि आज सुबह घर पर कुछ मेहमान आने वाले हैं। उनमें कोई ऐसा भी हो सकता है, जिससे मिलकर उसे बहुत ख़ुशी मिलेगी। वह एक संगीतकार थे और उससे भी ज़्यादा, शहर के एक मशहूर कंडक्टर (ऑर्केस्ट्रा बैंड के संगीत निर्देशक) भी। वह तथा उनकी पत्नी डेविड के परिवार के अच्छे दोस्त थे और उन्होंने शहर की भाग-दौड़ से दूर सुकून के दो पल बिताने के लिए सप्ताहांत पर गाँव आने की योजना बनाई थी।

दरअसल, कंडक्टर डेविड के माता-पिता से भी ज़्यादा स्वयं डेविड के दोस्त थे। सालों पहले जब कंडक्टर एक स्थानीय ऑकेस्ट्रा में काम

करने के साथ-साथ एक बैंड के निर्देशक भी थे, उस वक़्त डेविड वर्षों उनकी कक्षाओं में गया था। उन कक्षाओं में और उनके बाद भी डेविड ने उनसे संगीत से भी अधिक ज़िंदगी के सबक़ सीखे थे। कंडक्टर आश्चर्यों से भरे हुए थे और उनके सकारात्मक रवैये ने डेविड की महत्त्वाकांक्षाओं को प्रोत्साहित करने में उम्मीद से भी कहीं बढ़कर भूमिका निभाई थी।

डेविड की आँखें अब भी बंद थीं। उसे बेबी ग्रैंड पियानो के मद्धम स्वर फिर से सुनाई देने लगे। बजाया जा रहा संगीत आख़िर कौन-सा है, यह पहचानने की कोशिश में उसके मस्तिष्क के तार बेडरूम से लिविंग रूम तक पहुँच गए थे। उसी पल संगीत की स्वर लहरियों ने अपनी ताल बदली और वे कहीं अधिक जीवंत हो उठीं।

''बेशक, ये तो बीथोवेन का सोनाटा पैथेटिक है'', डेविड ने मन ही मन कहा।

यह एक दिलचस्प पसंद थी और डेविड जानता था कि अपने निर्णयों को लेकर कंडक्टर हमेशा से कितने होशियार थे। उसे अपनी कक्षा में पढ़ाया गया इतिहास याद था। बीथोवेन ने केवल सत्ताइस साल की उम्र में इसे कम्पोज़ कर अपने एक राजकुमार दोस्त को समर्पित किया था, हालाँकि उस राजकुमार का नाम डेविड के दिमाग़ से उतर गया था। इस रचना ने बीथोवेन को काफ़ी ख्याति दिलवाई थी। यह बीथोवेन की ज़िंदगी में एक छोटा-सा टर्निंग पॉइंट साबित हुआ था और इस बात को डेविड भूला नहीं था।

तो क्या कंडक्टर उसे इशारा कर रहे थे कि यह भी उसकी ज़िंदगी का एक टर्निंग पॉइंट है?

मैं उन्हें हल्के में नहीं ले सकता, डेविड ने सोचा। उसने जैसे ही आँखें खोलीं, उसे अपने शयनकक्ष में चमकदार रोशनी के दर्शन हुए। उसके बड़े-से बिस्तर के सामने रखे दर्पण से परावर्तित होकर आ रहा सूर्य का प्रकाश उसे चकाचौंध कर रहा था।

उसने उठकर ब्रश किया, बाल ठीक किए और तुरंत सीढ़ियाँ उतरकर बैठकख़ाने में चला गया। इस समय तक सुबह के 9.30 बज रहे थे। डेविड के परिवार के साथ कंडक्टर गपशप कर रहे थे और साथ में गर्शविन का कम्पोज़ किया गया कोई पीस बजा रहे थे, लगभग एक बैकग्राउंड म्यूज़िक की तरह, हौले-हौले।

''ऐसा हर दिन नहीं होता कि मैं देर तक सोता रहूँ और अपने दोस्त द्वारा लाइव बजाई गईं अद्भुत शास्त्रीय स्वर लहरियों को सुनते हुए जागूँ।''

कंडक्टर मुस्कराए। ''गुड मॉर्निंग डेविड! तुमसे दोबारा मिलकर बहुत ख़ुशी हो रही है।''

कंडक्टर पहले की तरह और पहले से अलग, दोनों लग रहे थे। उनकी आँखों में, उनकी अभिव्यक्ति में वही पुरानी आग थी, लेकिन शारीरिक तौर पर थोड़े-से कमज़ोर नज़र आ रहे थे। आगे की ओर झुक से गए थे और उनकी अंगुलियाँ गठिया की वजह से तनिक टेढ़ी हो गई थीं, लेकिन उनका वादन लगभग पूर्णता के क़रीब था, और वह भी तब जब वह ख़ुद को संगीतकारों की श्रेणी में गिनते ही नहीं थे।

'एक्सक्यूज़ मी' कहते हुए डेविड कॉफ़ी और बैगेल (एक तरह का ब्रेड रोल) लेने के लिए रसोईघर में चला गया, जिसके पुनर्निर्माण का काम घर के अन्य हिस्सों की तरह अब भी बचा हुआ था। उसकी माँ को इंतज़ार नहीं हो रहा था, मगर उसके पिता ने इस हिस्से पर काम धीमा कर दिया था, क्योंकि इससे बाक़ी के निर्माण कार्य में व्यवधान पड़ता।

कंडक्टर ने पियानो वादन रोक दिया था। डेविड को ठहाके लगाने और फिर लकड़ी के फ़र्श पर पियानो की बेंच को खिसकाने से पैदा हुई रगड़ की आवाज़ सुनाई दी। कंडक्टर रसोईघर में आ गए थे।

''क्या मैं एक कप कॉफ़ी और ले सकता हूँ?'' उन्होंने पूछा। फिर वे दोनों किचन टेबल के पास लगी कुर्सियों पर बैठ गए। किचन टेबल एक हॉफ़ बूथ की तरह थी, जिसके एक तरफ़ एक बेंच लगी हुई थी, तो दूसरी ओर तीन कुर्सियाँ। संगीत फिर शुरू हो गया था। डेविड को इसमें कोई ताज्जुब नहीं हुआ। कंडक्टर की पत्नी को भी संगीत में वैसी ही महारत हासिल थी और उन्होंने पियानो पर अपने पति की जगह ले ली थी। बेशक, डेविड की माँ के आग्रह पर। यह तो तय है कि जब तक उनके घर में इस तरह के प्रशिक्षित संगीतकार मौजूद हैं, वह उनका वादन रुकने नहीं देंगी। अगर वे लोग थोड़ी देर के लिए रुकते भी हैं, तो डेविड की माँ का चेहरा नाटकीय अंदाज़ में इस तरह से उतर जाएगा कि वे तुरंत फिर से वादन की कमान सँभाल लेंगे। अगर आप उसकी माँ के चेहरे को देखेंगे, तो पाएँगे कि वे पियानो के हर सुर को अंदर ही अंदर गुनगुना रही होती हैं, मानो उनका

अपना निजी ओपेरा चल रहा हो। और कभी-कभार कोई बढ़िया शो ट्यून पर वह अचानक से बग़ैर किसी हिचक के गाने लगतीं, और दिलचस्प बात यह कि इसका उन्हें एहसास तक नहीं होता कि वह गा रही हैं।

डेविड बग़ैर किसी व्यवधान के अपने उस्ताद के साथ समय बिताने को लेकर रोमांचित था। उसका अनुमान था कि वे संगीत से शुरू करते हुए राजनीति पर आएँगे और फिर व्यक्तिगत मसलों पर चर्चा करेंगे, लेकिन अनुमान थोड़ा-सा ग़लत निकला, जब उन्होंने पहला ही सवाल स्थानीय सियासत के बारे में पूछ लिया। वे दोनों राजनीतिक विचारधारा को लेकर एक-दूसरे के विरोधी ख़ेमों में थे, लेकिन विचारों से असहमत होने वाले अधिकांश लोगों के विपरीत दोनों को एक-दूसरे के साथ गुण-दोषों, धारणाओं तथा भविष्य के लिए बेहतर विकल्पों पर तर्क-वितर्क करने में आनंद आ रहा था। यह पुराने दिनों की तरह ही था।

और फिर चर्चा स्वाभाविक रूप से राजनीति से हटकर व्यक्तिगत ज़िंदगी की ओर मुड़ गई।

तुम कैसे हो?'' कंडक्टर ने बड़ा ही आसान-सा सवाल उछाला, लेकिन कंडक्टर छोटी बातें करने वालों में से नहीं थे। सवाल गहरे अर्थ लिए हुए था, जैसे किसी अज्ञात क्षेत्र में खोज करने वाला कोई टोही विमान हो।

डेविड ने कहा, ''इस दौरान मुझे बहुत कुछ देखने और बहुत कुछ सीखने को मिला। कामकाजी दुनिया वैसी नहीं है, जैसी कि उम्मीद थी। वहाँ की राजनीति, वहाँ के लोग। सब देखा। ये आँखें खोलने वाले अनुभव रहे, लेकिन मेरे साथ कुछ विस्मयकारी चीज़ें भी हुईं। मुझे नहीं लगता कि मैं आपको इनके बारे में समझा पाऊँगा, बल्कि मुझे संदेह है कि आप शायद इन पर भरोसा भी नहीं करेंगे।'' अंतिम वाक्य कहते हुए डेविड ने अपनी आँखें जानबूझकर फैला ली थीं।

''आज़माकर तो देखो'', कंडक्टर ने कहा, लेकिन डेविड कुछ स्पष्टीकरण देता, उससे पहले ही उन्होंने एक दूसरा सवाल दाग़ दिया, ''तुम्हें क्या लगता है, मोज़ार्ट इतने अद्भुत क्यों थे?''

कंडक्टर के लिए ऐसा करना यानी बातचीत की दिशा को संगीत और उसके इतिहास के अपने पसंदीदा विषय की ओर मोड़ देना कोई नई बात नहीं थी। और डेविड भी उसी दिशा में साथ-साथ मुड़ गया, क्योंकि उसे

एहसास था कि बातचीत का आरोह-अवरोह स्वाभाविक रूप से फिर से पटरी पर आ जाएगा।

''मोज़ार्ट कभी भी संतुष्ट होकर नहीं बैठे'', कंडक्टर ने अपने सवाल का जवाब ख़ुद देते हुए कहा। ''वह हमेशा स्वयं को आगे बढ़ाते रहे, कुछ नया करते रहे। उनके करियर के लगभग किसी भी पड़ाव को देख लो। वह उसी पड़ाव पर पूरे दमखम के साथ रह सकते थे, लेकिन वह महत्त्वाकांक्षी थे। हमेशा आगे बढ़ना चाहते थे। उन्होंने महज़ उस समय की अपेक्षाओं पर खरा उतरने से इंकार कर दिया। ख़ुद को किसी वर्ग विशेष की सीमाओं के भीतर बँधे रहने से मना कर दिया। वह चाहते थे कि उन्हें लोग हमेशा-हमेशा के लिए याद रखें। वह उत्कृष्ट रचनाएँ सृजित करना चाहते थे।''

डेविड ने एक पल के लिए विराम लिया, गोया कि वह अपनी स्वयं की कहानी के साथ कहीं न कहीं मोज़ार्ट को जोड़ने की कोशिश कर रहा हो। कंडक्टर ने इस दौरान कुछ नहीं कहा, लेकिन थोड़ी देर के बाद उन्होंने इतिहास का पाठ फिर शुरू कर दिया।

''मोज़ार्ट को एहसास हुआ कि उन्हें सीखते रहना चाहिए। जब सिम्फ़नी पर्याप्त नहीं लगी तो वह ओपेरा की ओर गए, चैम्बर म्यूज़िक की तरफ़ गए और फिर वहाँ से कॉमेडी की ओर गए। आप किसी का भी नाम लीजिए, वह उसमें हाथ आज़माते नज़र आएँगे।''

डेविड को कंडक्टर की ज्ञान भरी बातें सुनना अच्छा लग रहा था। वह भले ही मशहूर कंडक्टर बन गए हों, अपने संगीत कौशल के लिए जाने जाते हों, मगर दिल से वह सदैव एक शिक्षक ही रहे।

डेविड को लगता था कि अब तक के अनुभवों से उसने इस बात में महारत हासिल कर ली थी कि क्या होने वाला है, इसका अंदाज़ा उसे पहले से ही हो जाएगा, लेकिन इस बार जो हुआ, उससे वह भौंचक रह गया। उसकी ज़िंदगी में जब से अजीब तरह की घटनाएँ होनी शुरू हुई थीं, तब से वह इतना हैरान नहीं हुआ था, जितना कि इस बार हुआ।

ऐसा इसलिए, क्योंकि उसी क्षण कंडक्टर एक तरफ़ नीचे झुके और वही पुरानी-सी किताब उठा ली, जिसने डेविड को पिछले कई महीनों से चकित कर रखा था। कंडक्टर ने उसमें से कुछ शब्द पढ़ने शुरू कर दिए।

''ग़लती नंबर सात है स्वयं को दूसरों से अलग दिखाने के बजाय उनमें ही घुल-मिल जाना, उनकी तरह ही नज़र आने की कोशिश करना।''

हैरानी में डेविड मन ही मन बुदबुदाया, ''हे भगवान! अब इस पर मैं क्या कहूँ! ग़लतियों के बारे में बताने वाले शिक्षकों में से एक मेरे ख़ुद अपने ही शिक्षक निकले।'' हालाँकि डेविड के इस तरह हक्का-बक्का रह जाने से कंडक्टर को आनंद आ गया था, लेकिन उन्होंने इस स्थिति को नज़रअंदाज़ करते हुए अपनी बात जारी रखी, यह जताते हुए कि ऐसा उनकी ज़िंदगी में होता रहता है। ''मोज़ार्ट ने बहुत जी-जान से काम किया। उनकी कार्य नीति अथक थी और सफल होने की उनकी आकांक्षा से मेल खाती थी। उनका प्रभाव आज भी बेजोड़ है।''

''सोचो ज़रा। वह अपनी मृत्यु से पहले 600 रचनाएँ कम्पोज़ कर गए। और उनकी मृत्यु महज़ 35 साल की उम्र में हो गई थी।''

''मुझे तो रोज़ाना अपने दिन थोड़े-थोड़े कम होते नज़र आते हैं'', डेविड ने मुस्कराने की कोशिश करते हुए जवाब दिया।

''यह तो कुछ भी नहीं है। एक पल के लिए शास्त्रीय संगीत को भूल जाइए। ज़रा सोचिए कि कोई व्यक्ति इतनी जल्दी दुनिया पर इतना स्थायी प्रभाव कैसे डाल सकता है।'' कंडक्टर ने 'स्थायी' शब्द पर इस तरह से ज़ोर दिया, मानो वे टक्सडो सूट पहनकर मंच पर खड़े हों और हाथ की मुद्राएँ बनाकर किसी संगीत की रिहर्सल करा रहे हों।

आपको वाक़ई आनंद आ रहा है, है ना?'' डेविड ने अपने गुरु को ग़लतियों के रहस्य और संगीत के इतिहास के प्रति उनके प्यार को एक साथ मिश्रित करते देखकर पूछा।

कंडक्टर ने कहा, ''हममें से अधिकांश लोग बाक़ी लोगों के जैसे नज़र आने में ही अपनी ज़िंदगी खपा देते हैं, ख़ासकर किशोरावस्था में जब हम थोड़ा अलग दिखने की कोशिश करते हैं, तो हम पर लगातार फब्तियाँ कसी जाती हैं।''

यह सुनते ही डेविड को सातवीं कक्षा की वह घटना याद आ गई, जब कुछ पहनने की वजह से उसका कई दिनों तक मज़ाक़ उड़ाया गया था। डेविड ने बग़ैर कुछ कहे सहमति में अपना सिर हिला दिया।

"दूसरों की तरह ही दिखाई देने की इच्छा से हममें से ज़्यादातर लोगों का इतना शक्तिशाली भावनात्मक जुड़ाव होता है कि हम अलग नज़र आने की कोई योजना तक नहीं बनाते, लेकिन महानता हमेशा अलहदा दिखाई देती है। अगर आप अलग नज़र नहीं आएँगे, तो पदोन्नति के वक़्त आपकी क़द्र नहीं की जाएगी। बाज़ार में आपको नज़रअंदाज़ किया जाएगा। महत्त्वपूर्ण अवसरों पर आपकी अनदेखी की जाएगी।"

डेविड आज सुबह से ही अपने बचपन के घर में और पृष्ठभूमि से आ रहीं पियानो की स्वर लहरियों के बीच अपने दोस्त के साथ बातचीत करते हुए बेहद सुकून का अनुभव कर रहा था। ऐसा लग रहा था कि वह इस ग़लती को बहुत गहराई से समझ रहा है।

कंडक्टर ने कहा, "ऐसे तीन नाम लो, जो बहुत सफल रहे हैं।" जवाब का इंतज़ार किए बग़ैर उन्होंने आगे कहा, "मुझे पक्का यक़ीन है कि ये वे होंगे, जो बाक़ी लोगों से एकदम अलग मक़ाम पर खड़े रहे। इसके लिए सुपरस्टार बनने की ज़रूरत नहीं है। ऐसे किसी के भी बारे में सोचो, जिसने अपने काम में कमाल किया हो।" कंडक्टर ने रुककर अब तब ठंडी हो चुकी कॉफ़ी का एक घूँट पिया और डेविड की ओर देखा। वह चुपचाप अंदाज़ा लगा रहे थे कि उनकी बातों में डेविड की दिलचस्पी अब भी बनी हुई है या नहीं।

उनका सितारा शिष्य एक-एक शब्द सुन रहा था। एक भी शब्द से चूका नहीं था।

कंडक्टर ने बात जारी रखी। "अलग दिखना उतना ही आसान है, जितना कि लगातार उम्मीदों से बेहतर प्रदर्शन करना।"

इसी दौरान सूरज बादलों के बीच से निकला और कमरे को रोशन कर गया। इससे डेविड की भूरी आँखें अनायास ही सिकुड़ गईं।

"मैंने देखा है कि जहाँ आप काम करते हैं, वहाँ की कार्य-संस्कृति आपको लकीर का फ़क़ीर बनाना सिखाती है। वह सिखाती है कि कैसे अपना सिर नीचे रखकर काम करते जाना है, न कि कुछ हटकर काम करना।"

"जब कोई व्यक्ति अन्य तमाम लोगों की तरह नहीं दिखता या उनमें घुलता-मिलता नहीं है, तो हममें से ही अधिकांश लोग असहज हो जाते हैं। लोग एक सीध में चलें, इसके लिए प्रभावी मानदंड बनाए गए हैं। अब

यह आपको तय करना है कि वे मानदंड आपके लिए कितने मुनासिब हैं। महान लोग साधारण काम का प्रतिरोध करके असाधारण की ओर अग्रसर होते हैं।''

उसी समय दूसरे कमरे से आ रहीं संगीत की स्वर लहरियाँ थम गई थीं। वे लोग शायद अब गपशप करने लगे थे, लेकिन यह भी साफ़ था कि उन्होंने दोनों पुराने दोस्तों को उनके निजी वार्तालाप के लिए अकेला छोड़ दिया था। इस समय का डेविड ने सदुपयोग किया था। विचारों में खोया डेविड रसोईघर की मेज़ पर अपनी अंगुलियों की धीमी-धीमी थाप दे रहा था। ग़लती को लेकर उसे जो सबक़ दिए गए थे, उन पर मानो मनन कर रहा था।

कंडक्टर ने आगे कहा, ''मुझे इस ग़लती को लेकर जो बात सर्वाधिक प्रभावशाली लगी, वह है मौलिकता। सबसे अलग दिखने का नतीजा होती है मौलिकता। अगर आप अपनी पहचान को लेकर प्रतिबद्ध हैं, तो स्वाभाविक तौर पर सबसे अलग दिखाई देंगे, क्योंकि कोई भी दूसरा आपकी तरह नहीं हो सकता। मौलिकता आपकी अद्वितीय प्रतिभा की सुंदर अभिव्यक्ति है।''

इसके बाद कंडक्टर ने अपनी प्राचीन किताब को बंद करके उसे गोद में रख लिया। टेबल की ओर थोड़ा क़रीब आकर उन्होंने डेविड का हाथ थामा और हौले से दबाया। ''हमारे अब तक के तमाम वार्तालापों में यह मेरा सबसे पसंदीदा है। इसे तुम्हारे साथ साझा करना मेरे लिए सौभाग्य की बात है।'' उन्होंने किताब बहुत ध्यान से अपने बैग में रख ली, हल्के से सिर हिलाया और बोले, ''वे लोग हमें ढूँढते यहाँ तक आएँ, उससे पहले ही मैं उनके पास जा रहा हूँ। चॉपिन की कुछ धुन हो जाएँ, क्या ख़याल है?''

डेविड मुस्कराया। अपने ही विचारों में खोया वह थोड़ी देर के लिए यह भूल गया था कि उसके दोस्त परिजनों के पास जाने के लिए निकल पड़े हैं, फिर वह एक झटके से यह सोचते हुए उठा कि कंडक्टर कुछ बहुत ही महत्त्वपूर्ण चीज़ भूल गए हैं। वह कंडक्टर के पीछे जाने ही वाला था कि उसे किचन के काउंटर पर वही चीज़ मिल गई, जिसकी उसे उम्मीद थी। वह कंडक्टर को उसे वहाँ रखते हुए देख नहीं पाया था, पर वैसी ही थी, जैसी कि उसने सोची थी। उसने धीरे-धीरे उसे पढ़ा। डेविड जानता था कि आने वाले दिनों में वह इसे कई बार पढ़ेगा।

ग़लती #7:

दूसरों से अलग दिखने के बजाय उनके जैसे ही नज़र आने की कोशिश करना

हममें से अधिकांश लोग ख़ुद को बाक़ी लोगों की तरह दिखाने में ही ज़िंदगी खपा देते हैं, जबकि सफलता मिलती है अद्वितीय होने में।

सफल लोग हमेशा स्वयं को आगे बढ़ाते हैं, हमेशा कुछ नया सीखते हैं, हमेशा कुछ नया करते हैं।

महानता हमेशा भीड़ से अलग दिखाई देती है।

अगर आप अलग नहीं दिखाई दिए, तो आपकी क़द्र नहीं की जाएगी, आपको अनदेखा और उपेक्षित किया जाएगा।

अलग दिखना उतना ही आसान है, जितना कि लगातार उम्मीदों से बेहतर प्रदर्शन करना।

महान लोग साधारण काम करने का प्रतिरोध करके असाधारण की ओर अग्रसर होते हैं।

सबसे अलग दिखने का नतीजा होती है प्रामाणिकता।

अगर आप अपने अनूठे उद्देश्य को लेकर प्रतिबद्ध हैं, तो स्वाभाविक तौर पर सबसे अलग दिखाई देंगे।

प्रामाणिकता आपकी अनूठी प्रतिभा की सुंदर अभिव्यक्ति है।

आठवीं ग़लती

कैनवास पर रंग अपनी छटा बिखेर रहे थे। ब्रश के हर स्ट्रोक के साथ वह कलाकार अचंभित करने वाले तत्वों का समावेश करती जा रही थी: हरी-भरी हरियाली, आसमान पर फैली लालिमा, पर्वतों के शिखर और उनमें से कलकल बहती सरिता। कलाकार रंगों को एक सुनिश्चित लक्ष्य के साथ इस तरह से सजा रही थी, मानो वह किसी अनदेखी योजना से संचालित हो रही हो। दो मौसमों के संधिकाल का आनंद लेते हुए उसने आज सुबह कुछ जल्दी ही काम शुरू कर दिया था, हालाँकि वसंत के आगमन में अभी देर थी, लेकिन सर्दी का प्रभाव धीरे-धीरे क्षीण हो चला था।

उसका स्टूडियो एक व्यस्त सड़क पर था और उसके सामने से गुज़रने वाले लोग अंदर झाँककर उसे काम करते हुए देख सकते थे। वह रंगों का ऐसा मजमा जमा रही थी कि उसके जज़्बे और उसकी ऊर्जा से अभिभूत होकर कई लोग उसे देखने के लिए वहीं रुक गए थे।

प्रात:कालीन सूरज की रोशनी पेंटिंग की ख़ूबसूरती को और भी उभार रही थी। कलाकार सिर नीचे किए अपने काम में व्यस्त थी। उसे तो इस बात का भान तक नहीं था कि उसके स्टूडियो की खिड़की के बाहर भीड़ बढ़ती जा रही है। प्रशंसक उसके और उसकी प्रतिभा के बारे में चर्चा कर रहे थे।

उस सड़क पर आज डेविड भी अकस्मात आ गया था। दरअसल, सर्दियों के तूफ़ानों से पहुँचे नुक़सान के मरम्मत कार्य की वजह से बग़ीचे से गुज़रने वाला रास्ता बंद था। चूँकि आज वह दफ़्तर के लिए वक़्त से थोड़ा पहले निकल गया था, इसलिए खिड़की के पास भीड़ को देखकर वह भी रुक गया। पेंटिंग की शैली को देखते ही वह तुरंत पहचान गया। जब वह

क़र्ज़ माँगने के लिए बैंक गया था, तो उसे वहाँ एक शानदार पेंटिंग देखने को मिली थी। वह समझ गया कि उस पेंटिंग की सृजनकर्ता यही कलाकार थी।

डेविड ने जब भीतर की ओर झाँका, तो उसी समय कलाकार ने अपनी आँखें ऊपर की तरफ़ कीं। उसने भीड़ की ओर देखा और फिर सीधे उसकी नज़रें डेविड पर टिक गईं। वह रुक गई, उसने सावधानी से अपना ब्रश नीचे रखा और दरवाज़े पर पहुँची। उसने स्टूडियो का द्वार खोल दिया और सभी को भीतर आने का न्योता दिया। कुछ लोग तो अपनी राह चल दिए, लेकिन अधिकांश लोग स्टूडियो के अंदर आ गए और बिक्री के लिए वहाँ रखीं तसवीरों का अवलोकन करने लगे।

डेविड के पास पहुँचकर कलाकार ने कहा, ''यहाँ आने के लिए शुक्रिया। मुझे तुमसे मिलकर बहुत ख़ुशी हो रही है। क्या तुम देखना चाहोगे कि मैं कैसे काम करती हूँ?''

डेविड ने जवाब दिया, ''मैं आज दफ़्तर के लिए थोड़ा जल्दी निकल गया था और तभी भीड़ की वजह से यहाँ रुक गया। मैं महँगी कलाकृतियाँ तो नहीं ख़रीदता हूँ, लेकिन आपकी रचनात्मकता को देखना ज़रूर चाहूँगा।''

कलाकार मुस्करा दी। वह एक शुभ्र मुस्कान थी, जिससे ख़ुशी, सुकून और नेकी सब एकसाथ प्रकट हो रही थी। डेविड को उसमें गर्मजोशी और स्वागत का एहसास हुआ।

यहाँ आओ। मैं तुम्हें दिखाती हूँ कि यह सब कैसे होता है,'' उसने उसे एक तरफ़ आने का इशारा करते हुए कहा। कलाकार ने फिर चित्रकारी शुरू कर दी, मगर साथ-साथ बातचीत भी करती रही। इसने डेविड को उस टीवीशो की याद दिला दी, जो उसने काफ़ी अरसे पहले देखा था। उसमें एक कलाकार प्राकृतिक दृश्यों को चित्रित करते हुए एक काल्पनिक दर्शक से गपशप भी कर रहा था। उसके द्वारा बनाई गई तसवीर दिखने में बहुत सरल थी, लेकिन अधिकांश दर्शक उसे दोहराने की क़वायद भी नहीं कर पाए थे।

और फिर इस महिला कलाकार ने वह किया, जिसके बारे में डेविड ने सोचा भी नहीं था। उसने एक ब्रश उठाकर उसे मिश्रित रंग में डुबोया और डेविड को थमा दिया।

''अब तुम्हारी बारी'', इतना कहकर वह उम्मीद भरी नज़रों से उसकी ओर देखने लगी। ''इससे बेहतर समय और कुछ नहीं है।''

''ओह, माफ़ करना। मैं निश्चित ही रचनात्मकता को पसंद करता हूँ, मगर पेंटिंग-वेंटिंग करना मेरे बस की बात नहीं है'', डेविड ने कहा।

''दुनिया में संभावनाएँ अनंत हैं, लेकिन हमारा मन हमें बाँध देता है। जब हम मन की सीमाओं को बदल देते हैं, तो बंधन ग़ायब हो जाते हैं। अपनी आँखें बंद करो और सोचो कि तुम क्या सृजित करना चाहते हो।''

कलाकार ने डेविड के हाथों को थाम लिया और मानो एक जादूगरनी की तरह ब्रश को उसकी अंगुलियों के बीच फँसा दिया। अब उससे पेंटिंग करने को कहा जा रहा था। वह अपनी जगह पर जड़वत था और इस बात से चिंतित भी कि वह जो कुछ भी करेगा, उससे इस पेंटिंग का बर्बाद होना तय है, जो निश्चित ही एक महँगी कलाकृति बनने जा रही थी।

अब डेविड का मार्गदर्शन करते हुए कलाकार ने उसके माध्यम से काम करना शुरू कर दिया।

''किसी ग़लती की चिंता मत करो। हम कुछ भी दुरुस्त कर सकते हैं।'' वह डेविड को लगातार प्रोत्साहित कर रही थी। डेविड को मालूम भी नहीं चला कि कब उसने वाक़ई पेंटिंग करनी शुरू कर दी। उसे पता नहीं था कि आख़िर उसमें यह हुनर कैसे और कहाँ से आ गया, मगर थोड़ी देर बाद जब उसने पीछे हटकर पेंटिंग को देखा, तो उसमें अपने द्वारा जोड़े गए दृश्यों से वह काफ़ी हद तक प्रसन्न था। उसके चेहरे पर मुस्कान थी, लेकिन वह जानता था कि कलाकार के मार्गदर्शन के बिना यह संभव नहीं था।

''शानदार'', कलाकार ने कहा, ''तुम तो छिपे रुस्तम निकले।''

''यह मौक़ा देने के लिए बहुत धन्यवाद। मैं जानता हूँ कि मैंने जो कुछ किया है, उसे आपको ठीक करना पड़ेगा।'' डेविड ने कैनवास के उस दृश्य को फिर से आत्म-प्रशंसा के भाव से निहारा, फिर उसने ब्रश को बहुत ध्यान से कलाकार के सुपुर्द कर दिया। कलाकार ने उसे बड़ी कुशलता से साफ़ करके एक तरफ़ रख दिया।

''मैं इस पर थोड़ी-सी मेहनत करके इसे और बेहतर बना सकती हूँ, लेकिन तुमने वाक़ई अच्छा काम किया है!'', इतना कहते हुए कलाकार डेविड की ओर मुख़ातिब हुई और उसने ऐसा सवाल पूछ लिया, जिससे वह आश्चर्यचकित रह गया। ''अगर तुम्हारा जीवन एक कैनवास होता, तो तुम इस पर जो रच रहे हो, उससे क्या ख़ुश होते?''

डेविड ने ऊपर की ओर देखा और फिर कमरे में चारों ओर नज़र डाली। वह कुछ ढूँढने लगा था, उसकी नज़रें कुछ तलाश रही थीं। वह सोचने लगा कि क्या अगला सबक़ सीखने, अगली ग़लती के बारे में जानने का समय आ गया है! उसने सीधे कलाकार से ही पूछने का निश्चय किया। ''आपके पास चमड़े की कोई छोटी किताब तो नहीं होगी, जिसमें कुछ शक्तिशाली सबक़ हों, है ना?'

कलाकार खिलखिलाकर हँस पड़ी। ''अब जबकि तुमने इसका ज़िक्र छेड़ ही दिया है'' और इतना कहते हुए उसने पास की एक अलमारी से एक किताब निकाल ली। ''मैं जानती हूँ कि आठवें नंबर तक आते-आते कोई भी इतना चौकस हो ही जाएगा।''

''आप ऐसा मान सकती हैं'', डेविड ने कहा, ''लेकिन आपके उस गहरे सवाल से पहले तक मुझे इसको लेकर ज़रा भी आभास नहीं था। अब आपके उस प्रश्न के उत्तर में इतना ही कहूँगा कि हाँ, बहुत ज़्यादा ख़ुश तो नहीं हूँ, लेकिन मुझे लगता है कि मैं कहीं बेहतर दिशा में आगे बढ़ रहा हूँ।''

कलाकार ने कहा, ''यह एक ईमानदार जवाब है। हम अक्सर सुनते हैं कि जीवन एक उपहार है। यह सच है, लेकिन यह ऐसा उपहार नहीं है कि उसे हम किसी ताक पर रख दें और उसका गुणगान करते रहें। यह उपहार हमें कुछ रचने के लिए मिला है। हम जो चाहें, वह सृजित कर सकते हैं। जब हम कुछ डिज़ाइन रचते हैं, तो वह हमारी सोच में काम करने लगती है। मैं किसी चीज़ की कल्पना तब तक करती हूँ, जब तक कि वह मेरे दिमाग़ में इतनी स्पष्ट न हो जाए कि उसे कैनवास पर आसानी से उतार सकूँ। दरअसल, जिस चीज़ की हम बार-बार पूरे आवेग के साथ कल्पना करते हैं, वही साकार भी होती है। तुम्हें बताना चाहूँगी कि मैं सिर्फ़ पारंपरिक कलाकार नहीं हूँ।'' इतना कहते हुए उसने एक और किताब उठा ली और उसे डेविड को दिखाने लगी। यह नंबरों और स्प्रेडशीट्स से भरी हुई थी।

''मैं केवल कलाकृतियों को बेचने का व्यवसाय ही नहीं करती हूँ। मेरे पास डिज़ाइनर कार्डस, कपड़े तथा कई अन्य चीज़ों के धंधे हैं। आज ये सब बढ़ते उद्यम हैं, लेकिन एक समय ऐसा भी था, जब मैंने काफ़ी गड़बड़ियाँ की थीं। यह ग़लती नंबर आठ थी, जिसकी वजह से मेरी ज़िंदगी में सबसे बड़ा बदलाव आया।''

''यह तो अद्भुत है। मुझे नहीं मालूम था कि आप कला से संबंधित और भी कई तरह के उत्पादों का व्यवसाय करती हैं। मुझे तो यक़ीन नहीं हो रहा। कृपया अब ज़्यादा इंतज़ार मत करवाइए और बताइए कि ग़लती नंबर आठ क्या है?''

''ग़लती नंबर आठ यह सोचना है कि सफलताएँ एक निश्चित और सीमित मात्रा में ही उपलब्ध हैं।''

इसी बीच, उसके एक कर्मचारी ने इशारा करके उसे अपने पास आने को कहा। दरअसल, एक ग्राहक उसकी पेंटिंग पर उसके हस्ताक्षर चाह रहा था और इसके लिए काफ़ी आग्रह कर रहा था। 'एक्सक्यूज़' मी कहते हुए कलाकार अपने नए प्रशंसक के पास चली गई। डेविड उसे जाते और पेंटिंग पर हस्ताक्षर करते देखता रहा। डेविड के पास लौटते ही उसने बातचीत के सिलसिले को ऐसे जारी रखा, मानो वह छोड़कर गई ही नहीं थी। ''जब मैं शुरुआत कर रही थी, तब बाक़ी लोगों के काम को देखा करती। मुझे उन्हें देखकर ईर्ष्या होती। मैं उनके साथ अपनी तुलना करती। जब वे अच्छा करते, तो मैं भीतर तक जल जाती। मैं तुम्हें इस बारे में समझा नहीं सकती, क्योंकि आज यह सब कुछ काफ़ी शर्मनाक लगता है, मगर सच यही है।''

डेविड का ध्यान अपने सफल और 'अर्द्ध-प्रसिद्ध' दोस्त की ओर चला गया, जो नियमित रूप से ख़बरों में बना रहता था। डेविड ने आहिस्ता से सिर हिलाते हुए कहा, ''आप मुझ पर भरोसा कीजिए, मैं यह समझता हूँ।''

उसने और कुछ नहीं, तो इतनी साफ़गोई के साथ अपनी कमियों को स्वीकार किया था और डेविड इस बात से अभिभूत था कि उसे ग़लतियों के बारे में बताने वाले हर शिक्षक ने अपनी स्वयं की त्रुटियों को लेकर खुलकर बात की थी।

''अगर किसी को अच्छी सफलताएँ मिलतीं, तो मैं इसका अर्थ यह लगाती कि अब सफलताओं में मेरा हिस्सा कम हो गया। मुझे तब तक इस बात का एहसास नहीं हुआ था कि संसार में अनंत संभावनाएँ हैं। हमारी क्षमताओं की कोई सीमा नहीं है। किसी और की सफलताओं से हमारी संभावनाएँ कम नहीं हो जातीं। किसी अन्य की सफलता से भयभीत होने के बजाय उससे प्रेरित होना चाहिए।''

डेविड ने एक के बाद एक कई सवाल दाग़ दिए। ''हम ऐसी प्रवृत्ति कैसे विकसित कर सकते हैं? क्या यह हमेशा सच होता है? ऐसी सोच मुझे स्वाभाविक क्यों नहीं लगती?'' जैसे-जैसे वह इस ग़लती के निहितार्थों के विषय में सोचने लगा, उसमें इसके प्रभाव के बारे में जानने-समझने की उत्सुकता और इच्छा बढ़ती गई।

सवालों को सुनकर कलाकार मुस्करा दी और हल्के से सिर हिलाकर उनसे सहमति जताई। उसने अंगुली से इशारा किया कि वह उसके तमाम सवालों और संदेहों पर ज़रूर आएँगी, लेकिन फ़िलहाल उनका सीधा जवाब न देते हुए उसने अपनी बात जारी रखी। ''अगर किसी एक शो में कोई अपनी महँगी पेंटिंग बेचने में कामयाब हो जाता, तो मैं सोचती, 'अरे, वही तो ऐसा एकमात्र बंदा था, जो इतनी महँगी पेंटिंग ख़रीद सकता था।' इससे मैं परेशान हो जाती। मुझे बाद में एहसास हुआ कि सफल होने के एक नहीं, अनेक तरीक़े हैं। मुझे फ़िक्र तो केवल उन हदों की होनी चाहिए, जो मैंने अपने दिलो-दिमाग़ में बना रखी है।''

डेविड ने कहा, ''आश्चर्य है कि इतनी सफल उद्यमी होने के बावजूद आपको यह भी याद है कि शुरुआत में क्या हुआ था?''

''हाँ, मैं इसे हमेशा दोहराती रहती हूँ, सकारात्मक तौर पर, ख़ुद को यह याद दिलाने के लिए कि वास्तव में क्या मायने रखता है और किस तरह से दूसरों की मदद की जा सकती है। और पता है, फिर क्या हुआ? जब मुझे कुछ सफलताएँ मिलने लगीं, तो मैं संघर्षरत कलाकारों की ओर देखती। ख़ुद को अच्छा महसूस करती और अहंकार से भर उठती। ये बहुत ख़राब बात थी। मुझे इस प्रवृत्ति से छुटकारा पाने के लिए अपने ऊपर काफ़ी काम करना पड़ा। सफल लोग अपनी ही राह पर साथ चलने वाले दूसरे लोगों को भी रास्ता दिखाते हैं और उन्हें आगे बढ़ने के लिए प्रोत्साहित करते हैं। हम दूसरों की जितनी ज़्यादा से ज़्यादा मदद करेंगे, हमें भी उतनी ही सफलताएँ मिलेंगी। यह अद्भुत बात है।''

कलाकार अपनी इस बात को और विस्तार से समझाना चाहती थी, लिहाज़ा वह रुक गई, फिर वे दोनों स्टूडियो के कोने में रखी एक छोटी-सी टेबल के पास जाकर बैठ गए। कलाकार का एक कर्मचारी दो कप हॉट कॉफ़ी दे गया। उसने बातचीत के सिलसिले को जारी रखी, ''मैं इसे फिर

से दोहराना चाहती हूँ, क्योंकि यह बात है ही इतनी महत्त्वपूर्ण। अवसर अनंत होते हैं। जब कोई दूसरा व्यक्ति सफल होता है, तो उसे देखकर हमें अपनी मानसिकता पर ध्यान देना चाहिए। ईर्ष्या को जिज्ञासा में बदल देना चाहिए।''

ईर्ष्या को जिज्ञासा में कैसे बदला जा सकता है, इस बारे में सोचते हुए डेविड को अपना सबसे सफल दोस्त याद आ गया। उसे दोस्त से ईर्ष्या करने के बजाय उसकी सफलता के तमाम पहलुओं के बारे में पूछना और जानना चाहिए था। अगर उसने ऐसा किया होता, तो उसे अपने सफ़र के लिए भी कुछ जीवन-सूत्र मिल सकते थे।

कलाकार ने यह भाँप कर कि डेविड गहन विचार में डूबा हुआ है, थोड़ी देर इंतज़ार किया और फिर अपनी बात को आगे बढ़ाया। ''अगर कोई शख़्स बहुत कामयाब और ख़ुश है या सुकून से भरा है, तो उससे इसकी वजह पूछें। आपको यह जानकर आश्चर्य होगा कि वह आदमी कितने खुले दृष्टिकोण वाला है और कई बार उससे आपको अपने लिए भी एक रोड मैप मिल सकता है। अगर वह रोडमैप आपके उद्देश्य के अनुकूल है, तो उसे अपनी योजनाओं का हिस्सा बना लीजिए।''

दोनों कुछ देर तक बातचीत करते रहे और फिर किसी पेंटिंग पर हस्ताक्षर करने के लिए कलाकार को दोबारा वहाँ से जाना पड़ा। डेविड वहीं बैठकर उन लोगों के बारे में सोचने लगा, जो अपनी ज़िंदगी में काफ़ी अच्छा कर रहे थे, फिर उसका ध्यान अपने उस दोस्त की ओर गया, जिसने उसके साथ स्नातक किया था, लेकिन आज हालात कुछ ठीक नहीं थे। उसने उसी समय अपने संघर्षरत दोस्त को फ़ोन लगाकर उसकी तरफ़ मदद का हाथ बढ़ाया, फिर उसने उस शख़्स को एक संदेश भेजा, जिसने उम्मीदों से भी कहीं आगे बढ़कर सफलताएँ अर्जित की थीं। डेविड ने उससे पूछा कि क्या वे कहीं मिल सकते हैं, ताकि वह भी उन सफलताओं से कुछ सीख सकें। एक मिनट बाद ही उसका जवाब आया कि उसे ख़ुद भी डेविड से मिलकर ख़ुशी होगी।

जब कलाकार लौटी, तो डेविड ने उसे उस बारे में बताया, जो उसने अभी-अभी किया था। अपनी कॉफ़ी ख़त्म करने के बाद वह चलने के लिए उठ खड़ा हुआ। कलाकार ने उसका आलिंगन किया और कुछ उत्साहवर्द्धक

शब्द कहे, लेकिन उसने यह भी जोड़ा, ''मैंने जो बताया, वह उलटे तरीक़े से भी काम करता है। अगर कोई अपनी ज़िंदगी में विफल हो गया है, बहुत दुखी है, हर समय परेशान रहता है, भयंकर तनाव में है, तो इस तरह के लोगों से भी पूछते रहना ज़रूरी है कि ऐसा क्या हुआ, जिनकी वजह से उन्हें विफलताएँ हाथ लगीं। ये लोग भी सफ़र पर थे, मगर रास्ते से भटक गए। तो क्या काम नहीं करने हैं, ये सबक़ भी उतने ही महत्त्वपूर्ण हैं, जितने कि यह कि क्या करना है।''

फिर उसने काग़ज़ का एक पुर्ज़ा डेविड के जैकेट की जेब में डाल दिया। डेविड ने पूछा, ''आपने यह खुलेआम किया? इसे डालने के लिए कोई तिकड़म नहीं भिड़ाई?''

कलाकार ने ठहाका लगाया और बोली, ''मुझे लगता है कि अब तक तुम जान गए होंगे कि यह कैसे काम करता है।''

डेविड उस जगह से तुरंत रवाना नहीं हुआ। इसके बजाय वह थोड़ी दूर से उसे देखता रहा कि वह लोगों से कैसे वार्तालाप करती है, कैसे वह सभी का स्वागत-सत्कार करती है। वह हर व्यक्ति को ऐसा आभास दिलाती कि उसकी दुकान पर आने वाले तमाम लोगों में वही सबसे महत्त्वपूर्ण है। डेविड ख़ासकर तब ज़्यादा प्रभावित हुआ, जब उसने देखा कि एक छोटी-सी बच्ची उसे अपनी पेंटिंग दिखाने लाई है और उस पर प्रतिक्रिया देते हुए वह कहती है, ''अरे, तुममें तो मुझे एक बेबी मोने या बेबी पिकासो नज़र आ रहा है।''

अंततः डेविड ने कलाकार की तरफ़ हाथ हिलाकर उससे विदाई ली। कलाकार ने भी हाथ हिलाया। डेविड जैसे ही गैलरी से बाहर निकलने लगा, उसी समय कलाकार के एक कर्मचारी ने उसे रुकने को कहा, ''उन्होंने आपके लिए यह दिया है।'' डेविड ने वह एक छोटा-सा, सावधानी से पैक किया हुआ पैकेट स्वीकार कर लिया।

डेविड ने सड़क पार की और रास्ते भर कलाकार से हासिल सीखों के बारे में सोचता रहा। दफ़्तर पहुँचकर उसने उस पैकेट को खोला। उसमें से निकली पतझड़कालीन बग़ीचे की एक बड़ी ख़ूबसूरत पेंटिंग। तभी अकस्मात उसने पेंटिंग पर ग़ौर किया। यह तो वही बग़ीचा था। उसमें वही बेंच थी, वही पेड़ था और यहाँ तक कि सुंदर लड़की भी वही थी। उस पहले दिन

का पूरा दृश्य मानो पेंटिंग में साकार हो उठा था, जहाँ से इन तमाम बातों की शुरुआत हुई थी। *यह तो बहुत ज़्यादा है।* ''असंभव'', उसने मन ही मन कहा।

डेविड ने दोबारा से कलाकार से मिलने और इस बारे में पूछने का निश्चय किया। उसने फिर कागज़ निकाला और उसे पढ़ने लगा।

ग़लती #8:

यह सोचना कि सफलताएँ निश्चित और सीमित मात्रा में ही उपलब्ध हैं

हमारी सोच ही हमारे जीवन की रूपरेखा तय करती है।

हम जिस चीज़ की बार-बार गहनता से कल्पना करते हैं, वही हक़ीक़त बन जाती है।

दुनिया में संभावनाएँ अनंत हैं।

हमारे सामर्थ्य की कोई सीमा नहीं है।

चिंता तो केवल उन सीमाओं की होनी चाहिए, जो हमने अपने दिलो-दिमाग़ में बना रखी है।

दूसरों की सफलताओं से प्रेरित हों, भयभीत नहीं।

सफल लोग प्रोत्साहन और अपने अनुभवों के माध्यम से दूसरों की मदद करते हैं।

दूसरों की मदद करने से लोग आपके कार्यों की ओर आकर्षित होते हैं और इससे आपकी सफलताएँ बढ़ती हैं।

जब कोई अच्छा कर रहा हो, तो अपनी मानसिकता को ईर्ष्या से जिज्ञासा में बदल दें।

⌘⌘⌘

रॉबर्ट और माये के घर पहुँचते ही अरिया ने दौड़ते हुए दलान की सीढ़ियाँ चढ़ीं। भारी-भरकम दरवाज़े को खींचा और भीतर चली गई। उसने आवाज़ लगातार अपने आने का संकेत दिया। उसके अंदर आते ही दरवाज़ा बंद हो गया। वहाँ माये खड़ी थीं। उन्होंने हाय-हेलो कहा। अरिया ने भी हाथ हिलाकर अभिवादन किया और फिर तुरंत अपने कमरे में चली गई।

कमरे के दरवाज़े को बंद करने के बाद उसने यह सुनिश्चित करने के लिए खिड़की से बाहर झाँका कि कोई उसका पीछा करते हुए आया, तो नहीं। आसमान में काले व गहरे बादलों का डेरा था और सूरज उनके पीछे कहीं दुबका हुआ था। उसे कोई भी नज़र नहीं आया।

वह पलंग के किनारे पर जाकर घुटनों के बल बैठ गई। पलंग के नीचे दाहिने हाथ को फैलाकर वह छोटे-से बक्से को टटोलने लगी। उसकी अंगुलियों ने जैसे ही बक्से के ऊपर लगे छल्ले को स्पर्श किया, उसने बड़ी सावधानी से उसे बाहर निकाल लिया। एक और एहतियात बरतते हुए उसने कमरे में रखी कुर्सी को खिसकाकर उसे दरवाज़े के हैंडल के नीचे सटा दिया।

कुछ सेकंडों के बाद ही उसने बक्से को खोला और उसमें से बड़े ध्यान से '*द बुक ऑफ़ मिस्टेक्स*' की पांडुलिपि बाहर निकाल ली। उसने पहले यह सुनिश्चित किया कि उसका अंतिम पृष्ठ क्या वैसा ही है, जैसा कि उसने छोड़ा था, और वह था: संरक्षक का दूसरा नियम, जो पहले नियम के ठीक बाद में था। उसने इसका अवलोकन किया और नियम में लिखे 'भीतर' शब्द को नए सिरे से परखा। अंकल के अंतिम शब्द उसके दिमाग़ में फिर कौंध गए।

उसने बक्से के तले को छाना। वहाँ कुछ नहीं मिला।

फिर वह अंगुलियों के नाख़ूनों से तले के किनारों को टटोलने लगी। उसे एक धागा जैसा महसूस हुआ। शायद, एक नहीं, वहाँ कुछ और भी धागे थे। उसने उन्हें अंगुलियों में लपेटकर धीरे से खींचा। तले पर रखा एक नक़ली तला भी ऊपर की ओर उठ गया।

संरक्षक का तीसरा नियम वहीं पर था। उस असली तल पर सोने के कुछ बेहद ख़ूबसूरत सिक्के भी करीने से रखे हुए थे।

वह तीसरे नियम को पढ़ना चाहती थी, लेकिन फिर रुक गई। उसे महसूस हुआ कि संरक्षक की पूरी पांडुलिपि, तो अब उसी के पास है और इसलिए उसे सुरक्षित रखना उसकी ज़िम्मेदारी है। उसने सबकुछ वापस बक्से में रख दिया।

उसने बक्से के साथ यहाँ से तुरंत निकलने का निश्चय किया। उलरिक रुकने वाला नहीं है। वह यहाँ ज़रूर आएगा और वह पांडुलिपि को उसकी पहुँच से दूर सुरक्षित रखना चाहती थी।

अरिया उठकर फिर से खिड़की के पास पहुँची। उसे अब भी कोई नज़र नहीं आ रहा था।

लेकिन वह बेचैन क्यों थी?

वह कमरे के कोने में गई, जहाँ उसे अपने अंकल का झोला मिला। उसने झोले में बक्सा और केवल ज़रूरत भर की कुछ चीज़ें रख लीं। उसे महसूस हुआ कि अंकल भी इसी तरह से झोला अपने साथ रखते होंगे।

उसने कमरे में चारों तरफ़ नज़रें घुमाईं। उसे याद आया कि अंकल ने उसके लिए कुछ पैसे भी छोड़ रखे थे। वे उसे मिल गए, फिर वह कंधे पर झोला लटकाए अगले दरवाज़े से ही बाहर निकल गई। किसी ने उस पर ध्यान नहीं दिया।

वह एक मैदान से होकर आगे बढ़ रही थी। लगातार हो रही मूसलाधार बारिश की बूँदें उसके लबादे पर कोड़े की तरह बरस रही थीं। तापमान जमाव बिंदु से एक या दो डिग्री ही ऊपर होगा और अरिया ठंड की जकड़ को महसूस कर रही थी। केवल यही बात उसे आगे बढ़ने के लिए प्रेरित कर रही थी कि वे लोग उसे ढूँढ रहे होंगे और उससे पांडुलिपि को छीनकर सारे रहस्य उगलवा लेंगे। मैदान के दूर छोर पर जाकर वह सहसा रुक गई।

फिर वह वहीं कीचड़ में दंडवत होकर धीरे-धीरे आगे बढ़ने लगी, ताकि उस पर किसी की नज़र ना पड़े।

उसकी आशंका सही निकली थी। वे उसे ढूँढते हुए वहाँ तक पहुँच गए थे। उन्हें एहसास हो गया था कि वह उनसे बचकर निकल भागी है। वह देख सकती थी कि हल्के भूरे रंग के घोड़े पर सवार उलरिक सबसे आगे चल रहा था। अलेक्ज़ेंडर समूह के बीच में था। वह यथासंभव उनसे दूरी बनाकर रहना चाहती थी। उसकी नज़रें उलरिक पर ही थीं, जो अब घर के दरवाज़े के सामने पहुँच गया था। अरिया जानती थी कि उन लोगों का वास्ता माये से पड़ेगा, जिन्हें भी यही लगेगा कि वह घर पर ही होगी। बाहर बँधा उसका घोड़ा साफ़ नज़र आ रहा था, जिससे भी उसके घर पर ही मौजूद होने का भ्रम बढ़ गया था। जब तक कि वे उसकी दिशा में नहीं देखते, तब तक के लिए उसे थोड़ा वक़्त और मिल गया था।

वह बहुत आहिस्ता-आहिस्ता तब तक आगे की तरफ़ सरकती गई, जब तक कि कुछ ऊँची झाड़ियों के पीछे नहीं पहुँच गई। अब वह उनकी सीधी नज़रों से दूर थी। वह बग़ैर आवाज़ किए दम साधे स्थिर चाल से आगे बढ़ती रही।

एक किसान के खेत से गुज़रने वाली नदी के पास पहुँचकर वह पुराने पुल पर जाने के लिए दाहिनी तरफ़ मुड़ गई। उसे लग रहा था कि वह उनसे इतनी दूर आ गई है कि अब राहत की थोड़ी साँस ले सकती है कि उसी समय उसे एक कुत्ते के भौंकने और फिर एक आदमी के चिल्लाने की आवाज़ सुनाई दी। उसका सबसे बड़ा डर हक़ीक़त बनकर सामने आ खड़ा हुआ था। तो वे उसकी तलाश में यहाँ तक आ पहुँचे थे, लेकिन वह, ख़ासकर उस झोले के साथ किसी भी क़ीमत पर उनके हाथ नहीं लग सकती थी।

अरिया जानती थी कि अगर उसने नदी पार कर ली, तो कुत्ते उसे ढूँढ नहीं पाएँगे। उसने एक गहरी श्वास ली और मन ही मन ठान लिया कि सामने चाहे कोई भी बाधा आए, उसे तेज़ी से आगे निकलना ही होगा। उसने बाईं ओर नज़र दौड़ाई, तो उसे एक पेड़ पर बेहद हल्के तौर पर उकेरा हुआ 'X' का निशान दिखाई दिया। यह पुल के दक्षिण में नदी को पार करने के सबसे सुलभ पॉइंट को चिह्नित करता था। यह कुछ ऐसा था, जो उसके अंकल

उन रास्तों पर अमूमन अंकित किया करते थे, जहाँ से वे अक्सर गुज़रा करते थे।

अरिया ने पानी के तापमान को जाँचा-परखा। बर्फ़ जैसा ठंडा था। उसके रोंगटे खड़े हो गए, लेकिन उसने अपने मन को पक्का किया और पानी में उतर गई। अपनी स्कर्ट को भीगने से बचाने के लिए उसने उसे थोड़ा ऊपर कर लिया था। ख़ुद को हिम्मत बँधाते हुए वह नदी को पार करने लगी।

नदी के दूसरे किनारे पर पहुँचकर अरिया एक बड़े-से पेड़ के पीछे जा छिपी। उसने एक गहरी साँस ली। वह ठंड से काँप ज़रूर रही थी, मगर सुरक्षित थी। इसी बीच, उसे दूर से कुछ शोर सुनाई दिया। उसने साहस करके नदी के दूसरे किनारे की तरफ़ देखा। उसे कम से कम दो कुत्ते और कई आदमी नज़र आ रहे थे। उनमें अलेक्ज़ेंडर भी शामिल था और वह सीधे उसी की ओर देखे जा रहा था। अरिया के पैर सुन्न पड़ गए। वह वहाँ से हिलने की हिम्मत भी नहीं कर पाई। वे दोनों काफ़ी देर तक एक-दूसरे की ओर देखते रहे, जबकि अन्य लोग तलाशी में लगे रहे।

''वहाँ'', अलेक्ज़ेंडर ने इशारा किया। लेकिन वह उसकी ओर नहीं था। वह कीचड़ से सने किनारे की ओर इशारा कर रहा था। ''उसके क़दमों के निशान उत्तर की ओर, पुल की तरफ़ जा रहे हैं।''

जब वे लोग ऊपर की ओर बढ़ने लगे, तब अरिया ने अपनी हथेलियों को आपस में रगड़ा और फिर धीरे-से अपने पैरों की मालिश करने लगी।

वह सोचने लगी कि काश, उसके भीतर भी अंकल जैसी वही प्रवृत्ति होती, जो उन्हें हर स्थिति में शांत व धैर्यवान बनाए रखती थी। वह चाहती थी कि काश! वह यहाँ से कहीं बहुत दूर जा सके। उसने अपनी आँखें बंद कर लीं। अंकल और उनकी हँसी की छवि उसके दिलो-दिमाग़ में उमड़ आई। जब वह बहुत छोटी थी, तब वह कैसे उसे हवा में उछालकर अपने कंधों पर बैठा लेते थे, ये सब तसवीरें भी उसकी आँखों के सामने तैरने लगी थीं। वह मन ही मन मुस्करा दी और आगे जो भी होने वाला था, उसके लिए उसने अपने इरादे और भी मज़बूत कर लिए। उसने सोच लिया था कि वह ख़ुद को बहानों में नहीं उलझने देगी और अपने लक्ष्य को पूरा करने के लिए उसे मिलने वाले हर अवसर का पूरा इस्तेमाल करेगी।

तभी उसके कानों में हल्की-सी एक आवाज़ पड़ी। शायद किसी जानवर की आवाज़ थी। और उसका मन अतीत की यादों से पुन: वर्तमान में लौट आया। उसने हिम्मत करके पेड़ के पीछे से झाँककर देखा। झाड़ियों के झुरमुट से उसे हल्के भूरे व चांदी के रंग की एक झलक दिखाई दी। यह तो उलरिक का घोड़ा था। वह शायद एक चक्कर लगाकर वापस आ गया होगा। मगर घोड़े पर उलरिक तो सवार नहीं था। उसने अपने दाँत भींच लिए। भीतरी भय पर क़ाबू पाते हुए उसने एक पल के लिए सोचा कि अगर उलरिक घोड़े पर सवार होता, तो उसे नज़र तो ज़रूर आता। और तब उसने भी अरिया को देख लिया होता।

अरिया ने बाईं तरफ़ और फिर दाईं ओर देखा, तो वह कहाँ होगा?

उसने यह सोचकर अपनी आँखें बंद कर लीं कि वह किसी भी पल उन लोगों के हाथ लग सकती है। लिहाज़ा, इससे बचने के लिए उसे तुरंत किसी योजना पर काम करने की दरकार थी। उसकी बाँहें अकस्मात क्रॉस होकर कंधों तक पहुँच गईं। इससे उसका ध्यान अपने गले से लिपटे फिचू (एक तरह का स्कॉर्फ़) पर गया। उसने तुरंत अपने बालों में लगे लाल रंग के रिबन और फिचू को निकाल लिया तथा वह अपने काम में जुट गई। काम भी क्या, यह उसके लिए तो खेल जैसा ही था, ऐसा खेल, जो वह अक्सर अपने अंकल के साथ खेला करती थी। अकस्मात वह सोचने लगी, अच्छा! तो इस तरह के खेल मुझे तैयार करने के लिए ही बनाए गए थे! उसने ज़मीन से एक पत्थर उठाया और उसे कामचलाऊ गुलेल में रख दिया। ''अरिया, तुम्हें जो भी ज़रूरी लगे, उसका इस्तेमाल करो।'' उसे अंकल की आवाज़ अपने मन के भीतर इस तरह से गूँजती सुनाई पड़ी, मानो वह उसके साथ वहीं खड़े हैं। इससे उसे सुकून मिला, जबकि उसका दिल तेज़ी से धड़क रहा था।

वह जानती थी कि ध्यान भटकाने की इस तरकीब से उसे महज़ कुछ सेकंड ही मिलेंगे, लेकिन उसके लिए इतना ही काफ़ी था।

'डेविड ऐंड गोलियथ' की कहानी में डेविड ने जिस तरह से गोलियथ के सिर पर पत्थर से प्रहार किया था, उसी तर्ज़ पर अरिया ने अपना दायाँ हाथ पूरा घुमाकर पत्थर को छोड़ दिया। उसकी गति इतनी तेज़ थी कि उससे अरिया को समझ में आ गया कि आख़िर डेविड अपने विशालकाय दुश्मन

को मारने में कामयाब क्यों रहा था। वह जहाँ खड़ी थी, पत्थर उससे काफ़ी दूर तक तेज़ी से और ऊँचा उड़ता चला गया।

धम्म! पत्थर एक चौड़े तने वाले पेड़ से जा टकराया। हवा में एक आवाज़ गूँज उठी।

जैसी कि उसे उम्मीद थी, उलरिक शोर मचाते हुए उस तरफ़ भागा, जहाँ पत्थर गिरा था। उलरिक कहाँ पर है, अरिया को अब पता चल गया था। उसने झोले को मज़बूती से थामा और झाड़ियों की आड़ लेते हुए आहिस्ता-आहिस्ता उससे दूर होती चली गई, लेकिन यह सुनिश्चित करने के लिए वह बीच-बीच में पीछे की तरफ़ भी देखती रही कि किसी की उस पर नज़र तो नहीं पड़ी। वह बड़ी तेज़ी से उलरिक के घोड़े के पास पहुँची।

घोड़ों के प्रति उसके कौशल को लेकर अंकल रेमंड हमेशा उसकी तारीफ़ किया करते थे। घोड़े के पास पहुँचकर उसने बहुत मृदु आवाज़ में उसके साथ बात की और बड़ी कोमलता से उसे सहलाया। उस विशालकाय घोड़े ने भी उतनी ही सहजता दिखाई। कुछ ही पलों में वह घोड़े पर सवार थी और रॉबर्ट तथा माये के घर की तरफ़ चल पड़ी थी।

माये घर के बाहर ही खड़ी थीं। अरिया ने समय बर्बाद न करते हुए तुरंत उन्हें सारी बातें बताईं। उसे अपने दोस्तों पर भरोसा करने की ज़रूरत थी। दोस्त भी बग़ैर किसी हिचकिचाहट के उसके निर्देशों पर काम करें, यह भी उतना ही ज़रूरी था। माये को हर बात शायद पल्ले नहीं पड़ी थी, लेकिन वह वक़्त की नज़ाकत को ज़रूर समझ रही थी। "तुम चिंता मत करो! मैं रॉबर्ट को घोड़े पर सवार करके उन लोगों को विपरीत दिशा में भेज दूँगी", माये ने पूरी दृढ़ता और भरोसे से कहा। "तुम जाओ!"

अरिया मुस्कराई और माये को धन्यवाद देते हुए घोड़े से उतरकर दूसरे पर सवार हो गई, फिर उसने उलरिक के घोड़े को दौड़ा दिया। यह सबकुछ उन लोगों को भ्रमित करने और उलझाए रखने के लिए किया गया था।

अरिया वहाँ से सीधे दरिया के तट की तरफ़ चल पड़ी, जिसे पार करके वह अपने लिए कुछ और वक़्त हासिल कर सकती थी। अब यहाँ उसके लिए कुछ भी बाक़ी नहीं रह गया था और वह सबकुछ नए सिरे से शुरू करने को उत्सुक थी। उसे अंकल रेमंड याद आ रहे थे और वह सोचने लगी कि वह ख़ुद भी एक नई शुरुआत करना चाहते थे। "मैं आपके एक

हिस्से को अपने साथ लिए जा रही हूँ, मेरे प्यारे अंकल'', अरिया घोड़े पर सरपट भागते हुए मन ही मन बुदबुदाई।

अपनी मंजिल की तरफ़ बढ़ती अरिया ने ख़ुद को शांत किया और एक गहरी साँस ली। दरिया के पास पहुँचकर वह घोड़े से उतर गई और जंगलों से होते हुए उसकी तरफ़ पैदल चल पड़ी। उसे अब सुकून महसूस हो रहा था। उसके दिल की धड़कनें स्थिर हो गई थीं। उसका पसीना नहीं निकल रहा था। वह शांत थी और उत्साह से लबरेज़ भी। उसने सोचा कि कितनी अजीब बात है कि उसका सबसे बड़ा मिशन ख़तरे में है और फिर भी वह इतनी सहज, इतनी उन्मुक्त महसूस कर रही है। ऐसी आपातकालीन स्थिति में भी उसके विचारों की गति धीमी थी। अपने जीवन के लक्ष्य का अनुसरण करते हुए उसने अपने मिशन में वह सबकुछ झोंक दिया था, जो वह कर सकती थी।

दरिया की जेटी पर उसे आभास होने लगा था कि वह अंततः अपने मिशन में कामयाब होकर रहेगी। उसने टिकट ख़रीदा, फिर वह अपनी पीठ पर लटके एकमात्र झोले के साथ एक दुकान में चली गई, ताकि सफ़र के लिए कुछ ज़रूरी चीज़ें ख़रीद सकें।

चीज़ों की ख़रीदी के बाद अरिया जहाज़ में सवार होने का इंतज़ार करने लगी। वहीं पर उसे विचार आने लगे कि आगे क्या होगा? वह जो भी कर रही है, क्या वह सही है? आँखें बंद करके वह अंकल रेमंड की कल्पना करने लगी। वह उसके साथ मधुर आवाज़ में बात कर रहे थे, उसका उत्साह बढ़ा रहे थे, उससे कह रहे थे कि सबकुछ ठीक होगा, फिर उसने यह सुनिश्चित करने के लिए कि बक्सा सुरक्षित तो है ना, थोड़ा जोखिम उठाकर झोले के अंदर झाँककर देखा, फिर सोचने लगी, वह भी कितनी मूर्ख है! उसके वज़न से ही महसूस कर सकती थी कि सबकुछ बिलकुल ठीक है।

आख़िरकार, वह जहाज़ में सवार हो गई, जो उसे इन तमाम बातों से दूर ले जाएगा। एक नई शुरुआत करने के लिए।

⌘⌘⌘

नौवीं ग़लती

कलाकार से मुलाक़ात के बाद अगले कुछ महीने डेविड के लिए काफ़ी चुनौतीपूर्ण रहे। अपने कम्फ़र्ट ज़ोन से बाहर निकलकर वह ख़ुद को सार्वजनिक भाषण देने के लिए तैयार करने लगा था। उसे पहला मौक़ा उसके ही मास्टरमाइंड ग्रुप से मिला था। उसे एक कॉन्फ्रेंस में पैनल डिस्कशन का हिस्सा बनने के लिए कहा गया था। वहाँ डेविड अपने प्रदर्शन से तो ख़ुश था ही, उसे मिली प्रतिक्रियाओं से वह और भी आश्चर्यचकित था। इसके तीन हफ़्ते बाद उसे एक कॉन्फ्रेंस में बतौर मुख्य वक्ता आमंत्रित किया गया था।

इसका तो सवाल ही नहीं उठता। मैं कोई वक्ता नहीं हूँ। मैं नहीं जा रहा। चाहे कुछ भी हो जाए।

उसे याद है कि कैसे एक के बाद एक कई तरह के विचार आ रहे थे, मानो गुब्बारे के पास रखी एक नुकीली पिन की तरह, उसके आइडियाज़ को फोड़ने के लिए तत्पर। उसके नए समूह के दोस्तों ने उसकी हिम्मत बढ़ाई और तमाम आशंकाओं को दूर किया। उसे यह भी याद आया कि कैसे उसके एक शिक्षक ने एक बार उससे कहा था, ''तुम एक सार्वजनिक वक्ता नहीं हो'', और वह जानता था कि यह उस पर एक ग़लत ठप्पा था। उसके दिमाग़ में और भी कई बहाने आए और वह यह भी जानता था कि उसे अपने कम्फ़र्ट ज़ोन से बाहर निकलना ही होगा।

आख़िरकार, वह दिन आ ही गया। डेविड मंच के पीछे खड़ा था। उसके पैर लड़खड़ा रहे थे और हाथ काँप रहे थे। उसने अपनी आँखें बंद कीं और तभी उसे अपने कंधे पर जोश से भरे हाथ के स्पर्श का एहसास

हुआ। उसे महसूस हुआ कि जिससे उसने पहली ग़लती के बारे में जाना था, उस नाट्य लेखिका, उस अभिनेत्री ने उसके कानों में कुछ उत्साहवर्द्धक शब्द फुसफुसाए। उस मुलाक़ात के बाद से वह कहीं नज़र नहीं आई थी, लेकिन जज़्बे और जुनून से भरे उन अल्फ़ाज़ों ने डेविड के आत्मविश्वास को आसमान पर पहुँचा दिया था।

उसने न केवल अच्छा भाषण दिया, बल्कि उसकी ख़ास वाक्तृत्व शैली ने उसे बाक़ी लोगों से अलग जा खड़ा किया था। ग़लती नंबर सात ने उसे लीक से हटकर सोचने को प्रेरित किया था और उसने ऐसा कर भी दिखाया। इस भाषण के बाद कई लोगों ने उसके काम के बारे में बातचीत करने के लिए उससे संपर्क किया। इससे उसे महसूस हुआ कि एक और नई नौकरी क्यों की जाए। इसके बजाय क्यों न वह सीधे अपने लक्षित सपने को पूरा करने के लिए अपनी स्वयं की फ़र्म ही शुरू कर दें। बेशक, उसकी प्रतिस्पर्धा में और भी कई कंपनियाँ होंगी, लेकिन डेविड जानता था कि वह अपने लिए एक ख़ास मक़ाम बना सकता है। *सफलताएँ अनंत मात्रा में उपलब्ध हैं। इसकी आपूर्ति कभी ख़त्म नहीं होती और मैं इसका दोहन करूँगा।* ये विचार उसे उसकी नियति की दिशा में अग्रसर करने में मदद कर रहे थे। ये उन विचारों से बहुत अलग थे, जब उसने अपनी यह यात्रा शुरू की थी।

अगले शनिवार को डेविड देर तक सोने के बजाय जल्दी उठ गया।

उसकी नज़र काफ़ी अरसा पहले हुए एक बाइक हादसे की वजह से उसकी बाँह पर पड़े चोट के एक निशान की तरफ़ गई। यह निशान कुछ इंच लंबा था, जो उसकी कोहनी से लेकर कलाई तक गया था। यह घाव एक भूली-बिसरी याद के तौर पर उसकी त्वचा पर मौजूद था, लेकिन दिखाई बड़ी मुश्किल से देता था।

इसने उसे अपनी उस नौकरी की भी याद दिला दी, जो कभी एक गहरे घाव के समान थी। एक धीमी प्रक्रिया के बाद वह ठीक तो हो गया था, मगर उस पर एक पपड़ी जम गई थी। उस नियोक्ता के साथ उसकी वह यात्रा भी अनेक उतार-चढ़ावों के बाद अब एक भूली-बिसरी याद बतौर रह गई थी। अपने बॉस के साथ उसका वह संघर्ष, नौकरी बचाने की चिंता, अपनी प्रतिष्ठा को फिर से हासिल करने की क़वायद। ये सब बातें

अब अतीत के पन्नों में थीं, मगर उसकी याददाश्त के एक हिस्से के तौर पर उसके साथ भी थीं।

कभी-कभी वह एक जगह बैठकर विचारों की दुनिया में विचरने लगता। वह सोफ़े पर बैठा एक पैर पर दूसरा पैर रखकर, अधखुली आँखों से कहीं एकटक निहारते रहता। उसकी श्वास उतनी ही स्थितप्रज्ञ रहती, जैसे कि एक स्थिर तालाब में भरा पानी। अगर कोई उसे इस अवस्था में देख ले, तो यही सोचता कि वह समाधिस्थ होकर शायद ध्यान लगाने का अभ्यास कर रहा है। दरअसल, इस समय वह अर्द्ध सुप्तावस्था में अपनी ग़लतियों, उनसे हासिल सबक़ और राह में मिलने वाले शिक्षकों द्वारा उसे दिए गए ज्ञान पर विचार करता। हर सबक़ अगले सबक़ से गुँथा हुआ था और वह ख़ुद को अपनी ज़िंदगी तथा फ़ैसलों पर पुनर्विचार करते पाता। इन पलों में वह अपने लक्ष्य, अपने भविष्य और अपनी नियति पर मनन करता।

इस सुबह वह फिर से अपनी नौकरी को लेकर विचार कर रहा था। अंततः, वह नौकरी छोड़ रहा था, और वह भी बड़ी सौहार्दता के साथ। तीन सप्ताह का नोटिस वह पहले ही दे चुका था। वह अपने नए रोमांच को लेकर उत्साहित था। और इसके लिए तैयार भी था। चार बड़े ग्राहक उसकी प्रतीक्षा कर रहे थे और दो अन्य से उसने चर्चा शुरू कर दी थी।

उसकी मौजूदा कंपनी में अब उसके चंद दिन ही बाक़ी थे। उसे अब वहाँ कोई दायित्व निभाने की ज़रूरत नहीं थी। चूँकि अब वह कंपनी छोड़ ही रहा था, इसलिए कोई उससे इसकी उम्मीद भी नहीं कर रहा था। कंपनी हर साल एक दिन 'परोपकार दिवस' के रूप में मनाती थी, ताकि समाज से जो लिया, वह उसे लौटा सके। कर्मचारी विभिन्न परोपकारी संगठनों के साथ मिलकर काम करते। बेघरों के लिए बनाए गए आश्रयों में भोजन परोसने से लेकर शहर के जीण-शीर्ण इलाक़ों के घरों की पेंटिंग करने जैसे कामों में वे हाथ बँटाते। डेविड ने अपनी पसंद का कोई काम चुनने के बजाय इसका अधिकार बॉस को दे दिया। फ़ॉर्म में उसने उस चेकबॉक्स के आगे टिक लगाया, जिसमें लिखा था, "जहाँ सबसे ज़्यादा ज़रूरत हो।"

कंपनी ने उसके लिए जो काम चुना, उससे उसे आश्चर्य हुआ। उसे अंदाज़ा भी नहीं था कि इस तरह का भी कोई विकल्प हो सकता है। वह एक ऐसा आश्रय स्थल था, जहाँ उन लोगों की सेवा-सुश्रुषा की जाती थी,

जो मृत्युशैया पर होते थे। डेविड को इस बारे में बहुत कम जानकारी थी कि वहाँ क्या किया जाता है, लेकिन जब पता चला, तो वह काफ़ी असहज हो गया। उस सुकूनभरी दोपहरी में वह मरण तथा मुक्ति जैसे विषयों से बचना चाहता था, लेकिन फिर उसने एक गहरी साँस छोड़ी और सोचा कि चलो इसे भी करते हैं। वह यह साबित करना चाहता था कि उसने कंपनी में नौकरी करते हुए आख़िरी दिन तक अपना दायित्व निभाया।

वह बाहर सड़क पर था, जहाँ वसंत की शुरुआत में ही गर्म हवा के एक असामान्य झोंके ने उसे चौंका दिया था। बादलों से होकर पहुँचने वाली सूरज की गर्मी और अब हवा के इस थपेड़े ने आगे आने वाले गर्म दिनों के संकेत दे दिए थे। वह धीरे-धीरे चलता रहा। फुटपाथ पर कुछ बच्चे खेल रहे थे, जिनको पार करके वह आश्रय स्थल की ओर बढ़ रहा था। जब वह बताए गए पते पर पहुँचा, तो उसे वहाँ लकड़ी के दो बड़े-बड़े दरवाज़े नज़र आए। वह इस जगह के सामने से संभवत: सैकड़ों बार गुज़र चुका था, लेकिन इसकी ओर कभी उसका ध्यान नहीं गया था। यह क्या है, उसे इस बात की भी भनक नहीं थी।

वह अचानक नर्वस हो गया। जितनी उसने अपेक्षा की थी, वह उससे भी ज़्यादा असहज था।

लेकिन डेविड ने ख़ुद को ढाँढस बँधाते हुए सीढ़ियाँ चढ़ीं और उस भारी-भरकम दरवाज़े को खोल दिया। सामने एक कमरा था, जहाँ बैठे एक रिसेप्शनिस्ट ने उसका इस तरह से स्वागत किया, मानो वे दोनों लंबे अरसे से बिछड़े भाई हों। उसने वहीं हस्ताक्षर किए।

''तो आप इतने क़िस्मतवाले नहीं हों?'', रिसेप्शनिस्ट ने खनकदार आवाज़ में कहा, जो पूरी लॉबी में इस तरह गूँज उठी, मानो वह किसी रेडियो शो के लिए ऑडिशन दे रहा हो। ''हम आपको अपने सर्वश्रेष्ठ डॉक्टर के सुपुर्द कर रहे हैं।''

उसी समय एक लंबे-ऊँचे क़द के व्यक्ति का पदार्पण हुआ, इस तरह से मानो वह किसी संकेत का इंतज़ार ही कर रहा था। डेविड समझ गया कि ये वही डॉक्टर हैं, हालाँकि उन्होंने सफ़ेद कोट नहीं पहन रखा था। उनके बिखरे भूरे बालों ने सफ़ेद बालों से जंग हारकर अपने हथियार डालने शुरू कर दिए थे। उनकी भूरी आँखें चमक उठीं, जब उन्होंने मुस्कराकर डेविड

से हाथ मिलाया, बिलकुल एक राजनेता की तरह- दायाँ हाथ मज़बूती से थामकर और बाएँ हाथ से उसकी हथेली को दबाते हुए। वह जोश से भरा गंभीर शेकहैंड था, जिससे डेविड का डर थोड़ा कम हो गया था।

''मेरे ख़याल है, मैं ही वह बंदा हूँ!'' उन्होंने रिसेप्शनिस्ट की ओर देखते हुए कहा, फिर डेविड की ओर मुख़ातिब होकर बोले, ''मैं डॉक्टर हूँ। लेकिन अधिकांश लोग मुझे केवल डॉक साहब ही कहते हैं। तुम डेविड ही हो ना!''

''हाँ, शायद मैं वही हूँ'', डेविड ने उन्हीं की शैली में मुस्कराते हुए जवाब दिया। ''मैं थोड़ा नर्वस हूँ।''

''तुम चिंता मत करो'', डॉक्टर ने कहा, ''जब तुम जाओगे, तो तुम्हें यहाँ आना बड़ा सार्थक महसूस होगा।''

उन्होंने साइन-इन पैड पर तेज़ी से कुछ लिखा और फिर लम्बे डग भरते हुए लॉबी में चल पड़े। उन्होंने पीछे मुड़कर कहा, ''डेविड, आज तुम मेरे साथ हो। और तुम्हें मेरे साथ ही बने रहना होगा!''

उनकी चाल और तेज़ हो गई तथा वे एक दरवाज़े से होते हुए अंदर चले गए। डेविड ने रिसेप्शनिस्ट की ओर देखा, जिसने अपने कंधे उचका दिए। उसने डेविड को एक बैज दिया। डेविड ने प्लास्टिक के उस बैज को अपनी शर्ट में लगाया और डॉक्टर को ढूँढने के लिए आगे बढ़ गया।

जैसे ही लॉबी को पार कर वह दरवाज़े की दहलीज़ तक पहुँचा, उसने डॉक्टर को बाईं तरफ़ एक मरीज़ के कक्ष के भीतर जाते हुए देखा। वह कक्ष के दरवाज़े के पास गया, लेकिन संकोचवश बाहर ही रुक गया। तभी सन्नाटे को चीरते हुई एक आवाज़ आई, ''आ जाओ भाई, मैं काटता नहीं हूँ।''

इसके तुरंत बाद डॉक्टर की आवाज़ सुनाई दी, ''डेविड, हर किसी को मालूम है कि आज तुम यहाँ आ रहे हो। कई लोग तुमसे मिलने के लिए उत्साहित हैं।''

''मुझसे?'' डेविड ने घोर आश्चर्य से पूछा। उसके स्वर एक सप्तक जितने ऊँचे हो गए थे।

डेविड कमरे में दाख़िल हुआ। उसे इस तरह से सजाया और डिज़ाइन किया गया था, जैसे कि वह एक लिविंग रूम हो, न कि अस्पताल का

कोई कमरा, जिसकी उसने उम्मीद की थी। डॉक्टर ने उसे बिस्तर के बग़ल में रखी कुर्सी पर बैठने का इशारा किया। बिस्तर पर लेटा शख़्स डेविड से मुख़ातिब होने के लिए उसकी ओर मुड़ गया। उसने आँखों के सामने आ रहे अपने सफ़ेद बाल हटाए। डॉक्टर ने संक्षेप में बताया कि यह मरीज़ सभी तरह की सर्जरियों और परीक्षणों से गुज़र चुका है। मतलब कि अब वह इन तमाम चीज़ों से मुक्त हो चुका था। उसने डेविड से कहा, ''मुझे तुमसे बात करके ख़ुशी हो रही है।''

अब इस पर क्या कहें, डेविड को कुछ सूझा नहीं, तो वह चुप ही रहा। इस बीच, डॉक्टर के उपकरणों से निकलने वाली बीप और अन्य फुसफुसाहट जैसी आवाज़ें कमरे की उस नीरवता में गूँजती रहीं।

''मुझे अब मौत का कोई भय नहीं है'', उस मरीज़ ने आगे कहा। डेविड चौंक गया, हालाँकि डेविड जानता था कि इस स्थान पर वही लोग रखे जाते हैं, जिनकी मृत्यु निकट भविष्य में अवश्यंभावी लगती है, लेकिन उसे ऐसी बातों की अपेक्षा नहीं थी। दरअसल, वह इस विषय पर कोई बात करना नहीं चाहता था। वह फुटबॉल या मौसम जैसे किसी विषय पर बातचीत को लाना चाहता था। उसे यहाँ आने में कोई दिक़्क़त नहीं थी, लेकिन वह इस तरह की चर्चाओं के लिए तैयार नहीं था।

किंतु वह आदमी तो अपनी आसन्न मौत के बारे में बात करने पर आमादा था। उसने कहा, ''मेरे मन में शांति है। मैं न केवल विश्वास से भरा हूँ, बल्कि यह भी जानता हूँ कि मैं कहाँ जा रहा हूँ। मुझे तुमसे बात करने का सौभाग्य मिला है, हालाँकि तुम अभी युवा हो, लेकिन इस तरह का ज्ञान किसी भी उम्र में लिया जा सकता है।'' उसने आगे कहा, ''तुम्हें एक यह चीज़ ज़रूर जाननी चाहिए: जब हमें मौत नज़र आने लगती है, तब हम बैंक खातों की परवाह करना भूल जाते हैं। हमें स्कोरबोर्ड नहीं दिखता है। हम केवल उन लोगों के बारे में सोचते हैं, जिनसे बेइंतहा प्यार करते हैं। इस धरती पर हमारा मिशन क्या था, हम केवल उसके बारे में सोचते हैं।''

डेविड ने उस शख़्स की तरफ़ देखा और देखी उसके चेहरे की वह विस्तारित मुस्कान। ऐसी मुस्कान उसने आज से पहले कभी नहीं देखी थी। पूरा कमरा एक ऊर्जा से सराबोर हो गया था। उसने डॉक्टर की तरफ़ देखा,

जो अपनी किसी मशीन को एडजस्ट कर रहे थे, लेकिन उनकी नज़रें एक पल के लिए भी अपने मरीज़ से हटी नहीं थीं।

डेविड ने एक गहरी साँस ली। वह कुर्सी पर थोड़ा पीछे खिसककर आराम से बैठ गया और बातें सुनने लगा। इससे पहले किसी ने भी उससे इस तरह से अपने अंतिम समय के बारे में बात नहीं की थी। उसने कभी इस तरह की चर्चा की उम्मीद भी नहीं की थी। उस शख़्स ने डेविड की ज़िंदगी के बारे में पूछा। दोनों कुछ देर तक गपशप करते रहे। इन पलों में ऐसा लग रहा था, मानो उनके आस-पास कोई नहीं है। सिर्फ़ और सिर्फ़, वे दोनों ही उन विषयों पर बात कर रहे हैं, जो ज़िंदगी के लिए वाक़ई मायने रखते हैं।

डॉक्टर का काम पूरा हो गया था। उन्होंने अपने मरीज़ से कहा, ''अब आप कुछ देर सो लीजिए। हमें कुछ और भी लोगों से मिलना है।''

आदमी ने डेविड का हाथ थाम लिया। डेविड ने भी झुककर उसे गले लगा लिया। डेविड ने इस शख़्स के साथ थोड़ा-सा ही समय बिताया था, लेकिन इन चंद पलों में ही वह उसके साथ एक विचित्र जुड़ाव महसूस करने लगा था, हालाँकि यह साफ़ था कि वह आदमी संघर्ष कर रहा था, ज़ाहिर दौर पर दर्द में था, मगर उसके चेहरे की उस ख़ूबसूरत मुस्कान ने निश्चित ही शहर के किसी हिस्से को रोशन कर दिया होगा।

डॉक्टर और डेविड कमरे से बाहर आ गए, लेकिन जो कुछ हुआ था, डेविड उसके बारे में ही सोचता रहा।

डेविड को साथ लिए डॉक्टर फिर एक मरीज़ के पास गए, वहाँ से फिर दूसरे के पास। दोनों सो रहे थे, हालाँकि इस दौरान डॉक्टर ने डेविड को छोटे-मोटे कामों में व्यस्त रखा। जब वे चौथे के पास गए, तो वह पूरी तरह से जागा हुआ, कुर्सी पर बैठा हुआ था।

उसके कमरे में एक सोफ़ा रखा हुआ था। डेविड, जो अब इस माहौल में सहज हो चुका था, सीधे उसके पास जाकर बैठ गया और अपना परिचय दिया। वह आदमी एक किसान था, लेकिन कोई साधारण किसान नहीं। उसके शांत एवं निश्चल व्यवहार के पीछे डेविड को एक निपुण प्रबंधक की झलक मिल रही थी। वह कल्पना कर सकता था कि उसके कृषि कार्यों का संचालन कितने असाधारण अनुशासन से किया जा रहा होगा।

''तुम्हारे सवाल का जवाब है मेरा दिल'', उसने कहा, हालाँकि डेविड ने अब तक अपनी ओर से कोई सवाल नहीं पूछा था। उसने कहा, ''पिछले साल दिल का घातक दौरा पड़ने से पहले तक मैं ख़ुद को तुम्हारी ही उम्र का मानकर चल रहा था। मुझे लग ही नहीं रहा था कि मैं बूढ़ा हो रहा हूँ, लेकिन मेरी तरफ़ देखो। मैं ख़ुद से पूछ रहा हूँ, 'यह सब कैसे हो गया?'''

डेविड उसकी ओर देखते रहा। उसे समझ में नहीं आ रहा था कि वह इस पर क्या कहे।

''और केवल हार्ट अटैक ही नहीं। मेरा मतलब है, मैं बूढ़ा भी तो हो रहा हूँ।'' किसान यह कहकर ख़ुद पर ही हँस पड़ा। ''बेन फ्रैंकलिन ने कहा था– 'कई लोग भले ही 75 साल की उम्र में दफ़नाए जाते हों, मगर वे मर तो पच्चीस साल की उम्र में ही जाते हैं।''' इतना कहकर वह और भी ज़ोर से हँसा। ''लेकिन मेरे साथ ऐसा नहीं है। मैंने पूरी ज़िंदगी का आनंद उठाया है, हर काम किया है।''

थोड़ा दम भरने के लिए वह रुका, पानी के दो-चार घूँट पिए और फिर अपनी बात जारी रखी, ''फ़र्क़ पैदा करने के लिए हम सभी को कई दिन दिए जाते हैं। हम सब यह बात जानते भी हैं, मगर'' इतना कहकर उसने अपने सीने को थपथपाते हुए कहा, '' हम यहाँ भीतर से इसे मानते नहीं, लेकिन अब मैं मानता हूँ। अंततः मुझे समझ में आ गया है। मैं बहुत कृतज्ञ हूँ, आभारी हूँ। मैंने एक शानदार ज़िंदगी जी है। अब मैं अपने बचे हुए दिन सभी को यह बताने में गुज़ारना चाहता हूँ कि हम प्रत्येक दिन के प्रति आभारी रहें।''

इसके बाद दोनों देर तक बातचीत करते रहे, जो ज़िंदगी से लेकर खेलकूद और फिर व्यवसाय तक चली गई।

डेविड को इस बात का पता भी नहीं चला कि डॉक्टर कब उठकर बाहर चले गए थे। वह जब दरवाज़े पर वापस आते दिखे, तब उसे इसका एहसास हुआ। दोनों इतने सहज तरीक़े से बातें करते रहे कि उसे भान तक नहीं हुआ कि कितना वक़्त गुज़र गया है। डेविड झुककर किसान से गले लगा। वह उसके चेहरे की सख़्त त्वचा को महसूस कर सकता था। उसने उसके मज़बूत कंधों को दबाया और फिर से मिलने का वादा करके वहाँ से रवाना हो गया।

इसके बाद डॉक्टर डेविड के साथ गलियारे से होते हुए कुछ सीढ़ियाँ चढ़कर ऊपर पहुँचे, जहाँ उनका दफ़्तर था। ''यहाँ के मरीज़ क्या कहूँ. कितने स्थितप्रज्ञ, कितने शांत हैं। मुझे तो आश्चर्य होता है'', डेविड ने विचारों में तल्लीन होते हुए कहा।

डॉक्टर ने भी सहमति में सिर हिलाया और फिर कपों में आइस्ड टी डालने लगे। उन्होंने उन लोगों के बारे में डेविड की टिप्पणियों को ध्यान से सुना, जिनसे वह इस आश्रय में मिला था।

अपनी कुर्सी पर पीछे की ओर सरकते हुए डॉक्टर ने कहा, ''मैंने यहाँ मरणासन्न लोगों से ज़िंदगी को लेकर असाधारण सबक़ सीखे हैं। मैंने जाना है कि जीवन बहुत क़ीमती है। हर आने वाली सुबह हमारे समक्ष समय का उपहार लेकर उपस्थित होती है, लेकिन दिनभर की चिंताओं में लिपटे हुए कई लोग इसकी ताक़त का फ़ायदा नहीं उठा पाते। हमें चिंताओं को किनारे रखकर वर्तमान का आनंद लेना चाहिए। हमारे लक्ष्य पूरे हो पाएँगे या नहीं, यह इस बात पर निर्भर करता है कि हम वर्तमान के साथ क्या करते हैं।''

तभी डॉक्टर उठकर एक अलमारी के पास गए और वही जानी-पहचानी लेदर की जिल्द वाली किताब उठा ली। यह काफ़ी जीर्ण-शीर्ण अवस्था में थी और उनके हाथों में इस तरह से फिट हो गई थी, जैसे वह उनका ही हिस्सा हो।

''आपके पास भी?'', डेविड ने पूछा। ''तो क्या हर किसी के पास उस किताब की कॉपी है?''

डॉक्टर मुस्करा दिए। ''असल में ऐसी दस ही ज्ञात प्रतियाँ हैं। यह ऐसा उपहार है, जिसने मेरी ज़िंदगी में सबकुछ बदलकर रख दिया। मैंने हर ग़लती को जाना, उनका अध्ययन किया और उन पर पागलों की तरह काम किया, ताकि मैं उनसे बच सकूँ। जो आख़िरी वाली ग़लती है, उसने मुझे वाक़ई तब प्रभावित किया, जब मैंने यहाँ पर काम करना शुरू किया।''

''आख़िरी वाली क्या है? मैं उसे जानने के लिए बेताब हुआ जा रहा हूँ'', डेविड ने कहा, हालाँकि डेविड को यह कहते ही एहसास हो गया था कि काश, वह इन शब्दों को वापस ले पाता।

डॉक्टर हँस पड़े। जीवन-मरण को लेकर वह डेविड के बनिस्बत ज़्यादा सहज थे। ''ग़लती नंबर नौ यह मानना है कि दुनिया में हमारे पास काफ़ी वक़्त है।''

डेविड इससे सहमत था और अब उसे एहसास हो रहा था कि आख़िर वह यहाँ क्यों है। इस सबके पीछे क्या रहस्य था, यह डेविड की समझ से परे था, मगर इसके लिए जिस तरह की व्यवस्था बनाई गई थी, समय तय किया गया था, वह उसका मुरीद हो गया था। यह सोचते-सोचते डेविड ने टेबल पर रखे जग में से कुछ और आइस्ड टी अपने कप में उड़ेल ली।

डॉक्टर की नज़रें पूरी तरह से डेविड पर लगी हुई थीं। ''अपनी स्वयं की नश्वरता के बारे में सोचना मुश्किल काम है। हर दिन अपने वांछित लक्ष्य के साथ जिएँ। मैं इन दोनों बातों की अहमियत को समझ चुका हूँ कि एक तरफ़ तो हम हर दिन को इस तरह से जिएँ, मानो वह हमारा आख़िरी दिन हो। वहीं दूसरी ओर ऐसे जिएँ, मानो वह हमारा पहला दिन हो। जब हम हर दिन को अपना आख़िरी दिन मानकर जीते हैं, तो हमारा ध्यान उन चीज़ों पर होता है, जो वाक़ई मायने रखती हैं। हम अपने आस-पास के लोगों और जिनसे हम प्यार करते हैं, उनके बारे में सोचते हैं। इसे ज़िंदगी का पहला दिन मानकर जीना भी महत्त्वपूर्ण है, क्योंकि हमें एक दीर्घकालीन नज़रिया भी रखना चाहिए, अन्यथा हम कभी भी उन लक्ष्यों तक नहीं पहुँच पाएँगे, जो कठिन हैं और जिन्हें हासिल करने में ज़्यादा वक़्त लगता है।''

डॉक्टर ने आगे कहा, ''यह रही मेरी आत्म-स्वीकारोक्ति: मैं ज़िंदगी की शुरुआत के बारे में ही ज़्यादा सोचते आया था, बनिस्बत उसके अंत के, लेकिन यहाँ काम करने के दौरान यह एहसास होने पर कि हर किसी का अंत निश्चित है, मुझे अपने विचारों को इस तरह से स्पष्ट करने में मदद मिली कि वास्तव में क्या चीज़ मायने रखती है। अब मैं अपने लक्ष्य के बारे में एक नए नज़रिये से सोचता हूँ।''

यह सुनकर डेविड सहमति में बार-बार सिर हिलाने लगा, इतना कि उसे स्वयं को रोकने की कोशिश करनी पड़ी, लेकिन थोड़ी देर बाद वह फिर से वही करने लगा।

''समय सीमित है, इस बात का एहसास होने के बावजूद हमारे पास इतना वक़्त तो रहता ही है कि हम आनंददायक काम कर सकते हैं, लेकिन

साथ ही हमें तत्परता बरतने का बोध भी रहना चाहिए। यही बात है, जो सफल लोगों को सामान्य लोगों से अलग करती है। क्या आप औसत बने रहना चाहते हैं? अगर ऐसा है तो फिर जितना चाहो, उतना समय ख़र्च कर सकते हो।''

''जब हमें समय की क़ीमत का एहसास होता है, तब हम उसका सम्मान करते हैं। तब हम मीटिंग्स में अक्सर समय पर पहुँचते हैं, ताकि हमारी वजह से किसी और का वक़्त बर्बाद न हो। समय सम्मान की माँग करता है।''

डॉक्टर ने डेविड की ओर देखा, जो उन्हें ध्यान से सुन रहा था, तो उन्होंने बातचीत का सिलसिला जारी रखा। ''लेकिन यहाँ एक बात और महत्त्वपूर्ण है। तत्परता का एहसास होना अच्छा है, किंतु हड़बड़ाहट में ग़लतियाँ हो सकती हैं। कुछ फ़ैसले ऐसे होते हैं, जो तत्काल प्रभाव से लिए जाने पर ही फ़ायदेमंद होते हैं, लेकिन कुछ तभी कारगर होते हैं, जब वे अच्छी तरह से सोच-विचारकर लिए जाते हैं। ऐसा क्यों? क्योंकि वक़्त के साथ हमारी सोच और परिपक्व होती है, फलती-फूलती है। हर गुज़रते घंटे के साथ नए विचारों की बनावट और निखरती है, रचनात्मकता की परतें और सघन होती हैं।''

डॉक्टर की इस बात ने डेविड को उलझन में डाल दिया था। उसने पूछा, ''लेकिन हमें यह पता कैसे चलेगा कि कब तेज़ी से आगे बढ़ना है और कब ख़ुद को ज़्यादा वक़्त देना है?''

''इसे समझने में तो समय लगेगा'', यह कहते हुए डॉक्टर अपनी ही बात के विरोधाभास पर हँस दिए। ''यहीं पर तो विवेक काम आता है। यह हमें सिखाता है कि कब क्या करना है। जब मैं युवा था, तो हर काम में जल्दबाज़ी करता था, फिर मुझे समझ में आया कि कई बार थोड़ा धैर्य भी रखना पड़ता है।''

डेविड और डॉक्टर ने वक़्त के बारे में, असर के बारे में, जिन चीज़ों से फ़र्क़ पड़ता है, उनके बारे में ढेर सारी बातें कीं। इस पूरी प्रक्रिया की शुरुआत में डेविड जिस तरह के कम्फ़र्ट ज़ोन में था, अब वह उससे बाहर निकल चुका था और किसी भी परिस्थिति के लिए तैयार था। अब वह सबक़ सीखने से बचने वाला इंसान नहीं रह गया था, बल्कि सवाल पूछने

लगा था। वह अधिक से अधिक समझने की कोशिश करने लगा था, न केवल धारणाओं के बारे में, बल्कि अनुभवों को लेकर भी। उसे इस बात का एहसास था कि हर ग़लती अब उसकी सोच का एक हिस्सा थी।

"एक ख़ूबसूरत ज़िंदगी लक्ष्य रूपी किसी वाद्ययंत्र के तारों को झंकृत करने से निकली स्वर लहरियों की तरह होती है। भले ही हमारे पास समय सीमित हो, मगर प्रेम के ज़रिये इसका प्रभाव सतत बना रहता है। किसी को अपना वक़्त देना स्थायी असर डालने का सबसे क़ीमती मौक़ा होता है। पहली ग़लती उद्देश्य को लेकर होती है, क्योंकि आपका उद्देश्य ही वक़्त का सही इस्तेमाल करने की दिशा दिखाने वाला कंपास है। इसके बिना आपको दिशा बोध नहीं हो सकता।"

डेविड बैठा-बैठा थक गया था। सो, हाथ-पैर हिलाने की ग़रज़ से वह कमरे की खिड़की तक गया और वहाँ से सड़क को निहारने लगा। आम सड़कों के विपरीत यह सड़क काफ़ी शांत थी। शहर के इस हिस्से की वास्तुकला ने उसका दिल जीत लिया था। उसका ध्यान सड़क किनारे रखे एक पुराने क़िस्म के फ़ोन बूथ की ओर गया, जो बीते दौर की याद दिला रहा था, हालाँकि वह ठीक-ठाक नज़र आ रहा था। एक दुकानदार अपनी दुकान के सामने साफ़-सफ़ाई में व्यस्त था।

डेविड जब खिड़की से बाहर की तरफ़ देख रहा था, तभी उसे अपने पीछे की ओर एक जानी-पहचानी झनझनाहट महसूस हुई। उसको लगा कि कोई उसे देख रहा है। उसने अपनी गर्दन पीछे की ओर घुमाई। दरवाज़े पर एक ख़ूबसूरत लड़की खड़ी थी।

"ओह, आप किसी के साथ व्यस्त हैं, तो क्या मैं थोड़ी देर बाद आऊँ?", उसने डॉक्टर से पूछा।

डेविड ने अकस्मात उस लड़की को पहचान लिया। यह तो वही है! वह युवती, जिसके काग़ज़ हवा में उड़ गए थे और वहीं से उसकी इस अद्भुत यात्रा की शुरुआत हुई थी। अचरज से उसका मुँह खुला का खुला रह गया।

डॉक्टर ने कहा, "अरिया, मैं तुम्हें डेविड से मिलवाना चाहता हूँ। तुम दोनों के पास बात करने के लिए बहुत कुछ हैं। तुम दोनों एक ही यात्रा पर हो।"

"ताज्जुब की बात है", अरिया ने कहा। उसकी आँखों में चमक थी। "मेरा अंदाज़ा है कि मैंने आपको कुछ अरसा पहले ही किताबों की दुकान के बाहर देखा था।"

डेविड ने ख़ुद को सँभालते हुए कहा, "मुझे भी आपसे मिलकर ख़ुशी हो रही है, पर मुझे ऐसा लग रहा है कि हम पहले भी कहीं मिल चुके हैं। आपका नाम अरिया है। क्या उस बॉरटेंडर ने आपको बताया था कि जब किसी ज़माने में उसकी बॉर एक सराय हुआ करती था, तब उसका नाम भी अरिया था?"

"दरअसल, वह सराय मेरे पूर्वजों में से ही किसी की थी। यह नाम तो हमारे परिवार में बीते कुछ सैकड़ों सालों से चला आ रहा है," उसने जवाब दिया।

तभी डॉक्टर ने बीच में दख़ल देते हुए कहा, "एक्सक्यूज़ मी? आई एम सॉरी अरिया, मैं तुमसे बाद में मिलता हूँ। इस बीच, तुम दोनों साथ में कुछ खा-पी लो और एक-दूसरे के साथ अपने-अपने अनुभव भी साझा कर लो। मुझे लगता है कि तुम दोनों में कई बातें एक जैसी हैं।" इतना कहकर डॉक्टर ने अपनी आँखें मिचकाईं, जिसे देखकर अरिया के चेहरे पर थोड़ी-सी लालिमा उतर आई।

"क्या आप मेरे साथ आना चाहोगी? यह मेरा सौभाग्य होगा," डेविड ने मुस्कराते हुए और उम्मीद के साथ सीधे उसकी आँखों में झाँकते हुए पूछा

"मुझे भी ख़ुशी होगी", उसने जवाब दिया।

डेविड ने पूरा दिन अपने साथ बिताने के लिए डॉक्टर को धन्यवाद दिया और फिर से आने का वादा किया। वह अपने नए दोस्त से दोबारा मिलने और जिन लोगों से उसकी मुलाक़ात नहीं हो पाई थी, उनके हाल-चाल जानने लिए यहाँ फिर से आने को उत्सुक था।

डेविड और अरिया आश्रय स्थल से बाहर निकल गए। डेविड ने ग़ौर किया कि उसकी चाल एक तरह के आवेग से भरी हुई थी, हालाँकि जब वह यहाँ पहुँचा था, तब ऐसा नहीं था। बाहर निकलते ही उसका हाथ सहसा अपने कोट की जेब में चला गया, यह सुनिश्चित करने के लिए कि उसमें कोई काग़ज़ है या नहीं। जैसी कि उसे उम्मीद थी, काग़ज़ का एक पुर्ज़ा उसमें रखा हुआ था।

अब वह नौ ग़लतियों के विषय में जान चुका था। उन सबके बारे में समझ चुका था। और अंततः, अब वह भी उसके संग थी। वह चुपचाप उसका नाम दोहराता रहा, मानो दिल में कोई मधुर तान बज रही हो।

वे दोनों साथ-साथ टहलते रहे। उनके बीच बातचीत बेहद स्वाभाविक और सहज थी। उन्होंने ढेर सारी बातें कीं।

शाम को जब डेविड घर लौटा, तो वह अपनी अब तक की इस यात्रा पर मोहित और अचंभित था। उसने तय किया कि दोगुना प्रयास कर यह सुनिश्चित करेगा कि वह इस तरह से ज़िंदगी बिताए कि तमाम सीखों से मिले ज्ञान का पूरा लाभ उठा सके। उसने अपनी जेब से काग़ज़ निकाला और उसे पढ़ने लगा।

ग़लती #9:

यह मानना कि दुनिया में हमारे पास काफ़ी वक़्त है

समय दिनभर की चिंताओं में लिपटा हुआ एक उपहार है। चिंताओं को दूर करें और वर्तमान का आनंद उठाएँ।

हम अपने लक्ष्य को हासिल कर पाएँगे या नहीं, यह इस बात पर निर्भर करता है कि हम वर्तमान में कैसा बर्ताव करते हैं।

हर दिन को इस तरह से जियो, मानो यह हमारा पहला और आख़िरी दिन हो।

जीवन सीमित है, यह जानने के बाद हम अपने लक्ष्य के सबसे महत्त्वपूर्ण हिस्से पर ज़्यादा ध्यान देने लगेंगे।

सफल लोगों में तत्परता बरतने का बोध होता है।

कुछ निर्णयों के लिए समय की परिपक्वता ज़रूरी होती है, जो हर गुज़रते घंटे के साथ विचारों और अंतर्दृष्टि को नाज़ुक ढंग से बुनती है।

एक ख़ूबसूरत ज़िंदगी लक्ष्य रूपी किसी वाद्ययंत्र के तारों को झंकृत करने से निकली स्वर लहरियों की तरह होती है।

प्रेम का प्रभाव समय गुज़रने के बाद भी काफ़ी लंबे अरसे तक रहता है।

आपका उद्देश्य समय का समझदारी के साथ उपयोग करने का मार्ग दिखाने वाला कंपास है।

तीसरा नियम

⌘⌘⌘

फिलाडेल्फ़िया का बाहरी इलाक़ा, 1774

अरिया उस स्मारक को देखने जा रही थी, जो उसने अंकल रेमंड की याद में बनवाया था। ग्रीष्मकाल का सूरज उसकी पीठ के पीछे था और उसके चेहरे को छायांकित कर रहा था। उसने उस पत्थर पर उत्कीर्ण अंकल का नाम और तारीख़ पढ़ी, जो इस हक़ीक़त को बयान कर रही थी कि वह अब इस फ़ानी दुनिया में नहीं हैं। वह इस शांत बग़ीचे में अक्सर चली आती और मन ही मन उनके साथ बातें किया करतीं। वह उनके जाने के बाद भी उन्हें वैसे ही नवीनतम घटनाओं से अवगत करवाती, जैसे उनके जीवित रहने के दौरान करती थी। स्थानीय शिल्प कलाकार ने इस स्मारक को जिस तरह से बनाया और डिज़ाइन किया था, वह क़ाबिल-ए-तारीफ़ था। उसने स्मारक के निचले हिस्से में उकेरा एक उद्धरण पढ़ा और उसमें लिखे विरोधाभास पर हँस पड़ी। उसमें लिखा था, ''परमेश्वर अपने पैग़म्बरों के समक्ष रहस्यों को उजागर किए बिना कुछ नहीं करते।'' (अमोस 3:7)।''

अंकल के पास निश्चित ही अनेक रहस्य थे और अब स्वयं अरिया के पास भी थे। उसने स्मारक की धूल को साफ़ किया। अंकल की स्मृतियाँ उसके दिलो-दिमाग़ में उमड़ आईं और वह उन्हें याद करके मुस्करा दी। अरिया की ज़िंदगी पर उनका प्रभाव असाधारण था।

आज वह अंकल को उस शख़्स के बारे में जिससे उसने शादी की थी, अपने बच्चों के बारे में और शिक्षकों के बारे में बताने आई थी। वास्तव में वह अपने भावी पति को तब जान पाई थी, जब उसने नौ शिक्षकों में से एक

शिक्षक के रूप में उसे भी चुना था। वैसे अरिया ने उसके बारे में अंकल को उसी दिन बता दिया था, जब उसने यह फ़ैसला किया था कि नौ शिक्षकों में से एक वह भी रहेगा। इससे उसके दुखों पर मलहम लगा था और उसे ख़ुद को अंकल के क़रीब बनाए रखने में मदद मिली थी।

"अंकल रेमंड, अब आपको तो सब पहले से पता है, मगर मैंने जाना है कि सबसे बेहतर शिक्षक वही होता है, जिसने स्वयं अपनी ज़िंदगी में ग़लतियाँ की हुई होती हैं और फिर उन ग़लतियों के सबक़ वह दूसरों को बताता है। मेरे पति अब यह बात जानते हैं कि अपने इर्द-गिर्द अच्छे लोगों को रखने की क्या अहमियत होती है।"

उसी समय उसे घास पर एक लंबी छाया अपनी स्वयं की छाया को पार कर आते हुए दिखाई दी। वह पीछे की ओर मुड़ी और सूरज की तेज़ रोशनी से उसकी आँखें चौंधिया गईं।

यह वही था। उसका पति अलेक्ज़ेंडर।

वह अरिया की ओर देखकर मुस्कराया और अरिया ने आगे बढ़कर उसका हाथ थाम लिया। उसकी यात्रा, उसकी ग़लतियाँ, सत्य की खोज और उसकी तलाश का अंततः अरिया पर जाकर समाप्त होना, ये सबकुछ इन दोनों की साझा कहानी के ही हिस्से थे।

अरिया अब तक के अपने इस सफ़र पर अचंभित थी। अंकल से विरासत में मिली संरक्षक की भूमिका से लेकर अपनी शादी तक की कई बातें उसकी समझ से परे थीं, लेकिन उसने अपने तमाम दायित्व पूरी शिद्दत से निभाए। वह उस दिन का इंतज़ार कर रही थी, जब यह किताब और उसके नियम पूरी मानवता के लिए उपलब्ध हो सकेंगे।

उसने धीरे से अंकल को अलविदा कहा और फिर अलेक्ज़ेंडर के साथ घर की तरफ़ चल दी। वह अपने आप में बहुत जीवंत महसूस कर रही थी। वह जब भी अपने लक्ष्य के अनुरूप काम कर रही होती, तो उस वक़्त ऊर्जा से सराबोर हो जाती। वे दोनों फिलाडेल्फ़िया के बाहर एक सराय चलाते थे। उन्हें लोगों को ग़लतियों के बारे में बताने और सिखाने में आनंद आता था। वे इस किताब का विभिन्न समुदायों तथा देशों पर पड़ने वाले असर के बारे में सोचा करते।

घर पहुँचकर अरिया ने किताब को उस जगह से बाहर निकाला, जहाँ वह उसे छिपाकर रखती थी। वह उसे अक्सर पढ़ा करती। आज शाम को उसने संरक्षक के तीसरे नियम को फिर से पढ़ा। इसमें छोटे-छोटे चुनिंदा वाक्य थे, लेकिन उसका संदेश कुछ ऐसा था कि उसे बार-बार पढ़े जाने की दरकार थी। वह इसे कितनी बार पढ़ चुकी थी? दो-चार बार नहीं, सैकड़ों बार।

किताब के इस पन्ने तक नौ शिक्षकों के संरक्षक ही आ सकते थे और पढ़ सकते थे, जब तक कि यह पूरी दुनिया के सामने प्रकट नहीं हो जाती है। संरक्षकों की कई पीढ़ियों से ऐसा ही होता आ रहा था।

उसे ताज्जुब होता कि आख़िर इसे कौन लिख गया होगा और कितने समय पहले लिख गया होगा।

उसने मन ही मन बुदबुदाते हुए फिर से पढ़ा:

विश्वास का नियम

विश्वास का नियम इसका तीसरा नियम है। सर्वशक्तिमान ने आपको किसी उद्देश्य के लिए बनाया है। ख़ुद पर भरोसा रखो। जो आपको असंभव और अकल्पनीय लगता है, वह आपके सामर्थ्य का दुश्मन है।

अपनी क्षमताओं में एक अडिग, अटल और अविचल विश्वास पैदा करो। जैसे-जैसे आपका स्वयं में विश्वास बढ़ेगा, वैसे-वैसे आपका भाग्य भी बढ़ेगा। संभावनाओं की वास्तव में कोई सीमा नहीं होती।

अपने भरोसे को एक बाज़ की तरह ऊँची परवाज़ भरने दो। आप अपने भरोसे से ऊपर नहीं जा सकते। सबसे महत्त्वपूर्ण बात, अगर आप सक्षम हैं, तो भरोसा पैदा करने में दूसरों की भी मदद करो। सभी के लिए यह काम इसलिए भी मायने रखता है, क्योंकि जब हर व्यक्ति दूसरे में भरोसा पैदा करता है, तो यह सब मिलकर इतना गुना हो जाता है कि तब कुछ भी असंभव नहीं रह जाता।

अरिया को महसूस हुआ कि जब भी वह इस संदेश को पढ़ती है, तो उसे इसमें कुछ न कुछ नया दिखाई देता है।

बहुत ही ताक़तवर था वह संदेश।

उसने पन्ने को पलटा और वहाँ संरक्षक के लिए लिखे फुटनोट पढ़े: नौ शिक्षकों को कैसे चुनें, ख़ासकर ऐसे उम्मीदवारों का चयन करना, जो संरक्षक के तीनों नियमों का शिद्दत से पालन करते हों; किस तरह से प्रत्येक संरक्षक को किसी नई भौगोलिक जगह पर जाकर शिक्षकों की खोज करनी चाहिए और ये नौ शिक्षक सोच सकते हैं कि केवल उनके पास ही किताब की प्रतियाँ हैं, जबकि दुनिया के कई हिस्सों में ऐसे अनेक शिक्षक इसके संदेश को फैला रहे होंगे। इस तरह के कितने शिक्षक होंगे, इसके बारे में उसे कोई अंदाज़ा नहीं था। वह जानती थी कि अनगिनत रहस्य होंगे और उनमें से कई के बारे में तो उसे ताउम्र कुछ भी पता नहीं चल पाएगा।

संरक्षक के ये तीन नियम किस तरह एक सच्चे लीडर को उनका सतत अध्ययन करने के लिए प्रेरित करते थे, यह बात अरिया को अचरज से भर देती थी।

उसने उस अंतिम पन्ने को फिर से पांडुलिपि में रख दिया और खिड़की के बाहर देखने लगी। अब उसके लिए उस अगले विद्यार्थी का चयन करने का वक़्त आ गया था, जिसे इन तमाम ग़लतियों के बारे में बताना था, हालाँकि उसे एहसास था कि इसका चयन वास्तव में वह ख़ुद से क़तई नहीं कर रही थी। अब यह तो रहस्य का ही एक भाग था, जिनसे लोग (शिक्षक, विद्यार्थी) और घटनाओं के सिरे आपस में जुड़ते थे। वह इसे 'विधि का विधान' कहती रही, फिर भी द *बुक ऑफ़ मिस्टेक्स* के शक्तिशाली संदेश को इच्छुक विद्यार्थियों के साथ साझा करने के उसे जो अवसर मिले, उसका उसने भरपूर आनंद उठाया।

⌘⌘⌘

उपसंहार

यह शनिवार की सुबह थी और आज डेविड जल्दी उठ गया था, हालाँकि जल्दी उठने का उसका मन नहीं था और वह थोड़ी देर तक और सोना चाहता था, लेकिन नींद खुलते ही उसके मन में विचारों की बाढ़-सी आ गई। हर विचार तब तक उसका ध्यान खींचता रहा, जब तक कि उनकी एक अटूट शृंखला नहीं बन गई और उसे नींद से झकझोर कर पूरी तरह से जगा नहीं दिया।

तनाव या काम, डर अथवा नकारात्मकता के दबाव में जागने के विपरीत, जैसा कि किसी समय उसके साथ होता था, वह इन दिनों अपने लक्ष्य के प्रति खिंचाव की वजह से जल्दी उठता था। उसके सपने और उसकी उम्मीदें उसे एक अनथक ऊर्जा और गति से भर देती थीं। उसे अक्सर लगता था कि उसका सपना एक ट्रेन का इंजन है और वह ख़ुद उसमें लगे डिब्बे की तरह उसके साथ चला जा रहा है।

उस पर दूसरों ने जो लेबल्स लगाए थे, अब वे उसे सीमित नहीं करते थे। मौक़ों-बेमौक़ों पर अगर कभी उसे इस बात का एहसास होता भी कि वह किसी अन्य के सपनों या उनकी परिभाषा को स्वीकार कर रहा है या ख़ुद की बहानेबाज़ी में फँस रहा है, तो वह तुरंत अपने विचारों की शक्ति से ज़िंदगी को बाँधकर रखने वाली इन अदृश्य भयों को काट देता था। उसकी नियति अब कोई भी दूसरा शख़्स तय नहीं कर सकता था।

उसके दोस्त, कम से कम वे जिनके साथ वह ज़्यादातर समय बिताता, सकारात्मक और उत्साह बढ़ाने वाले थे। उसका हर दोस्त अपने आप में एक संपूर्ण सुरीली तान की तरह था। जब वे सब मिल जाते, तो आत्मा को

संतृप्त करने वाली एक समृद्ध संगीत रचना का सृजन करते। उसके दोस्त सच्चे उपहार की तरह थे और वह इसके प्रति आभारी था। और उसकी सबसे अच्छी दोस्त थी उसकी पत्नी। उसे यह कहने में कोई हिचक नहीं थी कि वह उसकी नियति में साझेदार थी। अरिया का साथ मिलने के बाद से वह संपूर्ण महसूस करने लगा था। वह अपने आप में ऐसा इंसान बनने में कामयाब रहा, जैसा वह बनना चाहता था।

ख़ासकर इस शनिवार की सुबह, जबकि सूरज अभी पूरी तरह से उगा भी नहीं था, उसकी वे स्मृतियाँ फिर ताज़ी हो गई थीं, जब उसने अरिया को पहली बार बग़ीचे में, कुछ काग़ज़ों को थामे हुए देखा था। कितनी अनूठी बात थी कि वह भी उसी तरह की एक समानांतर यात्रा पर थी और फिर किस प्रकार से उन दोनों के अनुभव आपस में जुड़ गए थे। वर्षों पहले उस बुजुर्ग आदमी के संग उसकी पहली मुलाक़ात में वह साथ नहीं थी, लेकिन उसने अपनी राह पर चलते हुए तमाम ग़लतियाँ और उनके सबक़ ढूँढ निकाले थे।

यह सब कैसे हुआ, एक रहस्य ही था, जिस पर उन दोनों ने ख़ूब विचार भी किया, लेकिन वे उसे कभी भी पूरी तरह समझ नहीं पाए।

वह उठकर सीधे अपने अध्ययन कक्ष में गया। वह उसका दफ़्तर भी था, जो किताबों से, काग़ज़ात से भरा हुआ था। कमरे के दूर वाले छोर पर एक चिमनी थी। कमरे को गर्माहट देने के लिए उसने चिमनी प्रज्ज्वलित कर दी और फिर लेदर की जिल्द वाली एक जीर्ण-शीर्ण किताब उठा ली।

यह *द बुक ऑफ़ मिस्टेक्स* थी, वही किताब जिसमें पिछले अनुभवों का ज्ञान समाहित था। उस बूढ़े आदमी ने बतौर वसीयत वह किताब दंपती को केवल इस एक शर्त पर दी थी; *उन्हें उन लोगों तक इसका ज्ञान फैलाना होगा, जिन्हें इसकी चाहत है।* ग़लतियों का संरक्षक होने के नाते वह हमेशा गतिशील रहता और दूसरों को सिखाते रहता। वह यह सुनिश्चित करने का काम करता कि किताब का ज्ञान हमेशा क़ायम रहे।

जब डेविड कमरे को पार करके अपनी पसंदीदा कुर्सी तक गया, तो सहसा उसे आईने में अपनी एक झलक नज़र आई। अब वह युवा नहीं रह गया था। उसके बालों से सफ़ेदी झाँकने लगी थी। झुर्रियों में ज़िंदगी की मुस्कान बिखरी हुई थी। कुर्सी पर बैठकर वह किताब को सहलाने लगा।

आज उसका मन भटक रहा था। उसकी निगाहें दीवार पर लगी कलाकार की एक पेंटिंग की तरफ़ चली गईं, हालाँकि अब डेविड और अरिया नौ नए शिक्षकों की तलाश करने वाले संरक्षक की भूमिका में आ गए थे, लेकिन वह कलाकार इनकी क़रीबी दोस्त बनी रही।

डेविड ने जैसे ही किताब खोली, बूढ़े आदमी का एक पत्र उसकी गोद में आ गिरा। उसमें लिखे शब्द उसे इस तरह से सुनाई दे रहे थे, मानो वह बूढ़ा आदमी भी इसी कमरे में हो और सीधे उससे बात कर रहा हो।

उसे पत्र की पहली पंक्ति याद आ गई। यह उस बूढ़े आदमी ने तब साझा की थी, जब अंतिम ग़लती से अवगत होने के कुछ महीनों के बाद वह कैफ़े में उससे दूसरी बार मिलने गया था।

''एक ऐसा सार्थक जीवन जिएँ, जो प्रकाश, प्रेम और प्रत्याशा से भरा हो। आप जो चुनते हैं, वे या तो आपकी सफलता के पंख बन जाएँगे या फिर औसत दर्जे की ज़िंदगी रूपी क़ैदख़ाने की सलाख़ें।''

अपनी कुर्सी पर पीछे की तरफ़ झुकते हुए उसने उन शब्दों को फिर से इस विश्वास और आश्वस्ति के भाव के साथ पढ़ा कि वह ऐसा ही सार्थक जीवन तो जी रहा है। उसने अपनी जेब में हाथ डाला और उन सिक्कों को महसूस किया, जो उसे कभी एक बैंकर ने दिए थे और जिसने उसे सिखाया था कि उसकी क़ीमत दूसरे लोग तय नहीं कर सकते। वे सिक्के हमेशा उसके साथ रहे।

नए चयनित शख़्स के साथ अपनी आगामी ब्रेकफास्ट मीटिंग के बारे में सोचते हुए वह कुर्सी पर बैठे-बैठे ही मुस्कराया। वह बंदा उन अनेक लोगों, जिन्हें डेविड ग़लतियों के बारे में सिखा चुका था, की क़तार का ही अगला इंसान होने जा रहा था। अब यह डेविड की ज़िंदगी के कामों का हिस्सा था, उस बूढ़े आदमी से किए गए वादे का हिस्सा था और हिस्सा था उसके उद्देश्य का।

आप जो चुनते हैं, वे या तो आपकी सफलता के पंख बन जाएँगे या फिर औसत दर्जे की ज़िंदगी रूपी क़ैदख़ाने की सलाख़ें।

कमतर ज़िंदगी के लिए आपको बाँधकर रखने वालीं अदृश्य डोरों को काटने के वास्ते अपने सकारात्मक विचारों का उपयोग करें।

एक ऐसा सार्थक जीवन जिएँ, जो प्रकाश, प्रेम और प्रत्याशा से भरा हो।

सफल भविष्य बनाने के 9 रहस्य

1. अपने सपने को जिएँ।
2. अपनी क़ीमत को पहचानें।
3. बहानेबाज़ी को ख़ारिज करें।
4. अपने आस-पास अच्छे लोगों को रखें।
5. अपने कम्फ़र्ट ज़ोन से बाहर निकलकर कुछ नए की तलाश करें।
6. दृढ़ संकल्प और उद्देश्य के साथ चुनौतियों के माध्यम से आगे बढ़ें।
7. दूसरों से अलग नज़र आएँ।
8. इस बोध के साथ साहसपूर्वक कार्य करें कि सफल होने के लिए क्षमताओं की कोई सीमा नहीं है।
9. अपने लक्ष्यों का तत्परता से अनुसरण करें।

आभार

बीते पच्चीस साल से भी अधिक समय से मेरी ख़ूबसूरत पत्नी मेरी सबसे बड़ी प्रेरक और प्रशंसक बनी हुई हैं। मुझे आपके साथ जीवन बिताने का अवसर मिला, इसके लिए मैं बहुत कृतज्ञ हूँ। अनीता, आप हमारे परिवार के लिए जो कुछ भी करती हैं और जिस तरह से आपने सत्य की खोज के लिए एक मिसाल प्रस्तुत की है, उसके लिए आपका धन्यवाद।

बेटी जॉय को भी बहुत धन्यवाद, जिसने इस किताब की पांडुलिपि के प्रत्येक मसौदे को पढ़ा और आइडियाज़ तथा किरदारों को लेकर चर्चा की। जब तुम अपनी ख़ुद की किताबें जारी करना शुरू करोगी तो उस समय मुझसे ज़्यादा ख़ुशी किसी को नहीं होगी।

मॉम, डैड, बहनों और भाई को भी उनके असाधारण प्यार तथा मेरे जीवन पर पड़ने वाले उनके प्रभाव के प्रति आभार। हमने सबने शानदार एवं अनूठे पारिवारिक अनुभवों का आनंद उठाया, जिसमें हमें एक-दूसरे से सीखने और दुनिया को प्रभावित करने का मौक़ा मिला।

रॉल्फ़ ज़ेटरस्टेन का धन्यवाद। जिस दिन से मैं उनसे मिला, उसी दिन से वह मेरा लगातार उत्साहवर्द्धन करते आए हैं। मैं ख़ासकर मेरी संपादक क्रिस्टीना बॉयज़ का बहुत आभारी हूँ, जिन्होंने पहली बार कोई किताब लिख रहे इस लेखक का विभिन्न मसौदों के माध्यम से मार्गदर्शन किया।

मैं अपनी एजेंट शैनन मार्वेन और उनकी अद्भुत टीम का भी आभारी हूँ।

स्टीव पैट का धन्यवाद, जिन्होंने मेरी इस किताब के बेहद शुरुआती संस्करण पढ़े और न केवल प्रतिक्रिया दी, बल्कि मुझे इसे प्रकाशित करने के लिए प्रोत्साहित भी किया।

चाहे किताबें हों या सेमिनार अथवा गहन बातचीत, इन तमाम माध्यमों से हासिल अनेक लोगों की सलाह और उनकी सीखों को मैंने इन पन्नों पर उड़ेला है। अगर मैं उन सभी के नामों को सूचीबद्ध करना चाहूँ, तो इस किताब का आकार दोगुना हो जाएगा। ईश्वर ने मुझे जीवन में ऐसे लोगों से मिलवाया है, जो मुझे प्रोत्साहित करते हैं और चुनौती देते हैं, ताकि मैं अपने सपनों को पूरा कर सकूँ।

अंत में, इस किताब को पढ़ने और इसके संदेश को दूसरों लोगों के साथ साझा करने के लिए आप सभी पाठकों को भी दिल की असीम गहराइयों से धन्यवाद।

लेखक के बारे में

स्किप प्रिचर्ड एक सफल वैश्विक सीईओ, विकासोन्मुखी बिज़नेस लीडर और की-नोट स्पीकर हैं। उन्हें कंपनियों को फिर से उनके मक़ाम पर पहुँचाने और उनके नतीजों में नाटकीय रूप से सुधार करने के अपने ट्रैक रिकॉर्ड के लिए जाना जाता है। *इंक* पत्रिका की शीर्ष 100 लीडरशिप स्पीकर की सूची में शामिल प्रिचर्ड नेतृत्व और व्यक्तित्व विकास से लेकर कॉर्पोरेट कंपनियों के कायाकल्प और कार्य संस्कृतियों में बदलाव जैसे विषयों पर नियमित वक्ता रहे हैं। *हार्वर्ड बिज़नेस रिव्यू* ने उन्हें 'एक अथक योगदानकर्ता' और सामाजिक सीईओ की एक उत्कृष्ट मिसाल' करार दिया है। उनके *लीडरशिप इनसाइट्स* ब्लॉग को अनेक पुरस्कारों से नवाज़ा जा चुका है। इस ब्लॉग में वह अमेरिका की पूर्व विदेशमंत्री कोंडोलीज़ा राइस से लेकर वरिष्ठ पत्रकार डैन रादर और बेसबॉल के दिग्गज खिलाड़ी जॉन स्मोल्ट्ज़ सहित अलग-अलग क्षेत्रों की सैकड़ों ख्यातनाम हस्तियों के साक्षात्कार ले चुके हैं। उनके आलेख और विचार *बीबीसी, न्यू यॉर्क टाइम्स, सीएनएन, एनपीआर,* द *डेली बीस्ट, हार्वर्ड बिज़नेस रिव्यू, इंफ़ॉर्मेशन टुडे,* द *बुकसेलर, पब्लिशर्स वीकली, क्रिश्चियन रिटेलिंग और लाइब्रेरी जर्नल* समेत अनेक प्रिंट और ब्रॉडकास्टिंग मीडिया में आ चुके हैं। वह अपनी पत्नी अनीता और बेटी जॉय के साथ ओहियो तथा टेनेसी में रहते हैं। लेखक से skipprichard.com पर संपर्क किया जा सकता है।

अनुवादक के बारे में

पिछले 27 वर्षों से हिंदी पत्रकारिता में सक्रिय रहे **जयजीत अकलेचा** वर्तमान में दैनिक भास्कर समूह के भोपाल स्थित मुख्यालय में डिप्टी एडिटर के पद पर कार्यरत हैं और इसके लोकप्रिय साप्ताहिक परिशिष्ट 'रसरंग' के संपादन के अलावा फ़ीचर संबंधी कई दायित्वों का निर्वाह कर रहे हैं।

जयजीत पत्रकारों की उस दुर्लभ बिरादरी के सदस्य हैं, जिन्हें प्रिंट, इलेक्ट्रॉनिक और डिजिटल तीनों माध्यमों में और रिपोर्टिंग से लेकर डेस्क दोनों जगहों पर पूर्ण दक्षता के साथ कार्य करने का लंबा अनुभव रहा है। अनुवाद इनकी वर्क प्रोफ़ाइल का हिस्सा होने के साथ-साथ शौक़ भी रहा है। स्टीव जॉब्स की ऑफ़िशियल बायोग्राफी *'स्टीव जॉब्स'* (वॉल्टर आइज़ैक्सन) के पहले हिंदी अनुवाद का श्रेय जयजीत को ही है। इसके अलावा *'इलॉन मस्क : रिस्किंग इट ऑल'(माइकल व्लिस्मस)*, *'सुशील कुमार शिंदे : फ़ाइव डिकेड्स इन पॉलिटिक्स'* (सुशील कुमार शिंदे एवं रशीद क़िदवई) और *'द हाउस ऑफ़ सिंधियास'* (रशीद क़िदवई) आदि किताबों के भी ये हिंदी अनुवादक रहे हैं।

इससे पहले राजस्थान पत्रिका और ई-टीवी जैसे प्रतिष्ठित मीडिया हाउसेस में कार्य कर चुके जयजीत अकलेचा ख़बरी व्यंग्यकार भी हैं। ख़बरी व्यंग्यों पर आधारित इनकी किताब 'पाँचवाँ स्तंभ' को व्यंग्य की एक नई शैली का प्रवर्तक माना जा सकता है।